汽车维修技能与技巧点拨丛书

汽车车身控制系统维修技能与技巧点拨

刘春晖　郭长保　主编

机械工业出版社

本书结合汽车车身控制系统维修的一线工作实践，以汽车维修实践操作及检测维修技能为核心，以解决实际问题为主线，详细解答了汽车车身控制系统维修工作中经常遇到的技能操作与检测维修方面的问题。全书重点介绍了常见的汽车车身控制系统维修中的新技术、新的诊断设备、新的诊断方法以及新维修理念。本书内容包括安全气囊系统维修技能与技巧点拨、座椅控制系统维修技能与技巧点拨、电动车窗与天窗系统维修技能与技巧点拨、后视镜控制系统维修技能与技巧点拨、倒车雷达与倒车影像系统维修技能与技巧点拨、音响系统维修技能与技巧点拨以及其他车身控制系统维修技能与技巧点拨7个方面。书中内容涉及面广，基本涵盖了汽车车身控制系统维修工作的方方面面。

本书简明实用、通俗易懂、易学实用，内容均为汽车车身控制系统维修所必须掌握的维修技能和故障检测、诊断的基本技巧。

本书主要供汽车维修工、汽车维修一线管理人员使用，也可供职业院校、技工学校汽车运用与维修、汽车检测与维修技术、汽车电子技术、汽车维修专业的师生学习和参考。

图书在版编目（CIP）数据

汽车车身控制系统维修技能与技巧点拨/刘春晖，郭长保主编．—北京：机械工业出版社，2021.2

（汽车维修技能与技巧点拨丛书）

ISBN 978-7-111-67544-0

Ⅰ．①汽… Ⅱ．①刘… ②郭… Ⅲ．①汽车－车体－电子系统－控制系统－车辆修理 Ⅳ．①U472.41

中国版本图书馆 CIP 数据核字（2021）第 031582 号

机械工业出版社（北京市百万庄大街22号 邮政编码100037）

策划编辑：连景岩 责任编辑：连景岩 刘 煊

责任校对：李 杉 封面设计：马精明

责任印制：常天培

北京捷迅佳彩印刷有限公司印刷

2021年5月第1版第1次印刷

184mm×260mm · 15.75 印张 · 388 千字

0001—1500 册

标准书号：ISBN 978-7-111-67544-0

定价：69.90 元

电话服务　　　　　　　　　　网络服务

客服电话：010-88361066　　　机 工 官 网：www.cmpbook.com

　　　　　010-88379833　　　机 工 官 博：weibo.com/cmp1952

　　　　　010-68326294　　　金 书 网：www.golden-book.com

封底无防伪标均为盗版　　　　机工教育服务网：www.cmpedu.com

前 言

随着电子技术的快速发展，汽车电子控制系统在汽车车身控制系统上的应用越来越广泛，数量越来越多，同时电子控制系统的结构变得越来越复杂，新的技术不断被应用到汽车车身控制系统中，因此故障也变得更加隐蔽。

广大维修人员在实际维修过程中渴望掌握一些相关的维修技能与技巧，以便能更加快捷地诊断故障，达到修复的目的。本书作者正是基于这样的目的，结合多年的一线汽车车身控制系统维修工作经验和多年的汽车维修教学经验，将汽车车身控制系统维修中的常用技能展现出来，密切结合汽车维修一线的实际内容，以使一线的汽车维修人员快速入门为切入点，内容全部为来自一线的汽车维修实践操作及检测维修方面的技能技巧与实际故障排除实例，有很强的指导意义，是汽车维修人员，特别是汽车机电维修人员初学入门及日常维修难得的学习资料。

本书以汽车车身控制系统维修技能与技巧知识为重点，联系实际操作过程中经常遇到的一些重点、难点问题，重点强化维修人员的实践操作及检测维修技能，同时采用较多篇幅介绍目前新型车辆所采用的新技术、新的诊断设备、新的诊断方法以及新维修理念，力求做到理论与实践相结合。本书从汽车使用与维修的角度出发，介绍了汽车车身控制系统的结构、使用、检测、维修方面的内容，重在强化维修人员的维修思路和维修操作技能，力求使维修人员在维修工作中达到举一反三的目的。

"汽车维修技能与技巧点拨丛书"包括《汽车电工维修技能与技巧点拨》《汽车发动机维修技能与技巧点拨》《汽车底盘控制系统维修技能与技巧点拨》《汽车车身控制系统维修技能与技巧点拨》《汽车中控门锁与防盗系统维修技能与技巧点拨》《汽车空调系统维修技能与技巧点拨》《汽车车载网络系统维修技能与技巧点拨》《汽车自动变速器维修技能与技巧点拨》《汽车维修技能与技巧点拨》《新能源汽车维修技能与技巧点拨》。

本书由刘春晖、郭长保主编，参加编写工作的还有尹文荣、方玉娟、高举成、王淑芳、刘玉振、吴云、张洪梅。

本书在编写过程中参考了大量的汽车维修资料，在此向这些资料的作者及编者深表感谢！由于各种原因不能将广大作者及编者一一注明，在此表示深深的歉意。由于编者水平所限，书中难免有错误和不当之处，恳请广大读者批评指正。

目　录

前　言
第一章　安全气囊系统维修技能与技巧点拨 ………………………………………… 1
　第一节　奔驰车系 ………………………………………………………………… 1
　　一、2015 款奔驰 E180 车安全气囊警告灯点亮 ……………………………… 1
　　二、奔驰 E260 车安全气囊警告灯突然点亮 ………………………………… 3
　　三、奔驰 E300 车安全气囊警告灯异常点亮 ………………………………… 4
　　四、奔驰 C180 行驶中仪表提示前排乘客未系安全带 ……………………… 6
　　五、2015 款奔驰 R400 车预防性安全系统停止运作 ………………………… 7
　第二节　宝马车系 ………………………………………………………………… 8
　　一、2010 款宝马 X5 车未系安全带，无安全带警告音 ……………………… 8
　　二、2005 款宝马 525Li 安全气囊故障灯常亮 ………………………………… 9
　第三节　通用车系 ………………………………………………………………… 11
　　一、凯迪拉克 XTS 安全气囊灯点亮 …………………………………………… 11
　　二、2012 款别克昂科雷仪表安全气囊灯报警 ………………………………… 13
　　三、别克 GL8 车安全气囊故障灯常亮　后电动门无法开启 ………………… 15
　　四、雪佛兰科帕奇安全气囊警告灯亮 ………………………………………… 16
　　五、雪佛兰 SPARK 安全气囊警告灯报警 …………………………………… 17
　第四节　大众奥迪车系 …………………………………………………………… 19
　　一、奥迪 A4 紧急警告灯闪烁无法关闭 ……………………………………… 19
　　二、2015 款奥迪 A6L 安全气囊故障灯报警，转向有点沉 ………………… 20
　　三、一汽大众新宝来安全带未系无报警提示 ………………………………… 23
　　四、速派车行车中安全气囊故障指示灯亮起 ………………………………… 24
　第五节　其他车系 ………………………………………………………………… 26
　　一、雷克萨斯 ES300h 车安全气囊故障灯异常点亮 ………………………… 26
　　二、2015 款斯巴鲁森林人安全气囊故障灯常亮 ……………………………… 27
第二章　座椅控制系统维修技能与技巧点拨 ………………………………………… 29
　第一节　宝马车系 ………………………………………………………………… 29
　　一、2008 款宝马 530Li 座椅无法调节 ………………………………………… 29
　　二、2011 款宝马 523Li 驾驶人侧座椅加热失效 ……………………………… 31
　　三、宝马 525i 转向盘和座椅无法调节 ………………………………………… 33

第二节　奔驰车系 ... 35
　　一、奔驰 S600 座椅按摩功能不能使用 ... 35
　　二、奔驰 GLC260 coupe 两前座椅调节不正常 ... 37
　　三、奔驰 S350 轿车驾驶人侧座椅不能加热 ... 41
　　四、奔驰 C200 车前排乘员侧电动座椅无法调节 ... 42
第三节　大众奥迪车系 ... 44
　　一、奥迪 Q7 驾驶人座椅通风不正常 ... 44
　　二、大众迈腾右前电动座椅调整失灵 ... 46
　　三、大众 CC 车前排乘员侧座椅加热功能异常 ... 49
第四节　路虎车系 ... 52
　　一、2015 款路虎极光车记忆座椅设置方法 ... 52
　　二、路虎神行者 2 驾驶人座椅有时候不能调节 ... 52
第五节　通用车系 ... 53
　　一、2017 款凯迪拉克 XT5 车无法设置座椅记忆功能 ... 53
　　二、上海别克轿车电动座椅的故障诊断 ... 56
第六节　其他车系 ... 60
　　一、丰田汉兰达车左前电动座椅无法调节 ... 60
　　二、福特翼虎车电加热座椅故障 ... 60
　　三、福特锐界车驾驶人侧座椅加热功能失效 ... 63

第三章　电动车窗与天窗系统维修技能与技巧点拨 ... **65**
第一节　宝马车系 ... 65
　　一、2015 款宝马 320Li 驾驶人侧玻璃不能一键升降 ... 65
　　二、2014 款宝马 525Li 天窗无法打开，刮水器无法工作 ... 67
第二节　大众车系 ... 70
　　一、帕萨特领驭轿车天窗系统不工作 ... 70
　　二、迈腾 B7L 车无法控制左后电动车窗升降 ... 72
　　三、2010 年出厂的大众迈腾后门车窗升降器均失效 ... 74
　　四、2014 款大众夏朗右后车窗开关不工作 ... 77
　　五、2015 款大众夏朗右侧滑动门无法开启 ... 79
　　六、2016 款大众途观全景天窗遮阳卷帘不能关闭 ... 81
第三节　通用车系 ... 84
　　一、别克林荫大道天窗打不开 ... 84
　　二、2017 款上汽通用全新一代 GL8 后举升门电动开启/关闭功能失效 ... 85
　　三、2016 款凯迪拉克 XTS 后遮阳帘不工作 ... 89
　　四、2017 款凯迪拉克 XT5 天窗遮阳帘有时不工作 ... 92
第四节　其他车系 ... 93
　　一、名爵锐腾车右侧车窗不能升降 ... 93
　　二、北汽 BJ40L 右前、右后及左后玻璃升降器不工作 ... 95
　　三、丰田锐志右前门电动玻璃无法自动升降 ... 97

四、广州本田雅阁 CM5 电动车窗不能升降 ………………………………… 98

第四章　后视镜控制系统维修技能与技巧点拨 …………………… 102
第一节　宝马车系 ………………………………………………………… 102
　　一、2016 款宝马 730Li 车行车时内后视镜防眩目功能失效 ……………… 102
　　二、2007 款宝马 X5 车窗无法升降，后视镜无法折叠 …………………… 103
第二节　奔驰车系 ………………………………………………………… 105
　　一、2018 款奔驰 GLC260 左外后视镜防眩目功能失灵 …………………… 105
　　二、奔驰 S280 外后视镜上的转向信号灯常亮 …………………………… 106
第三节　丰田车系 ………………………………………………………… 109
　　一、雷克萨斯 RX350 车左侧后视镜无法正常调节 ……………………… 109
　　二、卡罗拉轿车右外侧后视镜不能工作 …………………………………… 111
第四节　大众车系 ………………………………………………………… 113
　　一、斯柯达昊锐车后视镜加热异常 ………………………………………… 113
　　二、上海大众途观后视镜无法正常折叠 …………………………………… 114
第五节　福特车系 ………………………………………………………… 116
　　一、长安福特福克斯左侧折叠后视镜工作不正常 ………………………… 116
　　二、福特锐界车 PDI 检测发现右侧后视镜无法调节 …………………… 117
第六节　其他车系 ………………………………………………………… 118
　　一、2011 款北京现代索纳塔倒车后视镜没有影像 ……………………… 118
　　二、日产 GTR 右侧后视镜不能上下调节 ………………………………… 120

第五章　倒车雷达与倒车影像系统维修技能与技巧点拨 ………… 122
第一节　奔驰车系 ………………………………………………………… 122
　　一、奔驰 C180 COMAND 显示屏黑屏 …………………………………… 122
　　二、2010 款奔驰 S300 倒车影像不显示 ………………………………… 124
　　三、奔驰 S350 COMAND 显示屏黑屏 …………………………………… 126
　　四、奔驰 S400 车挂倒档 COMAND 显示屏没有图像 …………………… 128
第二节　大众奥迪车系 …………………………………………………… 130
　　一、奥迪 A6 倒车雷达失效 ……………………………………………… 130
　　二、CC 轿车倒车影像偶发性无法使用 …………………………………… 132
　　三、CC 轿车加装自动泊车系统后，中控显示屏幕上只有模拟影像 …… 133
　　四、2011 款大众 CC 挂入倒档显示屏无影像显示 ……………………… 134
　　五、迈腾车倒车影像显示屏不显示车辆后部影像 ………………………… 137
　　六、迈腾倒车影像系统和可视驻车辅助系统工作时图像无法显示 ……… 138
　　七、2014 款上海大众途观挂入倒档屏幕显示"倒车影像系统当前不可用" … 140
　　八、2010 款一汽大众高尔夫倒车雷达故障 ……………………………… 142
　　九、高尔夫 GTI 后驻车雷达一直报警 …………………………………… 146
第三节　福特车系 ………………………………………………………… 146
　　一、福特 Mustang 车倒车影像显示屏显示不正常 ……………………… 146
　　二、福特锐界车倒车影像系统不可用 ……………………………………… 148

三、福特锐界车倒车影像时有时无 150
　　　四、新蒙迪欧车倒车影像系统故障 152
　　　五、2014款新蒙迪欧车倒车影像系统不能正常工作 154
　第四节　其他车系 156
　　　一、日产风雅倒车影像和DVD图像不显示 156
　　　二、江淮瑞风祥和倒车影像不显示 156
　　　三、路虎揽胜车倒车影像间歇性不能使用 158
　　　四、上汽通用雪佛兰科帕奇倒车雷达不工作 160
　　　五、科雷傲雷达异常报警 160

第六章　音响系统维修技能与技巧点拨 162
　第一节　宝马车系 162
　　　一、宝马X5音响没有声音 162
　　　二、2012款宝马530Li无音频输出 163
　第二节　奔驰车系 164
　　　一、奔驰S600音响系统COMAND功能失效 164
　　　二、奔驰S500遥控钥匙不能解锁、收音机显示屏无法打开 166
　第三节　丰田车系 168
　　　一、丰田凯美瑞车音响没有声音 168
　　　二、皇冠车音响系统不工作 170
　第四节　通用车系 172
　　　一、2010款别克英朗音响有吱吱杂音 172
　　　二、2015款别克陆尊音响无声音、无报警音 173
　　　三、2014款凯迪拉克SRX音响显示屏经常死机 175
　　　四、2015款雪佛兰科帕奇开后风窗玻璃加热时收音机有干扰声 177
　第五节　其他车系 179
　　　一、福特探险者车音响没有声音 179
　　　二、英菲尼迪QX30车音响无法开启 181
　　　三、2011款高尔夫拔出车钥匙后收音机仍工作 183
　　　四、标致307轿车加装音响后不能起动 185

第七章　其他车身控制系统维修技能与技巧点拨 188
　第一节　宝马车系 188
　　　一、宝马740Li导航系统车辆位置显示错误 188
　　　二、2014款宝马X6车后行李舱盖无法打开到设定位置 190
　第二节　奔驰车系 191
　　　一、奔驰E400驾驶人主动式盲点辅助系统停止运作 191
　　　二、2015款奔驰E300 COMAND显示屏工作不正常 194
　　　三、新款奔驰E300车仪表显示驻车系统报警 196
　第三节　大众奥迪车系 198
　　　一、奥迪A4L轿车导航定位错误 198

二、奥迪 A3 多媒体操作按钮没反应，显示屏无法升起 …… 200
三、奥迪 Q3 信息娱乐系统无法读取 SD 信息 …… 202
四、2013 款奥迪 C7 右前照灯不亮，仪表有灯光报警提示 …… 203
五、迈腾 B7L 驻车辅助系统警报长鸣，且驻车辅助系统指示灯闪亮 …… 205
六、2016 款新速腾 GP 打不着车，仪表黑屏 …… 207
七、上汽大众途观车行李舱盖无法开启 …… 209
八、大众途昂盲区监控系统工作不正常 …… 210
九、高尔夫 A7 轿车 PDI 检查时发现 ACC 系统及预碰撞安全系统无法使用 …… 213
十、2017 款大众 CC 更换 J794 后倒车影像不能显示 …… 214

第四节 丰田车系 …… 216
一、丰田凯美瑞间隙警告蜂鸣器异常鸣响 …… 216
二、雷克萨斯 CT200h 车导航系统无法正常工作 …… 218
三、雷克萨斯 CT200h 车收音机及导航无法工作 …… 220
四、雷克萨斯 ES 行车记录仪历史视频无法在手机上显示，且 WIFI 信号无法打开 …… 221

第五节 通用车系 …… 223
一、2012 款凯迪拉克 SRX 驻车辅助故障 …… 223
二、雪佛兰科鲁兹驻车辅助雷达无反应 …… 224
三、雪佛兰新赛欧位置灯不亮 …… 226
四、2016 款别克昂科威开转向灯时仪表没提示音 …… 228

第六节 其他车系 …… 231
一、路虎揽胜驻车辅助系统出现故障 …… 231
二、2015 款斯巴鲁傲虎导航触摸屏失效 …… 233
三、2016 款斯巴鲁森林人转向盘加热故障 …… 233
四、东风标致 508 轿车抬头显示系统 VTH 结构与原理 …… 235
五、2018 款瑞风 S7 旗舰版车车道偏离报警灯常亮 …… 239

参考文献 …… 243

第一章

安全气囊系统维修技能与技巧点拨

第一节 奔驰车系

一、2015 款奔驰 E180 车安全气囊警告灯点亮

故障现象　一辆 2015 款奔驰 E180 车,搭载型号为 M274 的 4 缸直喷汽油发动机,行驶里程 2.3 万 km,因安全气囊警告灯点亮而进厂检修。

故障诊断　接车后试车验证故障,故障现象确实存在。接通点火开关,起动发动机,仪表盘上红色的安全气囊警告灯一直点亮,仪表信息中心有"左前侧故障,请去授权服务中心"的黄色提示信息(图 1-1)。对车辆进行初步检查,确认无任何加装和改装;查阅该车的维修记录,无事故及相关维修信息。

连接故障检测仪,对车辆进行快速测试,读取到的故障码如图 1-2 所示,含义为"B000213——驾驶人侧安全气囊引爆装置

图 1-1　故障车的仪表盘

第 2 级存在功能故障,存在断路"和"B000113——驾驶人侧安全气囊引爆装置第 1 级存在功能故障,存在断路"。查看驾驶人侧安全气囊相关实际值,均显示电阻过高(图 1-3)。实际值明显异常,说明驾驶人侧安全气囊回路确实存在故障。

根据上述检查结果,判断故障原因可能为驾驶人侧安全气囊引爆装置与安全气囊控制单元之间的线路存在故障,驾驶人侧安全气囊引爆装置内部断路,安全气囊控制单元内部故障等。

根据相关电路(图 1-4),对驾驶人侧安全气囊相关线路进行检查。首先,检查驾驶人

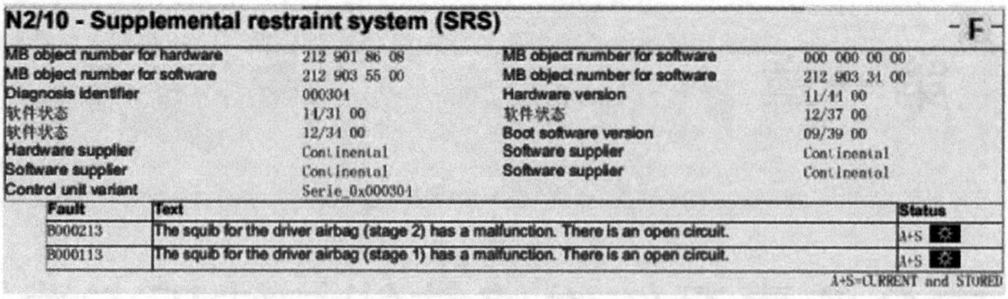

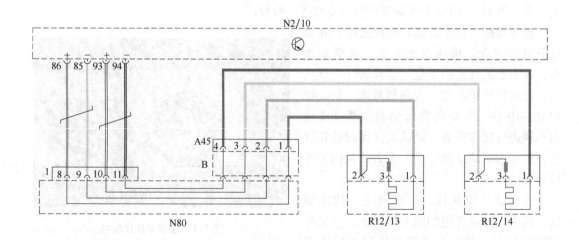

N2/10 - Supplemental restraint system (SRS) -F-

MB object number for hardware	212 901 86 08	MB object number for software	000 000 00 00
MB object number for software	212 903 55 00	MB object number for software	212 903 34 00
Diagnosis identifier	000304	Hardware version	11/44 00
软件状态	14/31 00	软件状态	12/37 00
软件状态	12/34 00	Boot software version	09/39 00
Hardware supplier	Continental	Software supplier	Continental
Software supplier	Continental	Software supplier	Continental
Control unit variant	Serie_0x000304		

Fault	Text	Status
B000213	The squib for the driver airbag (stage 2) has a malfunction. There is an open circuit.	A+S
B000113	The squib for the driver airbag (stage 1) has a malfunction. There is an open circuit.	A+S

A+S=CURRENT and STORED

图 1-2　故障检测仪读取到的故障码

驾驶员和前排乘客的气囊。

实际值

编号	姓名	实际值	标准值
254	带部件'R12/13（驾驶员气囊引爆装置1）'的点火回路的电阻值	电阻过高	[1.7Ω .. 7Ω]
650	带部件'R12/14（驾驶员气囊引爆装置2）'的点火回路的电阻值	电阻过高	[1.7Ω .. 7Ω]
955	带部件'R12/4（前排乘客气囊引爆装置1）'的点火回路的电阻值	2.35Ω	[1.20 .. 6.00]
892	带部件'R12/5（前排乘客气囊引爆装置2）'的点火回路的电阻值	2.35Ω	[1.20 .. 6.00]

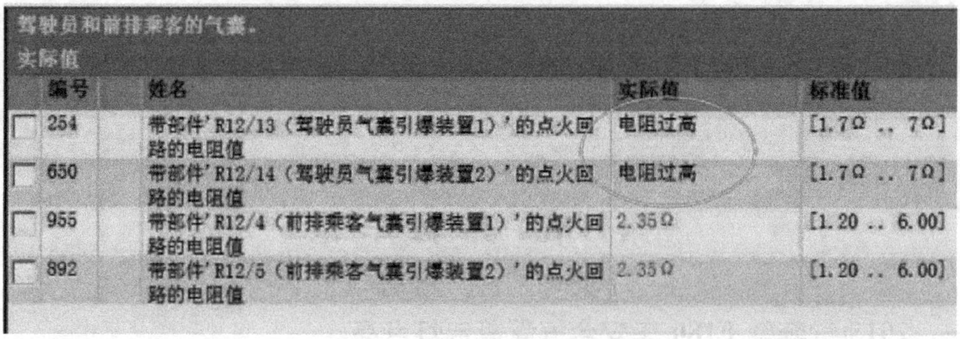

图 1-3　驾驶人侧安全气囊实际值

图 1-4　安全气囊控制电路

N2/10—安全气囊控制单元　N80—转向柱模块　R12/13—驾驶人侧安全气囊引爆装置 1

R12/14—驾驶人侧安全气囊引爆装置 2

侧安全气囊的导线连接器，未见松动等异常现象。本着由简到繁的原则，维修人员首先测量了安全气囊引爆装置与导线连接器 A45 之间的线路，结果测得这 4 根线均无短路、断路和接触不良等情况；接着测量驾驶人侧安全气囊引爆装置 1（R12/13）和驾驶人侧安全气囊引爆装置 2（R12/14）的电阻，均为 2.5Ω，正常；测量安全气囊控制单元（N2/10）与转向柱模块（N80）之间的线路，也正常。将转向柱模块拆下，测量其内部与安全气囊相关的线路，测量发现，其端子 2 与端子 9、端子 3 与端子 10 之间的电阻为∞，说明线路断路；测量端子 1 与端子 8、端子 4 与端子 11 之间的电阻，为 0.2Ω，正常。检查结果表明转向柱模块 N80 内部的驾驶人侧安全气囊引爆装置的线路存在断路，因此需更换转向柱模块 N80。

故障排除　更换转向柱模块 N80 后试车，故障排除。

技巧点拨　安全气囊系统在汽车上是单独布线的，而且安全气囊系统的所有连接均带有保护功能，安全气囊系统在引爆后所有部件要全部换新。

二、奔驰 E260 车安全气囊警告灯突然点亮

故障现象　一辆 2014 款奔驰 E260 车，搭载 M274 直列 4 缸发动机。该车因行驶过程中安全气囊警告灯突然点亮而检修。

故障诊断　接车后试车验证故障，在接通点火开关起动发动机后，安全气囊警告灯确实异常点亮，仪表盘上出现“防护系统故障，请去特许服务中心”的提示信息（图 1-5）。查阅该车的维修记录，没有事故及相关的维修记录。

图 1-5　仪表盘上的提示信息

连接奔驰专用故障检测仪调取故障码，在辅助防护系统（SRS）控制单元中存储有“B009112——‘左侧前车门’碰撞传感器存在功能故障，存在对正极短路或断路”的故障码（图 1-6）。根据故障现象结合故障码的提示进行分析，判断故障原因可能有：左前门碰撞传感器（B48/7）故障；碰撞传感器与安全气囊 ECU（N2/10）之间的线路故障；安全气囊 ECU 故障等。

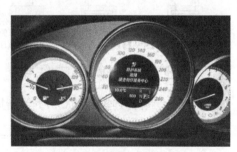

根据维修经验，维修人员打算将左前门碰撞传感器与右前门碰撞传感器进行调换，以帮助判断故障部位。拆下左前门内饰板，发现碰撞传感器是用铆钉固定的（图 1-7），这就给碰撞传感器的互换带来了困难。于是调整故障诊断方案，决定先对碰撞传感器及其相关线路进行检查。

B009112 “左侧前车门”碰撞传感器存在功能故障，存在对正极短路或断路

依次出现的辅助信息

名称	首次出现	最后一次出现
频率计数器	---	255
总行驶里程	528km	1168km
自上次出现故障以来的点火周期数	---	0

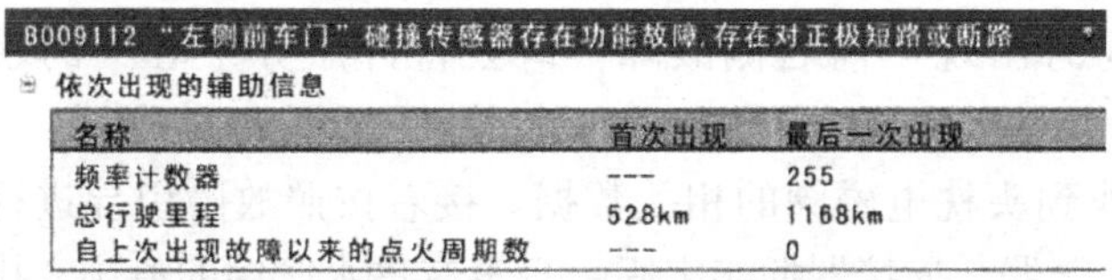

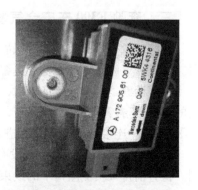

图 1-6　辅助防护系统（SRS）控制单元中存储的故障码

图 1-7　碰撞传感器用铆钉固定

断开左前门碰撞传感器的导线连接器，再次查看故障码，发现故障码没有任何变化，根据维修经验，可以断定左前门碰撞传感器存在故障的可能性不大。于是重点对线路进行排查，根据相关电路图（图1-8），测量左前门碰撞传感器与安全气囊ECU之间线路的导通情况，发现这2根线均断路。由于故障是在车辆行驶过程中突然出现的，而行驶过程中2根线同时折断的可能性较低，因此怀疑是导线连接器X35/1有问题。找到导线连接器X35/1，发现其已经松脱（图1-9）。至此故障原因查明，导线连接器X35/1松脱，安全气囊ECU因无法采集碰撞传感器的信号而点亮安全气囊警告灯。

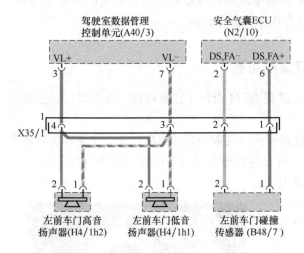

图1-8 左前门碰撞传感器相关电路

图1-9 导线连接器X35/1松脱

故障排除 将导线连接器X35/1重新插接牢固后试车，故障排除。

技巧点拨 根据图1-8所示电路图可知，导线连接器X35/1松脱所表现出的故障其实不仅是辅助防护系统（SRS）方面的。导线连接器X35/1除了负责连接碰撞传感器与安全气囊ECU之间的线路外，还连接了左前门扬声器。如果在试车时再仔细些，重点检查左前门上各元件的功能，应当能发现扬声器也不工作，这样再结合电路图分析，就能更加快速地锁定故障点了。因此，在故障诊断的过程中，在确认驾驶人反映的故障现象时应全面做好车辆各功能的检查。

三、奔驰E300车安全气囊警告灯异常点亮

故障现象 一辆奔驰E300轿车，行驶里程6万km，搭载272发动机和722.9自动变速器。驾驶人反映：该车安全气囊警告灯异常点亮。

故障诊断 接车后验证故障，故障确实存在。接通点火开关并起动发动机，发现仪表盘上的安全气囊警告灯一直点亮，同时出现"前右侧故障，请去特许服务中心"的字样（图1-10）。连接Star-D对车辆进行快速测试，调取得SRS内的故障码如图1-11所示。

用Star-D查看相关数据，没有找到头枕电磁阀的相关数据。接着按照故障引导进行检测。检查前排乘员侧座椅下的线束连接器，连接器插接牢固，且没有进水腐蚀的痕迹。接着拆下座椅靠背后的盖板，检查连接器X150/2（前排乘员头枕电磁阀导线连接器），也未见损

坏，靠背内的线束也无磨损搭铁。检查后部信息采集与促动（SAM）控制单元内的 37 号熔丝，也正常。于是查找维修手册（WIS），根据 SRS 相关电路图（图 1-12），进一步对车辆进行测量。断开点火开关并取出钥匙，测量 SRS 控制单元的供电及搭铁，均正常；测量 SRS 控制单元与连接器 X150/2 之间的电阻，为 0.6Ω，正常；断开连接器 X150/2，测量前排乘员头枕电磁阀的电阻，为 2.53Ω，也正常。维修人员仔细检查了该连接器的连接情况，排除了连接器松动造成接触不良的可能。

图 1-10　仪表盘上安全气囊警告灯异常点亮　　　　图 1-11　Star-D 调取到的故障码

经过上述检查，并没有发现问题，难道是 SRS 控制单元本身有故障？据驾驶人反映，该车没有出过事故，而安全气囊警告灯异常点亮的故障现象好像是在最近移动座椅时才出现的。于是维修人员反复移动座椅后，再次仔细检查车辆的情况，发现线束连接没有问题，但前排乘员头枕电磁阀的电阻却很大，这显然很不正常。故障点应该就在连接器 X150/2 与前排乘员头枕电磁阀之间的线束上。于是拆下头枕，并将线束外的绝缘层剥开，发现有一处线束已经断开（图 1-13）。

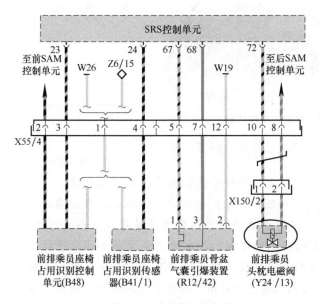

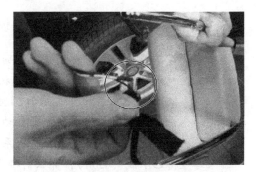

图 1-12　SRS 系统相关电路　　　　　　　　　　　图 1-13　头枕内损坏的线束

故障排除　对断开的线束进行处理，将头枕装复并清除故障码后试车，故障现象消失。

反复移动座椅，安全气囊警告灯不再点亮，故障彻底排除。

> **技巧点拨**　通过Star-D读取的故障信息直接反映出了故障部位所在，因此可以比较快速地找到故障点。

四、奔驰C180行驶中仪表提示前排乘客未系安全带

故障现象　一辆新款奔驰C180，底盘号LE4205140，装配274发动机，行驶里程20370km。驾驶人反映行驶时前排乘客座椅没坐人，但是仪表上一直提示前排乘客未系安全带。

故障诊断　接车后同驾驶人一起试车，发现故障现象确实一直存在。连接诊断仪进行快速测试，未发现相关故障码。进入SRS控制单元查看前排乘客座椅占用的实际值，在前排乘客未坐人的情况下，实际值显示已占用（图1-14），显然不正常，说明是传感器（图1-15）自身测量错误造成误报警。

图1-14　不正常的实际值

图1-15　座椅占用传感器

故障排除　把座椅占用传感器更换掉，再次试车系统恢复正常。

> **技巧点拨**　前排乘客座椅承载识别由前排乘客座椅承载识别系统传感器记录，仅可检测"座椅承载"或"座椅非承载"状态，辅助防护系统控制单元读取前排乘客座椅承载识别系统的相关信号。通过施加在座椅上的重量确定前排乘客座椅承载状态，为此，重量传感系统（装配前排乘客气囊自动关闭功能的车辆）控制单元测量施加在充有硅胶的座垫上的压力，并将座椅承载识别系统的状态发送至辅助防护装置控制单元。如果前排乘客座椅已承载（占用），那么前排乘客侧气囊将会启用。前排乘客座椅的承载状态不会影响到辅助防护装置的触发行为，但仪表需要承载状态，用于确定是否起动安全带警告功能。

五、2015 款奔驰 R400 车预防性安全系统停止运作

故障现象 一辆 2015 款奔驰 R400 轿车，行驶里程 5000km，搭载型号为 M276 的双涡轮增压发动机，配有预防性安全系统。该车因仪表盘上的信息中心多次出现预防性安全系统停止运作的提示信息而进厂检修。

故障诊断 接车后试车验证故障，起动发动机，仪表盘上的信息中心显示"预防性安全系统停止运作 参见用户手册"的警告提示信息（图1-16），车辆的其他功能均正常，仪表盘上也没有故障灯点亮。经询问驾驶人得知，提车后不久就曾出现过上述故障，有时提示信息会自动消失，有时又会再次出现，无规律可循。

连接 Star-D 对车辆进行快速测试，发现在右前安全带拉紧器控制单元中存储有故障码"B228B62——可反向的安全带紧急拉紧器控制单元存在功能故障 信号比较有故障"（图1-17）。

图 1-16　仪表盘上的信息中心提示"预防性安全系统停止运作　参见用户手册"

Rev GUS-VL-左前可转换的安全带拉紧器				-√-
MB号码 2519014900	HW版本 12.40.00	SW版本 11.22.00	诊断版本 00030B	插针 101
FW号码 2519021900	FW号码(数据)		FW号码(Boot-SW)	
Rev GUS-VR-右前可转换的安全带拉紧器				-f-
MB号码 2519015000	HW版本 12.40.00	SW版本 11.22.00	诊断版本 00030B	插针 101
FW号码 2519021900	FW号码(数据)		FW号码(Boot-SW)	
编码	文本			状态
B228B62	安全带紧急拉紧器控制单元存在功能故障。已存储的信号有故障。			

图 1-17　Star-D 读取到的故障码

查看相关资料可知，奔驰 R400 车预防性安全系统（PRE-SAFE）由左前安全带拉紧器和右前安全带拉紧器组成，并在可能发生碰撞事故的情况下工作。在发生实际碰撞之前促动此功能，可以为驾驶人及乘员提供最有利的碰撞保护。

预防性安全系统所需的数据由电控车辆稳定行驶系统（ESP）控制单元提供，左右两侧的安全带拉紧器控制单元，通过传动系统控制区域网络（CAN C）从 ESP 控制单元获得车辆的行驶数据，当判断到车辆存在碰撞风险时，会及时促动安全带拉紧器工作，将安全带收紧，从而有效避免驾驶人和前排乘客因碰撞发生时的惯性而受到伤害。当碰撞风险解除或碰撞事故发生后，安全带拉紧器控制单元会控制安全带拉紧器将安全带放松，以满足驾驶人和前排乘客的舒适性要求，以及在碰撞事故发生后为驾驶人和乘客离开车辆提供便利。

预防性安全系统（PRE-SAFE）所需的数据来自电控车辆稳定行驶系统（ESP）控制单元，而 ESP 控制单元及其他相关控制单元中均无任何故障码存储，说明预防性安全系统停止运作与 ESP 控制单元无关；预防性安全系统由左前安全带拉紧器和右前安全带拉紧器组

成，而左前安全带拉紧器控制单元中无相关故障码存储，说明预防性安全系统停止运作也与其无关。故障原因只能是右前安全带拉紧器控制单元及其相关线路故障。

根据图 1-18 所示相关电路图，对右前安全带拉紧器控制单元及其相关线路进行检查。首先查看了右前安全带拉紧器控制单元的导线连接器及其端子，未发现松动和腐蚀的迹象；接着测量右前安全带拉紧器控制单元端子 4 和端子 6 的供电电压，均为 12.6V，正常；测量端子 5 与搭铁之间的电阻，为 0.3Ω，也正常。由于该故障是偶发故障，推断故障点可能是右前安全带拉紧器控制单元存在间歇性故障或线路存在接触不良的故障，但在测量时故障未出现。

为此，维修人员在清除故障码后，决定对车辆进行路试，寻找故障发生的规律，如果能找到规律，一般是线路问题；如果确实无规律可循，则可能是右前安全带拉紧器控制单元存在间歇性故障。经过反复路试，维修人员发现车辆在经过颠簸路面时故障现象出现较频繁。再次仔细检查相关线路，当检查到右前安全带拉紧器控制单元的搭铁点 W17 时，发现该搭铁点的固定螺母松动（图 1-19）。

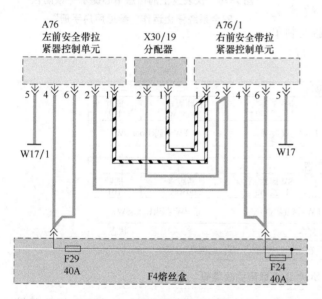

图 1-18 安全带拉紧器电路

图 1-19 搭铁点的固定螺母松动

故障排除 紧固搭铁点后试车，故障没再出现，数周后电话回访，确认故障排除。

技巧点拨 在排查偶发故障时，我们应尽量反复测试，找到故障出现的规律，这样有助于准确找到排除故障的切入点。

第二节 宝马车系

一、2010 款宝马 X5 车未系安全带，无安全带警告音

故障现象 一辆 2010 款宝马 X5 SUV，行驶里程 7.5 万 km。该车行驶中驾驶人未系安

全带，却无安全带警告音。

故障诊断 试车发现，在行驶中驾驶人未系安全带的情况下，组合仪表上的安全带警告灯能正常闪烁，但音响系统不会发出安全带警告音。用 ISTA 诊断，读得了 MOST 环路（此车信息娱乐系统通过光纤传递声音信号）中断的故障码；根据故障码的措施计划进行 MOST 环路断裂测试，发现顶级高保真放大器（AMPT）与电话间存在中断现象（图1-20）。

检查 AMPT，发现 AMPT 的输入光束正常（脱开光纤连接器可用肉眼看到），但 AMPT 无输出光束，由此推断 AMPT 损坏或其线路故障。首先检查 AMPT 的供电，发现后部熔丝盒（位于行李舱内部右侧）中 132 号 7.5A 熔丝（图1-21）熔断，更换该熔丝后试车，刚开始有安全带警告音，但没过多久，安全带警告音又消失了。经检查，发现 132 号 7.5A 熔丝再次熔断，说明由该熔丝控制下的电源线路存在对搭铁短路的现象。

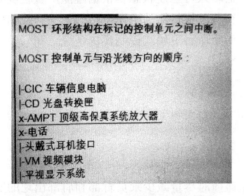

图 1-20 MOST 环路中断测试结果　　　　图 1-21 位于后部熔丝盒中 132 号 7.5A 熔丝

查看相关电路图得知，132 号 7.5A 熔丝同时为 AMPT、无钥匙便捷上车及起动系统控制单元和 4 个车门外把手电子装置供电。脱开上述电器的导线连接器，在重新更换 132 号 7.5A 熔丝后，再逐一连接各导线连接器，当重新连接上右前车门外把手电子装置的导线连接器时，132 号 7.5A 熔丝又熔断了，由此推断右前车门外把手电子装置内部对搭铁短路。

故障排除 更换右前车门外把手电子装置后试车，安全带警告音恢复正常。

技巧点拨 行车中，提醒驾驶人系好安全带是当前各类车型都具有的功能，由此可以看出安全带在行车中的重要性，但在行车中没有提示的情况属于故障，要及时进行诊断，以免造成严重损失。

二、2005 款宝马 525Li 安全气囊故障灯常亮

故障现象 一辆 2005 款宝马 525Li，车型为 E60，行驶里程 15 万 km。用户来店报修仪表中安全气囊故障灯常亮。

故障诊断 接车后维修人员通过诊断仪读取安全气囊系统故障内容为"98E0-SBSR，右前安全带拉紧装置引爆电路电阻太大"。

这里的 SBSR 为右侧 B 柱卫星式控制模块。E60 车型中沿袭使用了在 E65/66 中验证合格的光缆技术 byteflight。左侧/右侧 B 柱卫星式控制模块位于 B 柱车门槛区域下方，通过

byteflight 与 SGM 相连。随着传感器和执行器不断地增加，迅速、安全的数据交换就变得极为必要。总线系统由中央安全和网关模块（SGM）及卫星式控制模块组成。卫星式控制模块呈星形通过光缆与 SGM 相连。数据交换以极高的速度双向进行。为此，每个卫星式控制模块都具有发送/接收模块。SGM 针对每个卫星式控制模块设置一个单独的发送/接收模块。左侧/右侧 B 柱卫星式控制模块 SBSL/SBSR 通过 byteflight 与 SGM 相连。卫星式控制模块的供电同样通过 SGM 完成，并通过一个存储电容器缓冲。当 byteflight 处于休眠模式时，SGM 会切断卫星式控制模块的供电。在卫星式控制模块中，各集成有一个采集纵向和横向加速度的加速传感器。该传感器提供一个电压值作为测量值。该电压值作为车辆正负加速度的尺度，在卫星式控制模块中进行分析。该传感器持续发送确定的数值。这个测量值通过 byteflight 传送给 SGM 和所有卫星式控制模块。当 SGM 识别出一个临界范围，就会发出同步脉冲起动报警模式。通过进入报警模式，使卫星式传感器转入可触发状态。根据碰撞严重程度和卫星式控制模块中存储的触发规则，控制所需的执行器。执行器的引爆电路与卫星式控制模块中的点火终端相连，并通过电容器放电而引爆。对于所有卫星式控制模块来说，在驾驶前检查和正常行车期间的引爆电路自检都是相同的。SBSR 监视控制下列引爆电路：

- 前乘客前部安全气囊
- 右侧头部安全气囊（AITS II）
- 右侧后门侧面安全气囊（SA261）
- 右侧安全带拉紧装置
- 右侧后部安全带拉紧装置（SA261）

安全带拉紧装置为燃爆式，其任务就是在发生碰撞时尽量减少乘员背部和肩部出现的安全带拉长。安全带拉紧装置在驾驶人以及前排乘客座椅内部，与安全带自动回卷装置中的机械限力器配合，可达到减小乘员胸部负荷的效果。安全带拉紧装置的机械结构，包括引爆装置、气体发生器、柱塞和拉线，如图 1-22 所示。

发生足够严重的碰撞时，气体发生器被引爆，气体冲出并推动拉紧管里的活塞。活塞上固定的拉线将安全带锁向下拉，并将安全带的松弛部分拉住。

选择故障内容，执行简单的检测计划后，维修人员武断地判断为右前安全带拉紧装置故障。经验来看，一般安全带拉紧装置出故障的概率也比较高，没有想到更换完右前安全带拉紧装置后，故障灯依然点亮，故障码无法清除，故障内容当前存在。回顾刚才检查维修的过程，诊断仪根据故障内容给出了 SBSR 右前安全带拉紧装置的电路图，维修人员执行检测计划时不是很认真，没有严格执行检测计划的检查项目，对于需要人工检查确认项目，没有测量确认，靠人为感觉作出判断。故障内容是"98E0-SBSR，右前安全带拉紧装置引爆电路电阻太大"。也许是右前安全带拉紧装置引爆电路有问题，或者 SBSR 有问题，而不是安全带拉紧装置自身的问题。调出检测计划中的 SBSR 右前安全带拉紧装置的电路图，如图 1-23 所示，SBSR 对于安全带拉紧装置的控制电路其实是很简单的。

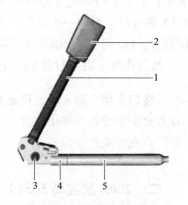

图 1-22 安全带拉紧装置
1—带支撑鞭 2—安全带锁扣及开关
3—卡箍 4—气体发生器 5—拉紧管

如果SBSR的X13630端子和右前安全带拉紧装置的X10217端子之间的导线没有问题,就是SBSR本身有故障了。拆卸右侧B柱饰板,断开SBSR的X13630端子,刚把线束拉出来,就发现问题了,有两根导线已经被严重人为破坏了,并且有一根导线上还连接一个电阻,如图1-24所示,电阻的另一端金属丝也断掉了。对照电路图,这两根线刚好是SBSR的X13630端子和右前安全带拉紧装置X10217端子之间的导线。

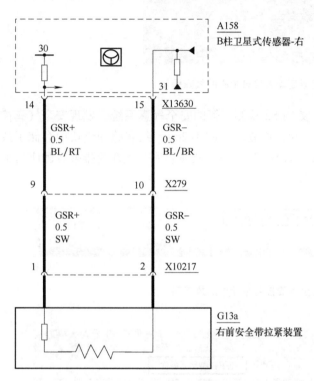
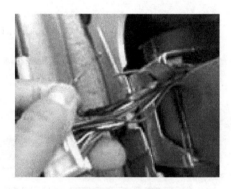

图1-23　右前安全带拉紧装置电路　　　　图1-24　故障位置

故障排除　拆下电阻,焊接好两根导线,故障排除。

技巧点拨　这是一起典型的人为故障,猜测是右前安全带拉紧装置以前可能出现过引爆或者出现过故障,造成安全气囊系统报警,所以就在SBSR控制模块前面直接连接一个电阻替代右前安全带拉紧装置,结果电阻连接不牢固,造成断路,引起安全气囊系统报警。维修中没有严格执行检测计划的检查步骤,造成了误判,走了弯路。

第三节　通用车系

一、凯迪拉克XTS安全气囊灯点亮

故障现象　一辆2015年款上汽通用凯迪拉克2.0T XTS,行驶里程1.1万km。驾驶人反映该车前排乘客侧座椅坐上乘客后,安全气囊灯就点亮,仪表板驾驶人信息中心显示"维修安全气囊"(图1-25),前排乘客侧座椅不坐乘客没有问题。

图 1-25　仪表板驾驶人信息中心的故障提示

故障诊断　维修人员使用故障诊断仪 GDS2 检测车辆的安全气囊系统，发现安全气囊控制单元中存储了故障码 B0081——乘客感知模块故障（图 1-26）；乘客感知模块中存储了故障码 B101D——电子控制单元硬件故障（图 1-27）。清除故障码后，坐在前排乘客侧座椅上测试，仪表板立即显示"维修安全气囊"。

图 1-26　安全气囊控制单元中的故障码

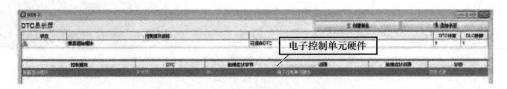

图 1-27　乘客感知模块中的故障码

查阅维修手册中 B101D 故障码的说明，得知出现此故障码是在乘客感知模块内部检测到了故障，不涉及外部电路的诊断。于是更换了乘客感知控制模块，并对模块进行了校准，但是故障依旧。

再次查看 GDS 里面乘客感知模块的数据，只有乘客感知系统报告故障码的数据，没有实际诊断意义，也不好进一步分析。于是就根据乘客感知模块的电路图，测量乘客感知模块的电源、搭铁、低速网络通信线路，经过检查都正常。维修工作陷入了僵局。

难道更换的新乘客感知模块有问题？或是有其他干扰？于是维修人员重点检查车内加装的电子设备，发现车辆的中央扶手上加装的一个空气净化器正在工作，插口接在中央扶手盒内的 USB 接口上（图 1-28），怀疑是空气净化器干扰了乘客感知模块的工作。于是拔掉空气净化器后，再次试验，故障果然不再出现。连接空气净化器后，故障再现，说明确实是空气净化器干扰了乘客感知模块的正常工作。

故障排除　拆除空气净化器后，跟踪回访驾驶人 10 天，确认故障彻底排除。

图 1-28 加装的空气净化器

技巧点拨 车内加装是造成诸多意外故障现象的根本原因，在排除一些不正常的故障现象时，应首先考虑拆除掉加装是否故障会消失。

二、2012 款别克昂科雷仪表安全气囊灯报警

故障现象 一辆 2012 款别克昂科雷，VIN：5GAKV7ED0CJ××××××，行驶里程：152310km。驾驶人反映仪表安全气囊灯报警，来店后检查确认故障现象存在。

故障诊断 连接故障诊断仪检测到故障码 B101D 3B——ECU 硬件性能内部自检失败，如图 1-29 所示。本着先简后难的原则，首先从外观上检查了熔丝与气囊模块的插头状况，未发现异常。根据故障分析，可能存在以下几方面故障：

① 线路系统存在故障。
② 传感器与执行器存在故障。
③ 相应的模块存在故障。

查阅电路图（图 1-30），测量 X1 的 9 号脚与 X1 的 17 号脚，电压正常，X1 的 19 号脚接地正常。由于模块的电源与接地都正常，建议更换安全气囊模块。

图 1-29 故障码

更换安全气囊模块时，在编程中系统显示停止，无法编程（图 1-31）。联系相关技术部门后确认，需在模块内部添加数据才可以编程。添加数据及与主机厂相应部门联系，重新编程与配置后，安全气囊灯仍点亮且故障现象仍存在。

由于无法清除故障码，再次查询维修手册，电路/系统说明：在控制模块内进行故障检测，故障码说明中所列的症状只是诊断参考，不涉及外部电路诊断。诊断与帮助内部说明：故障现象为历史故障码时，不要更换安全气囊模块与乘客感知检测模块。因为存在当前故障现象，结合先前的线路图，确认故障现象可能是与乘客感知检测模块相关。

于是检查了前排乘客座椅的乘客感知模块插头，发现插头有腐蚀现象（图 1-32），清洁腐蚀部位后检测，故障现象仍存在。

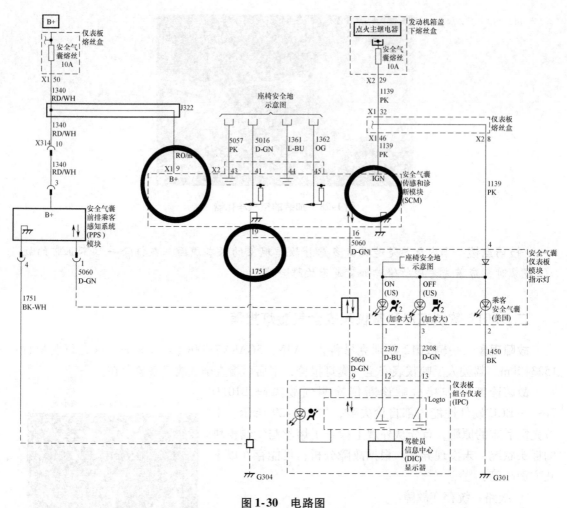

图1-30 电路图

图1-31 无法编程

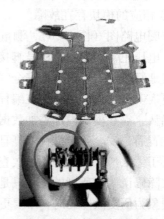

图1-32 插头有腐蚀

故障排除 测量乘客感知模块与安全气囊模块的线路,均正常,怀疑已造成内部故障。后与同款车型对换乘客感知模块,故障排除。

技巧点拨　由于该车辆曾经进过水，而且停放时间过长，维修人员在维修完成后才了解到这个情况。如果能提前掌握这样的信息，或许在维修中能让我们进一步理清思路，辨明诊断的方向。

三、别克 GL8 车安全气囊故障灯常亮　后电动门无法开启

故障现象　一辆 2011 款 GL8 车，装配 MH8 自动变速器，行驶里程 3 万 km，出现安全气囊故障灯常亮，后电动门无法开启的故障。

故障诊断　接车后首先验证故障现象。起动发动机，仪表盘上的安全气囊故障灯一直点亮，操作后电动门，没有任何反应。连接 GDS2 读取故障码，调得的故障码有：U0151——与安全气囊控制模块失去通信；U0204——与右后车门开关控制面板失去通信；U0210——与后部座椅加热模块失去通信；U0254——与遥控起动模块失去通信；U0208——与座椅存储器控制模块失去通信；U0209——与前部座椅加热模块失去通信；U0230——与尾门控制模块失去通信；B2955——安全传感器数据回路。其中故障码 U0151 出现多次。根据这些故障码的提示，可以看出是网络通信出现了问题。查看该车的维修手册，获悉对此类故障码的解释如下。

串行数据电路是车辆中控制模块互相通信的方式，一旦故障检测仪通过数据链路连接器与串行数据电路连接，便可以对各个模块进行诊断，并检查是否存在故障码（DTC）。当点火开关置于 RUN 位时，在串行数据电路上进行通信的每个控制模块发送一个健康状态（SOH）信息，以确保控制模块操作正常。当控制模块不在串行数据电路上进行通信时，例如，模块失去电源或搭铁，正常在串行数据电路上发送的健康状态信息便会消失，串行数据电路上欲接收健康状态信息的其他控制模块，检测到信息不存在，那么控制模块轮流设置一个与不通信控制模块健康状态信息丢失相关的故障码。该故障码仅针对不通信的控制模块和可设置为相同代码的一个或者多个模块。串行数据通信故障码丢失，不表示包括已存储了故障码的模块有故障。

根据维修手册上的说明和对该类车的维修经验，问题多是线路连接器接触不良引起的，根据故障码找共性，它们都属于低速网络。

接着对照电路图对线路进行测量，诊断连接器 DLC84 的端子 1 与连接器的端子间的电阻为 0.4Ω，正常，但是连接器 X201 的端子 53 与安全气囊控制模块导线连接器 X1 的端子 15、加热座椅控制模块导线连接器 X3 的端子 11、尾门控制模块导线连接器的端子间的电阻都很大。由电路图可知，它们共用一个星形连接器，所以怀疑这个星形连接器出现问题，掀开地板垫检查该星形连接器，发现已进水腐蚀（图 1-33）。

故障排除　询问驾驶人得知，该车不久前在外铺过地板垫。经检查发现当时铺地板垫时把空调排水管接头断开，安装时没有连接到位，导致空调水无法正常排出，造成 SP5060 星形连接器端子腐蚀。于是用清洗剂处理腐蚀点，然后涂抹导电膏后试车，一切正常。该车行驶多日后，进行电话回访，上述故障现象未再出现，故障彻底排除。

技巧点拨　连接器端子进水腐蚀导致出现异常故障，多个关于网络的故障码出现，故障现象与读取到的故障信息不相符，这种奇怪的故障往往是搭铁不良或是多种导线出现异常所致。

图 1-33 因进水造成端子腐蚀的连接器

四、雪佛兰科帕奇安全气囊警告灯亮

故障现象 一辆 2009 款科帕奇，搭载 2.4L 发动机，驾驶人抱怨安全气囊警告灯亮。

故障诊断 用故障检测仪检测，有故障码：DTC B0016 0D——左侧车顶纵梁气帘展开回路电阻过大。查阅维修手册得到的信息如下：设置故障码的条件是，左侧车顶纵梁气帘展开回路的电阻大于 3.54Ω。

由此可见，故障原因是由气帘展开回路的电阻过大导致的。该车曾经因该故障进行过检修，当时是历史故障码，怀疑插头接触不良，对展开装置附近的 2 个插头进行了涂抹导电润滑脂处理，故障消失。

目前是当前的故障码，尝试断开插头，会出现故障码 DTC B0016 04——左侧车顶纵梁气帘展开回路开路的故障码。如果仅拔开展开装置插头上的防松装置，故障码可以被清除，而且不会设置故障码。至此，开始怀疑是充气装置内部的电阻过大导致的故障，于是订货侧气帘。侧气帘到货后安装，安装后安全气囊灯依然点亮，故障码依然是 DTC B0016 0D——左侧车顶纵梁气帘展开回路电阻过大。

此时将插头断开，设置 DTC B0016 04——左侧车顶纵梁气帘展开回路开路的故障码。如果将插头两端子短接，则不会出现故障码。由此分析，是线路中电阻过大导致的故障。拔下插头，电路形成开路状态。插上插头，线路中电阻加上展开装置中的电阻，二者之和超出范围，因此设置电阻过大的故障码。当插头短路后，相当于去掉展开装置的电阻，仅剩电路中的电阻，恰好这个电阻在 1.77～3.54Ω 之间，所以不设置故障码。

故障排除 为了验证这个推断，在 SDM 插头处，将左侧气帘的端子与右侧气帘的端子位置互换。此时出现的故障码变为右侧气帘电阻过大。这个结果说明电路中存在电阻。查看电路图（图 1-34），可以看到，SDM 至左前气帘之间还有一个 X302 插头，是没有检查到的。X302 插头实际上是在左 B 柱前端根部，拆下左前门槛衬板，就可看到该插头。重新插拔该插头，故障排除。

技巧点拨 由于该插头在门槛板附近，上下车的踩踏造成了插头的松动，使接触电阻过大，引发上述故障。

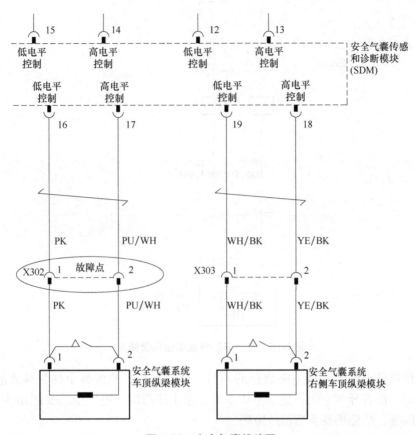

图1-34 安全气囊线路图

五、雪佛兰 SPARK 安全气囊警告灯报警

故障现象 一辆进口2011款雪佛兰SPARK微型车,驾驶人反映安全气囊警告灯报警。

故障诊断 该故障曾经检查过,当时维修人员看到的是历史故障码"DTC B0014 0D——驾驶人座椅侧安全气囊展开回路电阻过大"。使用Nyogel 760G电气触点润滑脂处理驾驶人侧面气囊插头,清除故障码,将车交给驾驶人观察。两天后,驾驶人再次因安全气囊警告灯报警来厂检修。

查询仍是历史故障码"DTC B0014 0D",查阅维修手册,设置故障码的条件:安全气囊展开回路电阻大于4.2Ω并持续2s。读取数据,侧面安全气囊电阻为3.6~3.8Ω(变化)。读取正常车侧面安全气囊电阻是2.2Ω(稳定不变)。由此看来,该车侧面展开回路的电阻不正常,目前处于正常电阻值极限范围1.7~4.2Ω之间,若是超出范围,将会记忆"DTC B0014 0D"故障码。

出现电阻大的情况,多为插头接触电阻导致,所以需要对展开装置至SDM的每个插头进行检查。通过电路图(图1-35)分析线束结构有侧面安全气囊部件插头、安全气囊模块SDM插头。出现这种电阻过大现象的插头,多为线束经常移动的插头,SDM对展开回路的电阻检测是非常准确的。当电阻值增加到一定程度,就会使SDM记忆电阻过高的故障码。经常移动的线束、插头,是最易出现这种情况的。

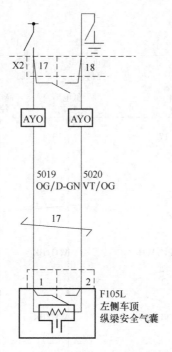

图1-35 左侧车顶纵梁安全气囊插头

在观察诊断仪上展开回路电阻数据的同时,晃动线束,判断哪个插头导致故障。SDM插头线晃动时,没有异常变化。晃动座椅靠背和敲击座椅时,电阻值跳变超出4.2Ω,安全气囊警告灯闪亮,故障码变为当前故障码。

由此可见,座椅靠背内的展开装置上的插头最有可能存在故障。剥离座椅靠背的蒙皮,看到展开装置,装置上有一段导线从中延伸而出,连接到座椅下面的插头。导线的另一端在展开装置内,被包裹在折叠的气袋中。要看到插头,需要进一步剥开展开装置的气袋,这已经超出了我们的规范维修范围。

为了一看究竟,经驾驶人同意还是剥开折叠的气袋,最终看到了气体发生器上的插头(图1-36)。晃动插头,电阻变到2.1Ω,不再变化。看来剧烈的晃动,使端子间的氧化层被破坏,恢复到正常接触的状态下,所以电阻正常了。连接这个插头的线束(座椅内线束),在插头处没有绑扎,随着靠背的挤压和车辆的抖振而运动,这是导致插头端子接触不良的原因。

图1-36 气体发生器插头

故障排除 用Nyogel 760G电气触点润滑脂处理端子,将线束绑扎在座椅骨架上,线束不会随靠背挤压和抖振而移动,故障排除。

技巧点拨 测试仪器、维修手册及掌握维修技巧的维修人员,这是完成故障诊断和排除的必要条件。具体表现在要了解当前故障码和历史故障码的含义及关系。注意,这里展开回路电阻是用故障诊断仪测出的,而不能用万用表来测量。

第四节 大众奥迪车系

一、奥迪 A4 紧急警告灯闪烁无法关闭

故障现象 一辆 2006 款一汽奥迪 A4 轿车,搭载 1.8T BKB 型发动机,行驶里程 67386km,驾驶人反映没有按下紧急警告灯按键,但紧急警告灯自行闪烁,无法关闭。

故障诊断 紧急警告灯失控的故障原因有紧急警告灯开关故障、中控门锁控制单元故障、网关控制单元故障、安全气囊控制单元故障、线路故障。使用 VAS5052 诊断仪检测各控制单元,中控门锁控制单元存储一个门锁故障码,但与本故障没有关系。怀疑紧急警告灯开关的触点有故障,更换开关故障依然存在。

怀疑中控门锁控制单元进水或内部有故障,调换中控门锁控制单元,未能排除故障。阅读电路图(图1-37),看到紧急警告灯开关 E3 连接的 LIN 线设有集线点 A125,其中一根线通往安全气囊控制单元 J234,于是拔开安全气囊控制单元 J234 的插头,紧急警告灯停止闪烁。

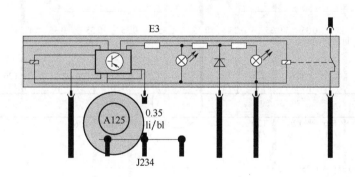

图 1-37 紧急警告灯开关

E3—紧急警告灯开关　A125—集线点　0.35li/bl—LIN 传输线　J234—安全气囊控制单元

故障排除 拆卸检查安全气囊控制单元 J234,发现内部进水,更换安全气囊控制单元 J234,故障排除。

技巧点拨 安全气囊控制单元 J234 收到碰撞信号后,判断是否符合安全气囊引爆条件,如果符合,在安全气囊引爆的同时送出信号强制四个车门锁打开、紧急警告灯闪烁。向驾驶人了解,驾驶人自己在超市购买空调消毒剂,没有按说明操作,而是把一整罐消毒剂从出风口喷入,导致出风口下方的 J234 进水。J234 损坏后向紧急警告灯开关 E3 发出错误信号,造成紧急警告灯闪烁失控。

二、2015 款奥迪 A6L 安全气囊故障灯报警，转向有点沉

故障现象 一辆 2015 款奥迪 A6L（C7），配置 CDZ 发动机，行驶里程 56844km。驾驶人描述仪表板黄色安全气囊故障灯报警，并且打转向的时候有点沉。

故障诊断 首先用 ODIS 诊断仪查看故障码如下：

15——安全气囊控制单元：数据总线丢失信息，静态。

19——数据总线诊断接口：①转向角传感器无通信，静态；②前照灯光程控制单元无通信，静态；③扩展 CAN 无通信，静态。

44——转向助力控制单元：转向角传感器同步失效，没有校准，静态。

查看这几个故障码都与转向角传感器 G85 有关，G85 在转向柱电子装置控制单元中集成。于是拔下熔丝 SC6 和 SC7，经检测都正常，就此判断是 G85 损坏，建议更换。

更换新的转向柱控制单元后试车，故障现象依旧，又重新做 G85 基本设置，不能设置成功。重新查看诊断仪，发现还有一个前照灯光程控制单元无法到达，仔细查看图 1-38 ~ 图 1-41 所示相关电路图。

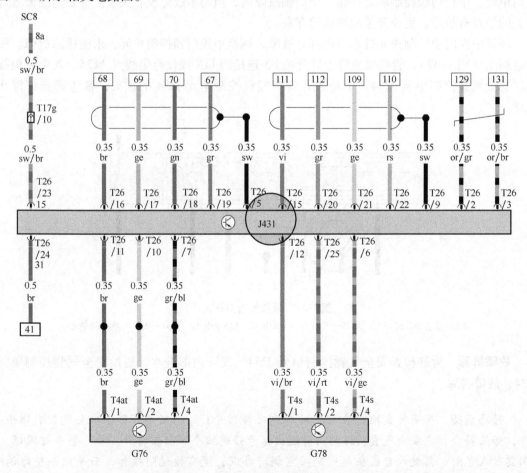

图 1-38 J431 前照灯光程调节相关电路

G76—左后汽车高度传感器　G78—左前汽车高度传感器　J431—前照灯照明距离调节控制单元

SC8—熔丝架 C 上的熔丝 8

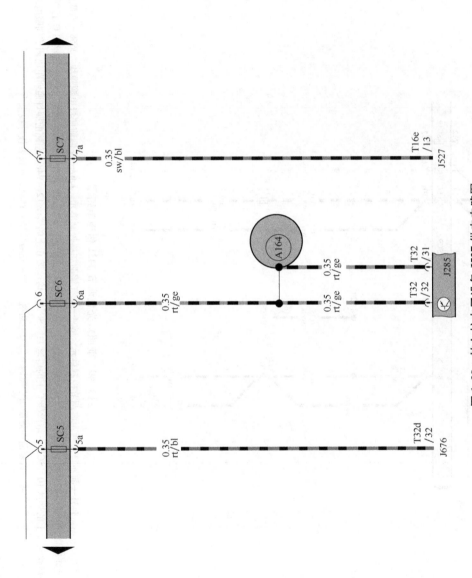

图 1-39 转向柱电子设备 J527 供电电路图

J285—仪表板中的控制单元 J527—转向柱电子装置控制单元 J676—芯片卡读卡器控制单元 SC5—熔丝架 C 上的熔丝 5
SC6—熔丝架 C 上的熔丝 6 SC7—熔丝架 C 上的熔丝 7

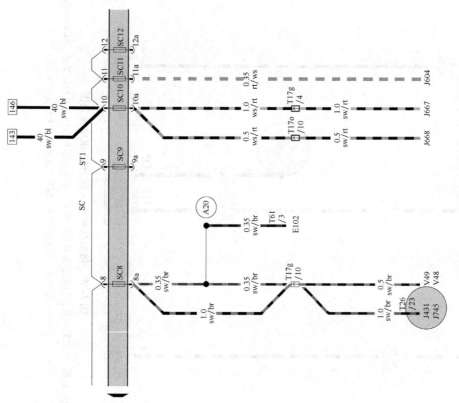

图1-40 前照灯光程调节 J431 供电电路图

E102—前照灯照明距离调节器 J431—前照灯照明距离调节控制单元 J604—空气辅助加热控制单元 J667—左侧前照灯电源模块 J668—右侧前照灯电源模块 J745—弯道灯和前照灯照明距离调节单元 SC—熔丝座 ST1—熔丝架 SC8—熔丝架C上的熔丝8 SC9—熔丝架C上的熔丝9 SC10—熔丝架C上的熔丝10 SC11—熔丝架C上的熔丝11 SC12—熔丝架C上的熔丝12 V48—左侧前照灯照明距离调节伺服电动机 V49—右侧前照灯照明距离调节伺服电动机 A20—正极连接（15a），在仪表板导线束中

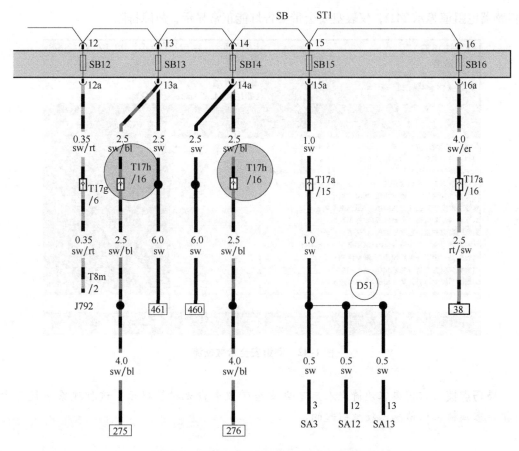

图 1-41 熔丝架 SC 第一排 ST1 供电电路图

J792—主动转向系统控制单元　SA3—熔丝架 A 上的熔丝 3　SA12—熔丝架 A 上的熔丝 12　SA13—熔丝架 A 上的熔丝 13　SB—熔丝座 B　ST1—熔丝架 1，黑色　SB12—熔丝架 B 上的熔丝 12　SB13—熔丝架 B 上的熔丝 13　SB14—熔丝架 B 上的熔丝 14　SB15—熔丝架 B 上的熔丝 15　SB16—熔丝架 B 上的熔丝 16

根据电路图，用试灯测量熔丝 SB13、SB14，均有电，而熔丝座 SC 没有电。当检查中间连接插头 T17h 第 16 针时，发现中间有腐蚀虚接的地方，处理插针后，熔丝供电都正常了，G85 和 J431 都显示可以达到，顺利做好基本设置和匹配，故障全部清除。试车问题解决。

故障排除　处理虚接插针，重新进行基本设置。

故障总结："虚接故障"可能无法用万用表检测出来，最好用试灯测量。"虚接"测量电压可能是正常的，加上负载（如试灯）后才能判断是否为"虚接"。

三、一汽大众新宝来安全带未系无报警提示

故障现象　一辆 2009 款新宝来车，前排乘客座椅坐人后不系安全带仪表盘无报警提示。

故障诊断　本车型驾驶人座椅与前排乘客座椅均装有占位传感器，入座后打开点火开关，如未系安全带，仪表盘安全带警告灯会报警提示。通过引导功能读取安全带数据流，测量显示前排乘客座椅占位传感器电阻过大。

故障排除　安全气囊控制单元感知传感器高电阻，错误地认为没有人入座，所以无报警提示，更换前排乘客座椅占位传感器，读取数据流（图 1-42），坐上人后，前排乘客座椅占

位传感器电阻值显示 24Ω，仪表盘安全带警告灯能正常显示，故障排除。

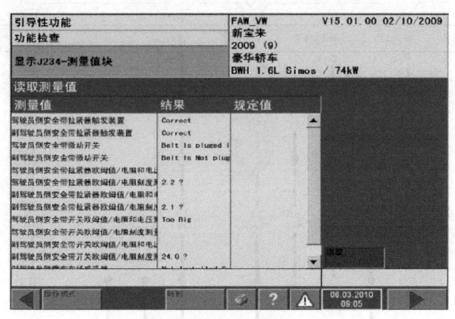

图 1-42　测量安全带数据流

技巧点拨　前排乘客座椅坐人后不系安全带仪表盘无报警提示，这种现象多数是由前排乘客座椅占位传感器故障引起的。

四、速派车行车中安全气囊故障指示灯亮起

故障现象　一辆 2013 年斯柯达速派 1.8T，VIN：LSVDJ63T0D2046670，行驶里程 28186km，该车在正常行驶时，安全气囊故障指示灯亮起。

故障诊断　首先，用 VAS6150B 读取故障码，故障信息为：前排乘客侧侧面安全气囊引爆装置，超出上限。速派轿车安全气囊控制单元相关电路图如图 1-43 所示，结合电路图及经验判断，故障原因可能为：

① 前排乘客侧侧面安全气囊引爆装置 N200 损坏。
② 线路出现故障（短路、断路）。
③ 安全气囊控制单元损坏。

一般出现"前排乘客侧侧面安全气囊引爆装置，超出上限。"这个故障信息都是线路出现干涉引起的，比如线路破损。但我们要找的前排乘客侧侧面安全气囊引爆装置到底是哪个气囊呢？此时，再用引导性故障查询确定是 N200，查找相关的电路图，用数字万用表测量座椅下方 T3h/1-T100/31 和 T3h/2-T100/32 之间的线路，看是否发生短路或断路。此时，发现了故障部位，故障是由于线路与座椅螺钉发生干涉破损而引起的，如图 1-44 所示。

故障排除　由于电动座椅的干涉，导致线路破损出现搭铁，维修人员对线束进行包扎并删除故障码后故障排除，故障处理前后的对比如图 1-45 所示。

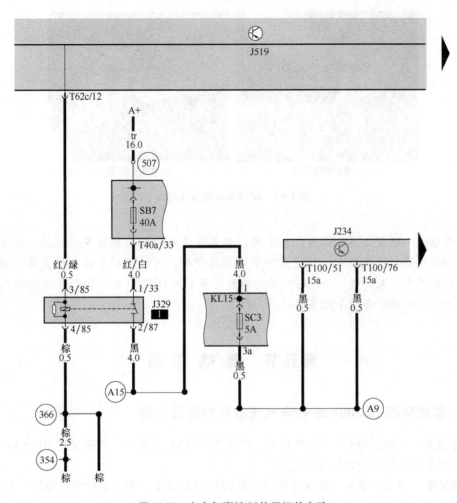

图 1-43　安全气囊控制单元相关电路

A+—蓄电池正极　J234—安全气囊控制单元，在变速杆前方中央通道上　J329—总线端 15 供电继电器，在仪表板左侧下部继电器板上 1 号位（100 继电器）　J519—车身控制单元，在仪表板左侧下方

图 1-44　故障部位

a) 维修前的情况　　　　　　　　b) 维修后的情况

图 1-45　维修前后的情况对比

技巧点拨　结合故障现象和维修手册，首先要确定故障零件的安装位置，此车有座椅气囊和侧气帘，当我们不能确定是哪个发生故障时，可以用引导性故障查询，最后再结合电路图确定安装位置，并进行故障的排除。多运用 ODIS（大众诊断系统）和 ElsaPro 系统，对我们的维修会带来很多帮助。

第五节　其他车系

一、雷克萨斯 ES300h 车安全气囊故障灯异常点亮

故障现象　一辆雷克萨斯 ES300h 车，搭载 2AR-FXE 发动机，行驶里程 10 万 km。驾驶人反映，该车安全气囊故障灯异常点亮。

故障诊断　接车后试车，确认安全气囊故障灯异常点亮。用故障检测仪检测，发现安全气囊控制单元（SRS）中存储故障码"B1000——安全气囊 ECU 故障"；记录并清除故障码，故障码无法清除。查看维修资料，提示该故障码是由 SRS 内部故障引起的。更换 SRS 后试车，故障依旧。对比新、旧 SRS 的编码，是一致的，难道新的 SRS 也有问题？将新的 SRS 安装到同款正常车上试车，一切正常；再将旧的 SRS 安装到同款正常车上试车，也一切正常，说明旧的 SRS 是正常的。

重新整理维修思路，仔细检查 SRS 的供电及搭铁线路，未见异常，一时维修陷入僵局。如果 SRS 及其线路均正常，会不会是信号干扰导致的故障呢？检查发现，该车加装件很多，如行车记录仪、导航、全景影像、DVD 及车载电源转换器等。将发现的加装件全部拆除后试车，故障依旧。询问驾驶人是否还有其他加装件，驾驶人反映，该车为二手车，购车没多久，不清楚还有没有其他加装件。另外，驾驶人还提供了一个重要线索：该车停放几天，蓄电池就会出现亏电现象，导致发动机无法起动。

测试该车静态电流，为 6.4mA，偏大，正常应为 1mA 左右，怀疑该车还存在其他加装件。重点检查左前和右前 A 柱下面的导线连接器，未见异常；接着将行李舱和 4 个车门踏板的装饰盖板全部拆掉，在拆下右后车门踏板装饰盖板后发现该车还加装了 GPS 定位器（图 1-46），怀疑故障是由 GPS 定位器信号干扰引起的。

故障排除 拆除加装的 GPS 定位器，并恢复原车线束后试车，安全气囊故障灯不再异常点亮，故障排除。

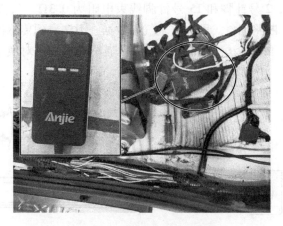

图 1-46 加装的 GPS 定位器

二、2015 款斯巴鲁森林人安全气囊故障灯常亮

故障现象 一辆 2015 款斯巴鲁森林人，配置 2.5NA 发动机及 CVT 变速器，VIN：JF1SJ92D7FG××××××，行驶里程 5797km。驾驶人来店检修安全气囊故障灯常亮故障。

故障诊断 打开点火钥匙，仪表显示安全气囊故障灯报警，如图 1-47 所示。连接故障诊断仪，能读取到的故障码是 B1675——卫星保护传感器故障（图 1-48）。

图 1-47 故障现象

图 1-48 故障码

根据故障码内容，查阅相关的维修手册后，基本判断为卫星保护传感器或安全气囊模块故障。按电路图（图1-49）检查测量了卫星安全保护传感器1号针脚和安全气囊模块14号针脚线束电阻为0.3Ω；2号针脚和15号针脚线束电阻为0.3Ω。从检查结果来看，线束没有问题，不存在短路、断路现象。因为安全气囊数据中无法看到传感器的动态数据，维修人员只能按照以往经验采取换件法。按故障码提示，首先和试驾车对换了卫星保护传感器，发现安全气囊故障灯灭了。

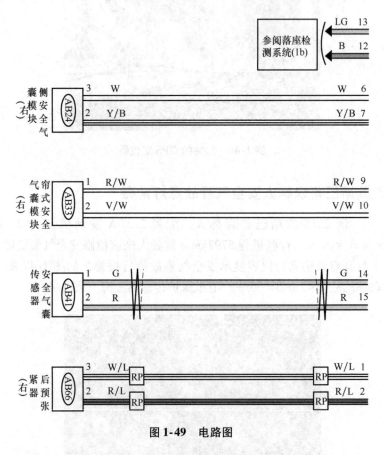

图1-49　电路图

故障排除　更换一个新的卫星保护传感器，故障排除。

> **技巧点拨**　由于车型的不同，各车的配置设计也有很大的区别，引起安全气囊故障灯点亮的原因，需要维修人员熟悉该车的技术资料才能做出判断。所以对维修手册的学习，是我们日常修理中必不可少的课程。

第二章

座椅控制系统维修技能与技巧点拨

第一节 宝马车系

一、2008 款宝马 530Li 座椅无法调节

故障现象 一辆 2008 款宝马 530Li，车型：E60，配置 N52 发动机，行驶里程：46888km。座椅左右无法调节。

故障诊断 座椅左右确实无法调节，按左右开关上面的记忆按钮"M"没有点亮。

使用 ISID 读取故障码：9FF0——SZM LIN 通信有故障；9FF2——SZM LIN 通信有故障（右键盘）；9FF1——SZM LIN 通信有故障（左键盘）。

根据故障码生成检测计划：

① B6131_50011 中央控制台开关中心按钮。

② SZM LIN 通信有故障（右键盘）。

③ SZM LIN 通信有故障。

④ SZM LIN 通信有故障（左键盘）。

结果提示与控制模块的通信有故障：A169 中央控制台开关中心。可能的故障原因：供电是否正常？根据电路图熔丝是否正常？根据电路图继电器是否正常？根据电路图检查总线连接是否正常？

手册建议更新部件：A169 中央控制台开关中心，对新的控制模块进行设码/编程。维修人员完成了以下维修工作：

① 更换 SZM 模块。

② 更换左右座椅开关。

③ 使用 ISID 激活座椅可以调整。

④ 检查座椅模块和 SZM，座椅开关供电正常。

考虑到相应模块已经都替换过了，而且各个模块的供电都是好的，但是 ISID 激活座椅

调节都能够动作。所以考虑为座椅开关的信号无法传到 SZM 模块里面。测量座椅开关的 K-BUS 线波形，如图 2-1 所示。在操作座椅开关时没有波形。蓝色波形电压很低约 2.8V，正常 K-BUS 电压有 12V 左右。

技师测量了 K-BUS 总线对地电阻，为 400Ω，判断总线短路。该总线连接着 SZM、左前座椅开关、右前座椅开关、右后坐区座椅调整开关（顶配 E60 车型有配置）。通过断开相应线路法查找短路。当断开右前座椅的总连接插头后，座椅调节总线 K-BUS 的对地电阻变成无穷大。这样就说明在右前座椅里面存在短路。拆下座椅，找到了故障点，线路磨破了，如图 2-2 所示。故障点电路如图 2-3 所示。

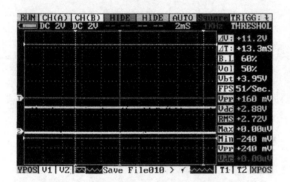

图 2-1　错误的 K-BUS 线波形

图 2-2　故障点

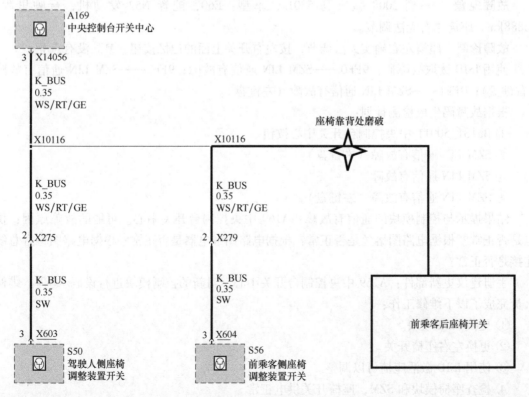

图 2-3　故障点电路

故障排除 维修磨损的 K-BUS 导线后故障排除，波形也恢复正常（图 2-4）。

> **技巧点拨** 宝马车的座椅靠背里面的线路磨破是很常见的故障。

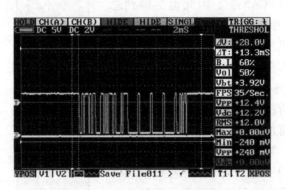

图 2-4 正常 K-BUS 导线波形

二、2011 款宝马 523Li 驾驶人侧座椅加热失效

故障现象 一辆 2011 款宝马 523Li，车型：F18，行驶里程：27000km。驾驶人反映车辆的驾驶人侧座椅加热装置失效。

故障诊断 接车后首先验证驾驶人反映的故障现象，按下位于空调操作面板上左侧座椅加热按钮开关，开关上的 3 个绿色的 LED 指示灯立即点亮，但 5s 左右，开关上的指示灯又立即熄灭。反复测试几次，一直是这个结果。用手感觉座椅的座垫和靠背，一直冰凉，完全没有加热的效果。按下位于空调操作面板上右侧座椅加热按钮开关，这个开关是乘客侧座椅的加热开关，打开开关后指示灯应一直点亮。不一会儿，乘客侧的座椅座垫和靠背慢慢变热。说明驾驶人侧座椅加热功能失效，乘客侧座椅加热功能正常。座椅加热开关如图 2-5 所示。

图 2-5 座椅加热开关位置

座椅靠背面内有一个座椅加热垫。座椅面内集成了两个座椅加热垫。两个座椅加热垫都由座椅模块供电。靠背面和座椅面的座椅加热垫分别带有一个 NTC 电阻，该电阻用于调节温度。座椅加热装置原理图如图 2-6 所示。

所选加热档的显示由座椅模块控制，该信号必须通过多个总线系统发送。只能从总线端

15接通起启用座椅加热装置。CAS4通过K-CAN2提供总线端15接通的状态信号，由此JBE得到总线端15的状态信息。ZGM将信号发送到K-CAN上。座椅模块连接在K-CAN上，因此也会得到总线端15的状态信息。座椅加热装置模块连接在总线端30B上，以便提供座椅加热负荷电流。座椅加热装置的功能仅由座椅模块负责。自动恒温空调系统分析按钮状态，并将按钮状态信息通过K-CAN发送给座椅模块。座椅模块分析所需加热档的请求信息，控制并监控座椅加热装置的功能。座椅加热垫连接在座椅模块上。为调节温度，系统监控座椅加热垫中的NTC（负温度系数）电阻。座椅模块根据加热档状态，将启用按钮LED功能指示灯的请求信息发送给自动恒温空调。

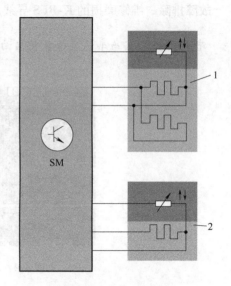

图2-6 座椅加热电路
1—靠背面座椅加热垫内的NTC电阻
2—座垫面座椅加热垫内的NTC电阻

如果座椅加热装置启用时按压按钮的时间超过1.2s，就会关闭座椅加热装置。座椅加热有3个档位，通过按钮上的LED指示灯来显示，3个指示灯都亮起表示最高加热级别，2个指示灯亮起中级的加热级别，1个指示灯亮起则表示最低级别的加热。指示灯都熄灭则表示座椅加热装置关闭。座椅加热装置出现功能故障时，座椅模块的故障码存储器会存储一条故障记录。

接下来连接ISID进行诊断检测，读取座椅加热相关的故障内容：SMFA 8029AB 座垫加热区：对地短路或断路。查看故障码的细节描述如表2-1所示。

表2-1 SMFA 8029AB 座垫加热区：对地短路或断路

故障描述	驾驶人座椅模块、座垫加热区输出端已识别到对地短路或断路
故障识别条件	通过按钮打开座椅加热装置后，在座椅模块中测量的电流低于0.6A的阈值。故障识别条件供电电压大于10V，总线端KL.15接通
故障码存储记录条件	50ms
保养措施	检查插头和导线，检查加热区的电阻
故障影响和抛锚说明 驾驶人信息，服务提示	无

调用控制模块功能，通过功能测试功能对驾驶人侧座椅加热装置进行功能测试，其数据流如图2-7所示。座椅加热装置开关按钮状态显示为"未操作"，座椅加热档状态正常显示为3档，座垫一直没有加热，显示为环境温度22℃。

选择故障内容执行检测计划，ISTA系统分析建议如下：
① 检查驾驶人座椅模块（SMFA）和相应加热垫之间的导线和插头连接。
② 进行加热垫检测。
检测驾驶人座椅模块（SMFA）和相应加热垫之间的导线和插头连接，连接牢固，没有

问题。测量加热垫的电阻值为2Ω左右，正常的电阻值为1~4Ω，加热垫的电阻值在正常范围之内，加热垫正常。最终分析认为是驾驶人座椅模块（SMFA）内部有故障。为了验证分析的结果是否正确，把驾驶人侧座椅模块和乘客侧座椅模块对调进行测试，按压驾驶人侧座椅加热按钮，不一会儿，驾驶人侧坐垫和靠背慢慢变热，确定为驾驶侧座椅模块故障。

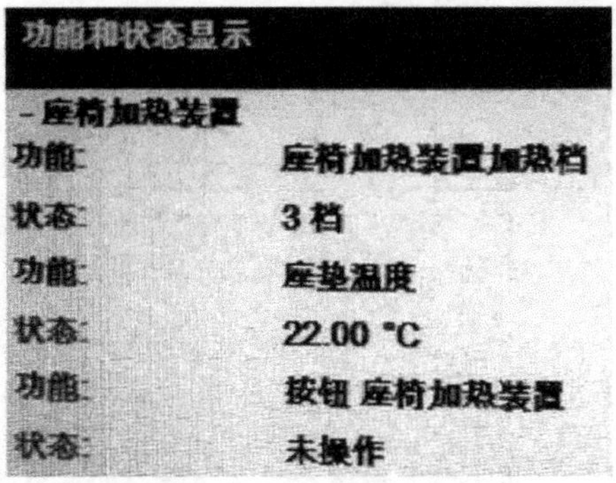

故障排除 更换驾驶人座椅模块，对车辆进行编程设码，故障排除。

图 2-7 功能测试数据流

技巧点拨 在这款车上配置有带有座椅模块的座椅加热装置。因此由座椅模块负责座椅加热装置功能。座椅加热装置按钮位于 IHKA/音响系统的操作面板上，该操作面板连接在自动恒温空调的控制模块上。

三、宝马 525i 转向盘和座椅无法调节

故障现象 一辆宝马 525i 轿车，行驶里程 85000km，配置 N52 发动机、ZF6HP-19 变速器的。驾驶人反映转向盘和座椅都不能调节，要求予以检查维修。

故障诊断 驾驶人反映转向盘和座椅都不能调节，于是对其进行验证，在调节转向盘和座椅时发现确实如驾驶人所陈述的那样。

转向盘和座椅不能调节，大致的原因有以下几种：

① 电源故障：供电与接地，额外的电压降导致的虚接，如电气连接处的接触电阻过大。
② 模块或控制开关故障，比如说转向柱调节开关、座椅开关和座椅模块等。
③ 执行机构故障，比如说电动机出现故障。

通过以上的分析，对该车做出了诊断。在检测前首先查看了与座椅和转向柱有关的熔丝，发现一个为 10A 的 74 号熔丝已经熔断，更换后转向柱和座椅都可以调节。通过查电路图发现，74 号熔丝是给中控台开关中心和座椅开关供电的，如图 2-8 所示。而中控台开关中心又控制着转向柱电动机。

但重新操作转向柱开关和座椅开关几次，74 号熔丝再次断掉，可以证明该熔丝不是偶然损坏的。更换上一个新的熔丝，重新操作开关几次后，熔丝没有熔断，但座椅和转向盘又同时不能调节了。于是又做了进一步检查。首先，用 ISID 检测，没有发现故障，接下来又对相关的部件进行了检查。

由于 74 号熔丝对座椅开关供电，首先检查了座椅开关。如图 2-9 所示，驾驶人侧的座椅开关供电电压在插接器 X603 处的 2 号脚测得电压为 12V。同样的，前乘客侧的座椅开关供电电压也为 12V，证明供电正常。拆下驾驶人侧开关后检查发现无明显的进水及损伤的痕迹。在操作开关的情况下，通过 ISID 读取开关的工作状态，均为未操作，前乘客侧的座椅开关也是这种情况。由于座椅开关有时候都可以操作座椅，但在一般情况下左右两个座椅开

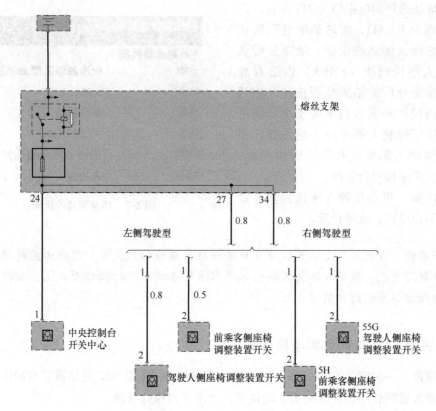

图 2-8 74 号熔丝相关电路

关同时损坏的可能性极小,所以暂时不考虑座椅开关的问题。通过用 ISID 激活座椅,发现座椅可以移动,于是考虑问题应该就出在座椅开关和座椅模块之间。

由于在座椅开关和驾驶人侧座椅模块中间的通信还有一个中控台开关中心,所以就考虑了是不是它或者它们之间的线路出了问题。将中控台拆下来检查。在拆检的过程中发现该模块外表有严重的损坏迹象。中控台开关中心外面的爪子已经有 3 个损坏,3 个断掉的爪子应该是在人为打开模块的过程中损坏的。在打开中控台开关中心后检查,内部没有发现明显的进水及损伤的痕迹。根据图 2-8 可知,中控台开关中心也是通过 74 号熔丝供电的,于是在 X14057 处的 1 号脚测得该模块的供电电压为 12V,它们之间的通信线连接也正常。该熔丝经常烧坏会不会是中控台开关中心引起的呢?

在将该模块的插头重新插上后,发现座椅和转向盘又都可以调节,但维持不了多长时间,如此往复的试验几次,都是这个情况。于是就怀疑是中控台开关中心内部出了问题。后经过与驾驶人沟通得知,该模块曾经在外面的维修站打开过,但没有对其进行维修。

故障排除 最终建议驾驶人更换中控台开关中心,并编程。在征得驾驶人同意后,更换模块并编程,座椅和转向盘均能正常调节,至此问题得以解决。

由于中控台开关中心和座椅开关共用一个熔丝,中控台开关中心的内部故障的导致熔丝熔断,进而导致座椅开关失效,引起了座椅也不能正常调节。同时转向柱调节开关的信号也是经中控台开关中心送至电动机,所以也导致转向盘不能调节。

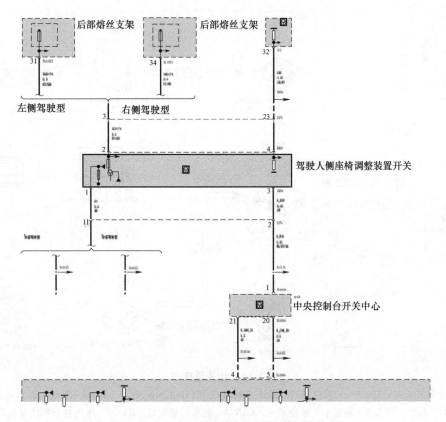

图 2-9 E60、E61 驾驶人座椅调整装置电路

技巧点拨 在维修的过程中要根据电路图进行细致的检查，不能忽略掉任何一个小的细节，否则将会导致工作难以顺利进行，无形中增加了工作量。

第二节 奔 驰 车 系

一、奔驰 S600 座椅按摩功能不能使用

故障现象 一辆奔驰 S600 车，VIN：WDB2211761A××××××，行驶里程：17 万 km。驾驶人反映情况是座椅的按摩功能不能用。

故障诊断 接车后，根据驾驶人的描述进行车辆检查，发现多仿形座椅功能失效，座椅的按摩功能不能用，确认驾驶人反映的故障。然后，将座椅的按摩级数调至任何数值，数值会自动跳至 0 位置，座椅的按摩功能无法启用。深入检查发现，整个多仿形座椅系统功能失效，驾驶人座椅、前排乘客座椅以及后排乘客座椅都无法使用该按摩功能。接着连接奔驰诊断仪读取相关的故障码：9EA953——多仿形座椅气动泵未激活；9306——控制单元 PFDS（动态行驶座椅泵）由于故障而关闭。根据故障码和功能原理图（图 2-10）分析，得出可能故障原因包括：

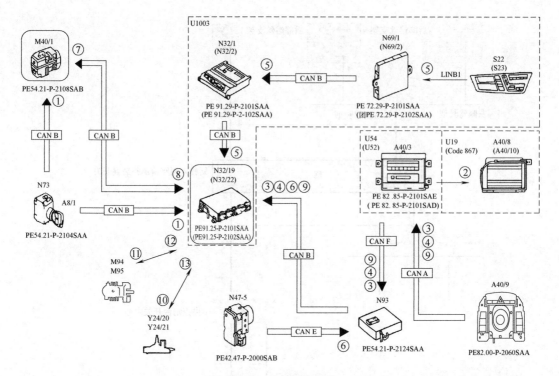

图 2-10 功能原理图

A40/10—分频显示屏 A40/3—驾驶室管理及数据系统（COMAND）控制单元 A40/8—驾驶室管理及数据系统（COMAND）显示屏 A40/9—前部中央操作单元 CAN A—远程信息处理 CAN B—车内控制器区域网络（CAN）CAN E—底盘控制器区域网络（CAN） CAN F—中央控制器区域网络（CAN） LINB 1—前部车门局域互联网（LIN） M40/1—行驶动态座椅调节气动泵 M94—左前座椅按摩功能促动电动机 M95—右前座椅按摩功能促动电动机 N32/1—左前座椅控制单元 N32/19—左前行驶动态座椅控制单元 N32/2—右前座椅控制单元 N32/22—右前行驶动态座椅控制单元 N47-5—电控车辆稳定行驶系统（ESP）控制单元 N69/1—左前车门控制单元 N69/2—右前车门控制单元 N73—电子点火起动开关（EZS）控制单元 N93—中央网关控制单元 S22—左前座椅操纵开关组 S23—右前座椅操纵开关组 Y24/20—驾驶人动态座椅按摩功能主阀 Y24/21—前排乘客动态座椅按摩功能主阀 1—端子15R/端子15，接通状态 2—动态座椅（FDS）子菜单显示，状态 3—打开/关闭动态功能，请求 4—动态多仿形座椅调整，请求 5—调节或存储记忆位置，请求 6—速度、转速和横向加速度，信号 7—压缩空气供应，请求 8—动态多仿形座椅气泵，状态 9—按摩功能接通，请求 10—按摩功能主阀，促动 11—按摩功能电动机，促动 12—按摩功能电动机极限开关，状态 13—按摩功能压力传感器，信号

① 空气压缩机的供电回路故障。
② 管路泄压。
③ 压力传感器故障。
④ 分配阀故障。
⑤ 压缩机故障。

根据可能原因，用奔驰诊断仪进入控制单元对压缩机进行测试，工作正常，说明压缩机的供电搭铁正常。接着用诊断仪查看压力传感器实际值，发现压力达到200kPa之后，压力不能保持住，会慢慢下降，说明管路有泄漏的地方。于是使用手动打气泵，对管路进行加压，从空气压缩机旁边的分配阀到前排座椅管路分别加压，压力不变，保压正常。同样方法，对储气罐进行密封加压，保压也正常。管路排除完之后，到此时感觉没有思路了，很是

奇怪，如果管路没有漏气的地方，会是哪里漏气呢？那么还是静下心来好好地逐个部件认真检查吧！

于是给系统打压后，仔细在行李舱观察多仿形座椅气泵周围，听到有轻微的漏气声音。对行李舱内管路进行检查，发现在压缩机上有个分配阀。然后对分配阀进行加压，发现压力慢慢下降，仔细观察分配阀，可是并未发现有异常现象。但是在手背贴近气泵分配阀时，感到有气体吹出，能感觉到有轻微的漏气。此时终于找到了故障点，多仿形座椅气泵出现轻微的泄漏。

对气泵分配阀进行涂抹胶水修复（图2-11）。等胶干后再次对分配阀加压测试，还是泄压。再次仔细检查，发现压力传感器旁边也有泄压地方，接着进行再次涂抹胶水修复，再次加压，没有了泄压现象。最后对动态座椅系统执行按摩功能测试，功能一切正常。

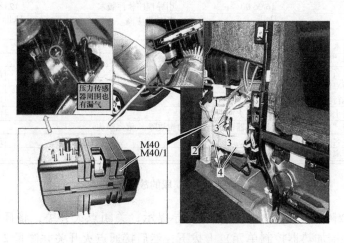

图2-11　行驶动态座椅调节气泵
1—电气连接器　2—饰件　3—气压管路　4—防水汽层
M40/1—用于动态座椅控制的气泵（带代码432的左右动态多仿形座椅）
M40—多仿形座椅气泵（带代码409的左前/右前多仿形座椅）

故障排除　更换新的行驶动态座椅调节气泵，反复测试后没有再出现过以前的故障现象，故障彻底排除。

技巧点拨　座椅按摩气泵分配阀漏气，导致座椅无法完成正常功能，目前维修的原则就是更换新件。

二、奔驰GLC260 coupe两前座椅调节不正常

故障现象　一辆奔驰GLC260 coupe，配置274发动机、9速自动变速器，行驶里程：12058km。驾驶人反映两前座椅不能正常调节。

故障诊断　接车后同驾驶人一起验证故障现象，发现两前座椅调节正常，经问驾驶人得知，在日常使用中经常出现调节左前座椅时，右前座椅会向相反的方向移动。有时一两天出现一次，有时好几天也不出现，故障现象的出现没有规律性。经初步检查该车的配置情况是，装配两前电动调节座椅，有座椅加热功能，未配备座椅通风和座椅记忆功能，左前座椅开关未

装配调节右前座椅的按钮。由于没有故障现象,于是建议驾驶人留车观察并进一步检查。

经过反复试车后,故障现象终于出现了,当调节左前座椅向前移动时,右前座椅会向后移动,调节左前座椅向后移动时,右前座椅向前移动。但如果调节左前座椅的靠背,那么右前座椅靠背会和左前座椅的靠背同向移动。当按下两前车门上的座椅加热按钮后,1s 后加热指示灯就熄灭了(座椅加热不能用)。

连接诊断仪进行快速测试,读取到故障码如图 2-12 所示。

N10/8-后部信号采集及促动控制模组(后部信号采集及促动控制模组(SAM))				-i-
梅赛德斯—奔驰硬件号	222 901 12 03	梅赛德斯—奔驰软件号		222 902 48 13
诊断标识	020017	硬件版本		13/09 001
软件状态	16/06 001	引导程序软件版本		12/06 005
硬件供应商	Hella	软件供应商		Hella
控制单元型号	BC_R222_B19_1			
事件	文本			状态
U11BC87	与"驾驶员"座椅加热器的通信存在功能故障,信息缺失。			S
	姓名		首次出现	最后一次出现
	频率计数器		—	95
	总行驶里程		12048km	12048km
	自上次出现故障以来的点火周期数		—	1
U11BD87	与"前排乘客"座椅加热器的通信存在功能故障。信息缺失。			A+S
	姓名		首次出现	最后一次出现
	频率计数器		—	1

图 2-12 读取的故障码

首先,根据故障引导进行检测,故障引导提示,关闭点火开关,将插头 1 从控制单元 N25/5(驾驶人座椅加热器控制单元)上拔下,然后接通点火开关并测量 2 号和 8 号针脚之间的电压,但是经过查阅车辆配置得知,该车装配的应该为 N32/1(驾驶人座椅控制单元),而 N25/5 为驾驶人座椅加热器控制单元,未装配座椅记忆组件,并且未装配电动调节式驾驶人座椅。说明故障引导存在错误。

故障现象短时间出现后就又消失了,只好本着先易后难的原则进行检查,先对左前车门控制单元、右前车门控制单元、后 SAM 控制单元进行了软件升级,但是故障现象依然存在。从网络拓扑图(图 2-13)上可以看出,左前车门或右前车门上的座椅调节开关信号通过 LIN 线传送到相对应的车门控制单元,然后通过 CAN B 传送到后 SAM 控制单元,后 SAM 控制单元又通过 LIN 线将信号传送到两前座椅控制单元,座椅控制单元通过促动相应的电动机实现座椅的调节。后 SAM 控制单元是信号的采集者,并且是座椅调节信号的主控单元,怀疑是后 SAM 控制单元内部程序混乱,发送了错误信号,造成两前座椅向相反的方向移动。于是就更换了后 SAM 控制单元,之后多次试车一切正常,本以为故障就此解决了,谁知第二天再次试车时,故障现象又一次出现了。

为了彻底排除故障,对整个信号传输线路进行仔细排查。当故障出现时,进入左前车门控制单元查看实际值,操作左前座椅开关时,实际值能够正常变化,而此时进入右前车门控制单元查看右前座椅的实际值,实际值没有变化,说明座椅开关调节信号是正确的。根据维修经验判断,两前车门控制单元损坏的可能性是比较小的,但为了保险起见,还是和正常车调换了两前车门控制单元,但试车故障依然存在。接着找出后 SAM 控制单元的电路图(图 2-14)进行

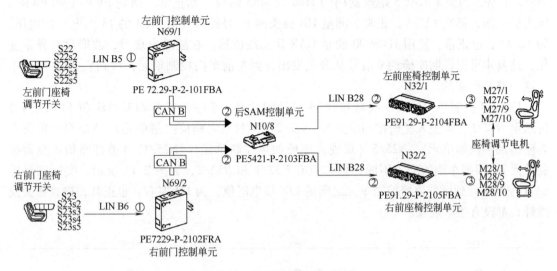

图 2-13　座椅调节网络拓扑图

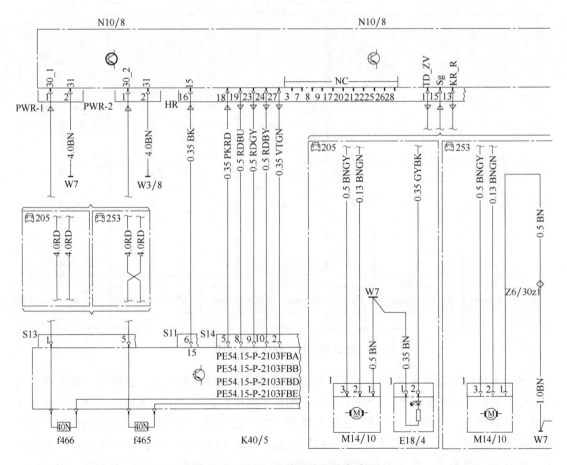

图 2-14　后 SAM 控制单元的电路图

测量。首先，检查了 K40/5 熔丝盒内的 f466 及 f465 熔丝，都正常。测量 PWR-1 和 PWR-2 插头的电压，都在 12.3V，正常。测量 HR 插头的 16 号针脚（后 SAM 的 15 供电）的电压，为 12.3V，也正常。使用 HMS990 测量 CAN B 总线波形，在故障出现时，波形没有异常变化，这基本可以说明座椅调节信号从开关发出，到左前车门控制单元，再到后 SAM 控制单元这一路是正常的。

后 SAM 控制单元的 LIN 线信号自 34 号针脚发出，通过 Z 节点 Z137/1z1 将 LIN 线信号传送至 N32/1（驾驶人座椅控制单元）、N32/2（前排乘客座椅控制单元）、N25/4（前排乘客座椅加热控制单元）、N25/5（驾驶人座椅加热控制单元）、N25/17（前部座椅加热器控制单元）。根据车辆的配置不同，该车只有 N32/1 和 N32/2，如图 2-15 所示。实际测量后 SAM 控制单元到两前座椅控制单元之间的 LIN 线电阻值，为 1Ω 左右，也正常，检查插头及插针，都没有松旷现象。

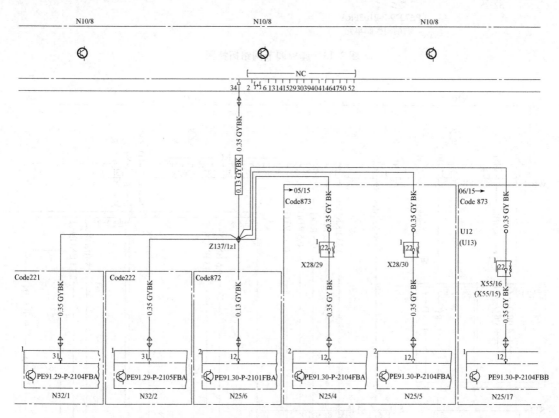

图 2-15　LIN 线信号电路图

难道是座椅控制单元坏了？又和正常车调换了两个座椅控制单元，遗憾的是故障现象依然存在。就检查的结果来看，调换了所有的相关控制单元，测量了相关联的线路，没有任何问题。排查至此，故障陷入僵局。在没有排查方向的情况下，拔下右前座椅控制单元上的插头，准备把线束一根一根的排查，当轻轻拽动控制线（LIN 线）时，LIN 线从插针上脱开了，经仔细检查发现，线束出厂时没有压接牢固，存在虚接现象，故障位置如图 2-16 所示。

故障排除　更换插针后重新装复，多次试车，故障没有再出现。

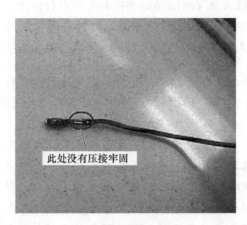

图 2-16 故障位置

技巧点拨 一根关键的导线插针虚接导致出现异常现象,在实际线路的检查中,一定要注意插接器、导线等是否连接牢固,有时候也许这些地方就是我们要查找的故障点。

三、奔驰 S350 轿车驾驶人侧座椅不能加热

故障现象 一辆奔驰 S350 轿车,行驶里程 4.7 万 km,底盘号 WDD221182,装配 276 型发动机。该车因驾驶人侧座椅不能加热而进厂检修。

故障诊断 接车后首先试车验证故障现象,接通驾驶人侧座椅加热开关,指示灯正常点亮,等待一段时间,发现靠背加热正常,但座垫却不能正常加热。连接故障检测仪对车辆进行快速测试,得到 1 个当前故障码"左前座垫加热垫存在功能故障 低于电流极限值"。

原理分析 奔驰 S350 车装配的加热式座椅有 3 个加热等级,通过座垫和靠背内的加热器对座椅进行加热。操作相应车门镶板上的座椅加热开关,可开启或关闭加热式座椅的加热功能,并调节热量输出。座椅加热开关的信号由相应的车门控制单元,通过 CAN B 总线将相关信息发送给相应的座椅控制单元(包括驾驶人侧座椅控制单元、前排乘员侧座椅控制单元和后排座椅控制单元)。

根据故障码的提示,维修人员首先检查了驾驶人侧座椅下方的导线连接器及线束,未见明显异常。查阅电路图(图 2-17)可知,驾驶人侧座椅加热垫通过导线连接器直接与驾驶人侧座椅控制单元相连。于是断开该导线连接器,用万用表测量驾驶人侧座椅加热垫的电阻,为 ∞,说明加热垫存在断路;对比测量前排乘员侧座椅加热垫的电阻,约为 2.9Ω。为了确认故障

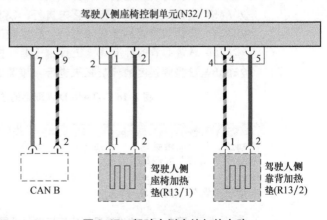

图 2-17 驾驶人侧座椅加热电路

原因就是加热垫断路，维修人员又对加热垫的控制电压进行测量，在3级加热时实际测得电压为11.5V，2级加热时的电压为7.1V，1级加热时的电压为3.5V，均在正常范围内。

故障排除　更换驾驶人侧座椅加热垫后试车，座椅加热功能恢复正常，故障彻底排除。

> **技巧点拨**　按动座椅加热开关1次，激活加热式座椅的3级加热，加热式座椅的座垫和靠背以100%功率输出，车门控制单元控制座椅加热开关上的3个LED指示灯点亮。再次按动1次座椅加热开关，可将加热式座椅的加热模式设置为2级加热，加热式座椅的座垫和靠背以60%的功率输出，车门控制单元控制座椅加热开关上的2个LED指示灯点亮。继续按动1次座椅加热开关，可将加热式座椅的加热模式设置为1级加热，加热式座椅的座垫和靠背以30%的功率输出，车门控制单元控制座椅加热开关上的1个LED指示灯点亮。要手动关闭加热式座椅，必须重复操作座椅加热开关，直到所有LED指示灯熄灭。此外，还可以通过定时器控制自动关闭加热式座椅功能，其控制顺序为：当加热式座椅定时器控制功能激活后，系统会保持开启3级加热5min，然后自动转换至2级加热；2级加热运行10min后，系统自动转换至1级加热；1级加热运行20min后，加热式座椅自动关闭。

四、奔驰C200车前排乘员侧电动座椅无法调节

故障现象　一辆2012款奔驰C200轿车，行驶里程3.4万km。该车因前排乘员侧电动座椅无法调节而进厂检修。

故障诊断　接车后试车验证故障，故障现象确实存在，尝试操作前排乘员侧座椅开关对座椅进行调节，发现各个方向均无法调节。经询问驾驶人并查阅该车的维修记录，得知该车并无涉水及相关的维修记录。

连接STAR-D调取故障码，得到关于前排乘员侧电动座椅的故障码，如图2-18所示。根据故障码的提示，决定先对前排乘员侧座椅进行标准化设置，结果无法进行标准化设置（图2-19），系统提示"未发现新的控制模块软件，控制单元已用当前的软件版本编程"（图2-20）。反复对前排乘员侧座椅进行标准化设置，结果均失败。

• 9D9B54 座椅前后位置调节的标准化未进行。校准缺失。	当前
• 9DAA54 座椅高度调节的标准化未进行。校准缺失。	当前
• 9DAB54 头枕调节的标准化未进行。校准缺失。	当前
• 9DAC54 靠背调节的标准化未进行。校准缺失。	当前
• 9E0454 座垫倾斜度的标准化未进行。校准缺失。	当前

图2-18　STAR-D读取到的故障码

✓ 控制单元"前排乘员"电动座椅调节"的编码	标准化未成功进行。	
控制单元"前排乘员"电动座椅调节"的学习	中断的原因：	控制单元'N32/1(驾驶人座椅控制单元)'的供电电压过高(过电压)。

图2-19　前排乘员侧座椅标准化设置未成功执行

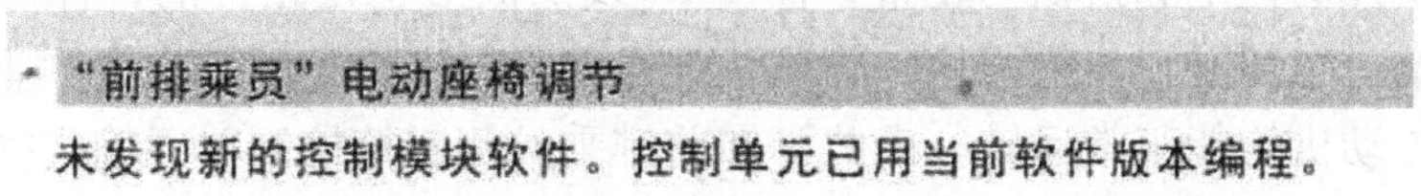

"前排乘员"电动座椅调节
未发现新的控制模块软件。控制单元已用当前软件版本编程。

图 2-20　系统提示"未发现新的控制模块软件，控制单元已用当前的软件版本编程"

系统提示标准化设置失败的原因是驾驶人侧座椅控制单元供电电压过高（图 2-19）。于是决定逐一对前排乘员侧座椅控制单元供电，及驾驶人侧座椅控制单元的供电进行检查。根据相关电路图（图 2-21），测量前排乘员侧座椅控制单元的电压，为 12.5V，正常；检查前排乘员侧座椅控制单元的搭铁，正常；检查驾驶人侧座椅控制单元的供电和搭铁，均正常。接着又检查了前排乘员侧座椅控制单元 CAN 总线的波形（图 2-22），也正常。

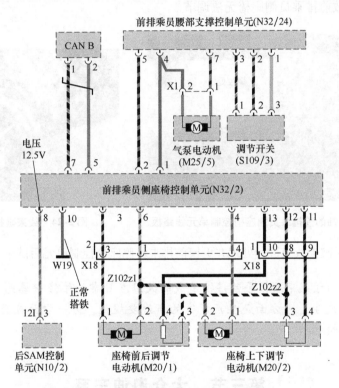

图 2-21　前排乘员座椅控制单元相关电路

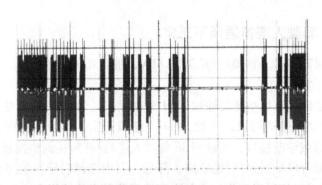

图 2-22　前排乘员侧座椅控制单元的 CAN 总线波形

座椅控制单元的供电和搭铁均正常,而 CAN 线的波形也是正常的,怀疑是前排乘员侧座椅控制单元本身有问题。为验证这一猜测,维修人员分别给各前排乘员侧座椅调节电动机单独供电,各电动机均能正常运转。由此可知前排乘员侧座椅控制单元确实损坏了。

拆检前排乘员侧座椅控制单元,发现线路板已烧蚀(图 2-23)。至此,故障原因查明,是前排乘员侧座椅控制单元内部的线路板损坏,导致前排乘员侧座椅无法进行标准化设置。是什么原因导致前排乘员侧座椅控制单元损坏的呢?怀疑线路有短路的情况。根据以往的维修经验,座椅的折叠处是线束容易磨损的位置。将座椅靠背拆下检查,并没有发现问题。

进一步检查发现前排乘员侧座椅控制单元与前排乘员腰部支撑控制单元之间的线路,发现有破损(图 2-24)。查阅相关电路图(图 2-21)得知,该线是前排乘员侧座椅控制单元给前排乘员腰部支撑控制单元供电的,该线破损并对搭铁短路,造成前排乘员侧座椅控制单元内部损坏,导致前排乘员侧座椅无法调节。

图 2-23 烧蚀的前排乘员侧座椅控制单元线路板

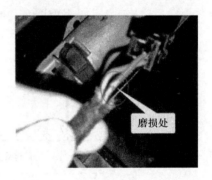

图 2-24 线束破损位置

故障排除 对破损线束进行处理并更换前排乘员侧座椅控制单元后试车,故障彻底排除。

技巧点拨 对于线束破损导致搭铁造成的故障在日常的维修中屡见不鲜,怎样避免类似问题故障的发生,一方面是生产厂家的布线要规范,另一方面应避免后期的改装、改线等不规范的情况。

第三节 大众奥迪车系

一、奥迪 Q7 驾驶人座椅通风不正常

故障现象 一辆 2010 款一汽奥迪 Q7 3.6L SUV,搭载 CAD 型发动机,行驶里程 19753km,驾驶人座椅通风不正常。

故障诊断 奥迪座椅通风功能是通过 MMI 来设置,属于舒适 CAN 总线系统。陪同驾驶人在 MMI 中设置驾驶人座椅通风,开始 2min 内通风正常,其后不工作,无法再设置。用 VAS5052 检测数据总线诊断接口,地址码 36 驾驶人座椅/转向柱调整控制单元 J136,存储故障码:驾驶人座椅靠背风扇断路/对地断路,静态。利用选择引导性故障查询,选择"最终控制诊断功能",驱动座椅风扇工作,驾驶人座椅靠背风扇能按指令工作 10s。

根据驾驶人座椅风扇布置（图2-25）及电路图（图2-26）可以看出，J136接收到座椅通风设置信号，分成两路为风扇电动机供电。第1路为座垫风扇电动机1-V390、2-V419，第2路为座椅靠背风扇电动机1-V388、2-V417。每一路有两个电动机并联，每个电动机连接3根电线，其中2根是电源线，1根是控制信号线。

根据工作原理分析故障原因有：驾驶人座椅靠背风扇电动机故障、相关线路故障、J136故障。因为"最终控制诊断功能"能够驱动靠背风扇电动机，所以认为风扇电动机和线路故障的可能性不大，有可能是J136故障造成误报警致使座椅通风不能正常工作。

倒换J136后试验，开始座椅正常，但过一会又存储故障码：驾驶人座椅靠背风扇断路/对地断路，静态。说明故障仍然存在。

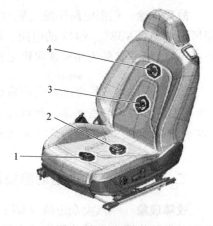

图2-25 驾驶人座椅风扇布置
1—座垫风扇电动机1-V390 2—座垫风扇电动机2-V419 3—座椅靠背风扇电动机2-V417 4—座椅靠背风扇电动机1-V388

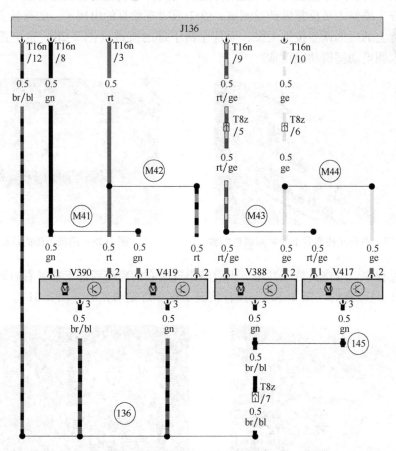

图2-26 驾驶人座椅风扇电路图
J136—驾驶人座椅/转向柱调整控制单元 V390—座垫风扇电动机1 V419—座垫风扇电动机2
V388—座椅靠背风扇电动机1 V417—座椅靠背风扇电动机2

故障排除　根据电路图测量靠背风扇电动机 V388、V417 的线路，未发现异常。分别测量风扇电动机 V388、V417 的电阻，均为 2Ω，未发现异常。决定分别更换 V388、V417，当更换 V388 后，驾驶人座椅通风恢复正常，故障排除。

> **技巧点拨**　座椅通风功能是高端轿车的选装设备，测量靠背风扇电动机 V388 的电阻未见异常，因是静态测量，所以应考虑动态电阻是否正常，但是无法测量动态电阻，所以采用替换法，最终找到故障点所在。

二、大众迈腾右前电动座椅调整失灵

故障现象　一汽大众迈腾（B7）驾驶人反映右前电动座椅调整偶尔失灵。当时驾驶人是坐在驾驶位置上，想使用右前座椅靠背上的后部调整按键（图 2-27）调整座椅，调整座椅靠背角度和前后移动座椅都没有动作。驾驶人把车开到最近的一汽大众 4S 店检查时，座椅调整又都好用了，所有按键都正常。维修人员也做了一些检查，没有发现异常，因时间关系驾驶人先离开 4S 店。可之后又再次出现了相同的故障。

故障诊断　驾驶人来检查时同样是故障现象消失，电动座椅各按键都正常，这次驾驶人将车留人检查。维修人员反复做调整测试，终于故障现象真的出现了。如驾驶人所述，不但右前座椅靠背上的后部调整按键失灵，而且座椅下部的按键（图 2-28）也全部失灵，但这时测试驾驶人侧电动座椅功能正常。

图 2-27　右前座椅靠背上的后部调整按键

图 2-28　座椅下部的按键

在检查过程中，维修人员还发现，当故障出现时右前座椅后面下部的右后脚部空间照明灯（图 2-29）是微亮的（图 2-30），正常情况下这个灯是明亮的（图 2-31）。

图 2-29　空间照明灯

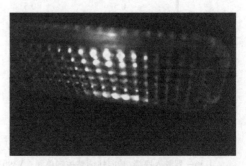
图 2-30　灯仅仅微亮

在右前座椅下方找到线束连接的插头（图2-32），10孔的插头里面有配线5根。查找右前电动座椅的电路图（图2-33），两根粗线是供电及接地线，三根细线在图2-32中从左到右分别为右后脚部空间照明灯供电线、前排乘客座椅加热供电线、前排乘客座椅温度传感器线。与本例现象直接相关的是右后脚部空间照明灯供电线，按车身控制单元电路图（图2-34）查找，可知此线接车身控制单元的供电线。结合两个电路图，确认应检查接地线路。

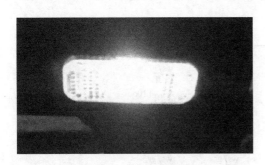

图 2-31　灯应该明亮

图 2-32　线束插头

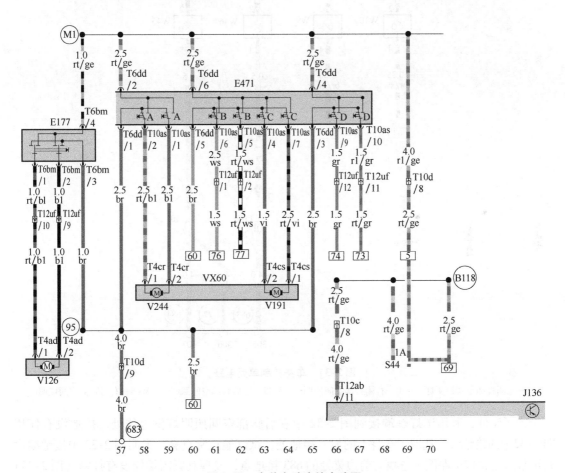

图 2-33　右前电动座椅电路图

E471—前排乘客座椅调节装置操纵单元　　VX60—前排乘客座椅座椅托架　　V191—前排乘客座椅高度调节电动机
V244—前排乘客座椅倾斜度调节电动机　　J136—带记忆功能的座椅调节和转向柱调节装置
S44—驾驶人座椅调节装置的熔丝1

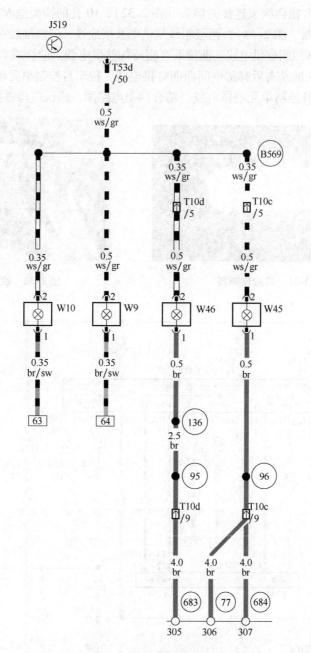

图 2-34 车身控制单元电路

W9—左侧脚部空间照明灯 W10—右侧脚部空间照明灯 W45—左后脚部空间照明灯 W46—右后脚部空间照明灯

  为了验证，利用试灯一端接到图 2-32 中右后脚部空间照明灯供电线处，接地没有使用图 2-32 中的接地线，选取了车身上的另一接地处，试灯能正常点亮。说明图 2-32 中接地线没有正常接地，按电路图中查找右前边梁处的 683 接地点，发现其紧固螺栓没有拧紧（图 2-35）导致此例故障。此车因碰撞维修过此部位，当时维修人员忘记检查并紧固这个螺栓。

  故障排除 清理漆雾并重新按标准力矩紧固螺栓。

图 2-35 接地点螺栓

> **技巧点拨** 对于某些灯具工作时灯光发暗的情况，多数是由于某个或某几个用电器搭铁不良所致，这种情况最快捷的方法就是查找工作不正常灯具附近的搭铁线是否存在生锈、松动以及脱落的现象。

三、大众 CC 车前排乘员侧座椅加热功能异常

故障现象 一辆 2015 款大众 CC 车，搭载型号为 CEA 的发动机（发动机功率为 118kW），行驶里程 6 万 km。因前排乘员侧座椅加热功能不可用而进厂检修。

故障诊断 接车后试车验证故障现象，尝试开启驾驶人侧座椅加热开关和前排乘员侧座椅加热开关，等待一段时间后，驾驶人侧座椅升温明显，而前排乘员侧座椅则没有加热。

连接大众专用故障检测仪（VAS 6150B），进入地址"08 空调电控系统"，查询"02 故障存储"，无故障码存储。随后读取空调电子控制系统的数据流，发现驾驶人侧座椅加热开关和前排乘员侧座椅加热开关调节值的等级数据均显示为"3"（图 2-36）。

测量值名称	ID	值
左侧加热式座椅等级	IDE01217	
—无显示—	MAS00194	3
右侧加热式座椅等级	IDE01218	
—无显示—	MAS00194	3

图 2-36 座椅加热开关的相关数据

分析可知驾驶人侧座椅加热开关和前排乘员侧座椅加热开关调节值的等级数据均显示为"3"，说明通过操作空调控制面板，可以对驾驶人侧座椅加热开关和前排乘员侧座椅加热开

关进行调控，且两个座椅加热开关的加热等级均能正常显示。结合驾驶人侧座椅加热正常，前排乘员侧座椅却不能加热的故障现象，判断可能的故障原因有：前排乘员侧座椅加热丝损坏；前排乘员侧座椅温度传感器（G60）故障；座椅加热控制单元（J774）故障；相关线路故障。

遇到过几起 J774 供电问题和控制单元内部问题导致单侧座椅加热系统不工作的故障，于是决定先按照电路图（图 2-37）对 J774 的供电和搭铁进行检查。J774 安装在驾驶人侧座椅下方，且该控制单元同时控制驾驶人侧座椅和前排乘员侧座椅的加热。检查 J774 供电线路上的熔丝 SC30，未见异常；分别测量 J774 导线连接器 T8ac 的端子 3 和端子 6 的供电电压（供电线路有两路），均正常；测量 J774 导线连接器 T8ac 的端子 7 与搭铁之间的导通情况，也正常。说明 J774 的供电和搭铁都是正常的。

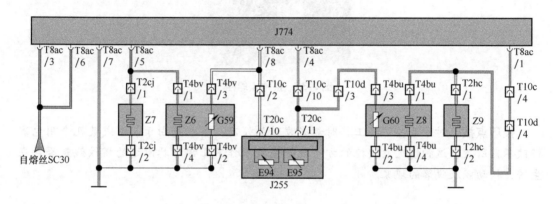

图 2-37　座椅加热控制单元（J774）相关电路图

E94—驾驶人侧座椅加热开关　E95—前排乘员侧座椅加热开关　G59—驾驶人侧座椅温度传感器
G60—前排乘员侧座椅温度传感器　J255—空调控制单元　J774—座椅加热控制单元
Z6—驾驶人侧座椅加热丝　Z7—驾驶人侧座椅靠背加热丝
Z8—前排乘员侧座椅加热丝　Z9—前排乘员侧座椅靠背加热丝

既然已经排除了 J774 线路故障的可能，下一步决定对 J774 进行排查。为了便于快速确认故障点，维修人员将故障车的 J774 与同款车型相同配置车辆的 J774 进行互换后试车，故障依旧。初步排除 J774 本身问题导致故障的可能。

接下来，维修人员对前排乘员侧座椅加热系统（座椅加热垫和加热靠背）的供电进行检查。接通前排乘员侧座椅加热开关，在线测量导线连接器 T10d 端子 4 的电压，测量发现仅在前排乘员侧座椅加热开关接通的瞬间有约 10V 的电压；接上试灯测量，试灯也是亮一下就灭。显然前排乘员侧座椅加热系统的供电存在问题。是什么原因导致前排乘员侧座椅加热系统的供电一闪即逝呢？怀疑是 J774 发现系统存在问题而主动切断了前排乘员侧座椅加热系统的供电。

对电路图进行分析可知，J774 是根据前排乘员侧座椅温度传感器（G60）的反馈信号对座椅加热系统进行控制的。G60 的电阻随着座椅温度的变化而变化，进而引起电路中的电压变化，J774 根据电压变化判断座椅的温度，再结合座椅加热开关选择的加热等级，对座椅加热系统进行控制。据此怀疑 G60 有问题，导致前排乘员侧座椅加热系统不能正常工作，于是重点对 G60 进行检查。

断开 G60 导线连接器 T4bu，用万用表测量端子 2 和端子 3 之间的电阻，电阻为 ∞（图 2-38），维修人员对正常车辆的 G60 进行测量，在常温状态下，测得 G60 的电阻为 11.4kΩ，说明故障车的 G60 确实有问题。而随着座椅加热系统的工作，座椅温度上升后，正常车辆 G60 的电阻降至约 6.5kΩ，说明 G60 是一个负温度系数的热敏电阻。

图 2-38　故障车前排乘员侧座椅温度传感器的电阻

为了确认故障点，维修人员使用大众专用工具 VAG1630，在前排乘员侧座椅温度传感器的线路上串联了一个 6.8kΩ 的电阻（图 2-39），然后起动发动机，在空调控制面板上调整前排乘员侧座椅加热开关，前排乘员侧座椅加热系统开始工作。至此确定故障原因就是 G60 失效，导致 J774 得不到 G60 的信号，而主动停止了前排乘员侧座椅加热系统的供电。

故障排除　由于 G60 集成在座椅加热垫中，无法单独更换，只能更换座椅加热垫总成。更换座椅加热垫总成后试车，座椅加热系统恢复正常，实测座椅温度达到 35.1℃（图 2-40），至此，故障彻底排除。

图 2-39　在前排乘员侧座椅温度
传感器的线路上串联电阻

图 2-40　座椅加热系统恢复正常

技巧点拨　J774 是如何控制座椅加热的呢？是直接提供 12V 的电源电压还是通过占空比来控制呢？由于手头没有示波器，维修人员接上试灯，发现试灯是按一定频率闪烁的，这基本可以说明 J774 为座椅加热的供电方式是占空比供电。

第四节 路虎车系

一、2015款路虎极光车记忆座椅设置方法

2015款路虎极光车座椅记忆开关组位于驾驶人侧车门上（图2-41），座椅记忆开关组上的"M（记忆存储）"、"1"、"2"、"3"按钮可以用来手动存储并调用驾驶人侧座椅的记忆设置，同时也存储车外后视镜位置及电动倾斜和伸缩转向盘的记忆位置。

按下"M（记忆存储）"按钮，即可激活记忆功能，按钮上的指示灯将亮起，5s内按预设按钮"1、2或3"便可记忆当前设置（包括座椅位置及车外后视镜位置），信息中心将显示记忆（1、2或3）设置已保存，同时车辆会发出一声蜂鸣音，以确认该设置已保存至储存系统。如要调出所存储的位置，请按相应的预设按钮，信息中心将显示记忆（1、2或3）已调用。

此外，该车驾驶人侧座椅还配备了方便进入/退出模式，将转向盘侧的进入/退出模式开关置于AUTO位置（图2-42），便启用方便进入/退出模式。断开点火开关，打开驾驶人侧车门，驾驶人侧座椅将自动降低且转向盘位置会向前移动，以方便驾驶人下车；再次返回到车上后，关闭驾驶人侧车门，接通点火开关，驾驶人侧座椅和转向盘又会回到先前设置的位置。

图2-41 座椅记忆开关组

图2-42 进入/退出模式开关

二、路虎神行者2驾驶人座椅有时候不能调节

故障现象 一辆2014年路虎神行者2，行驶里程2万km。驾驶人座椅有时候不能调节。

故障诊断 咨询驾驶人得知，车辆在使用过程中，驾驶人的座椅位置有些时候会出现无法调节的现象，但仪表无任何相关的报警信息提示，经检查确认故障存在。使用SDD读取无相关故障码。

检查发现驾驶人座椅调整功能有时失效，使用SDD读取无相关故障码，也查询不到相关技术公告。由于座椅调整功能为偶尔失效，可能出现的原因有：座椅开关组的供电或者搭铁接触不良；车辆座椅模块之间通信出现问题。根据Topix驾驶人座椅电路图检查线路，发现开关组的供电与搭铁都良好，其余模块也正常，但在检查通信线路时发现，驾驶人开关组

到记忆控制模块的 LIN 线路有损伤，已露出铜线，导致线路与车身形成间歇性短路回路，无法形成 LIN 回路，且发现线路磨损原因为座椅支撑杆在随座椅电动机运动时与相关线路有运动干涉，如图 2-43 和图 2-44 所示。布线不合理导致驾驶人开关组到记忆控制模块的 LIN 线车身形成间歇性短路，无法形成 LIN 回路。

图 2-43　座椅支撑杆与座椅电动机有运动干涉

图 2-44　磨损的线束

故障排除　对受损线路进行可靠包扎，并重新布线。

> **技巧点拨**　这又是一起因磨损导致出现的故障，我们在进行此类维修时，应多进行常规的线路检查，查看是否存在碰触、松旷等现象，也是我们解决故障的好方法。

第五节　通用车系

一、2017 款凯迪拉克 XT5 车无法设置座椅记忆功能

故障现象　一辆 2017 款凯迪拉克 XT5 车，行驶里程仅为 278km，无法设置座椅记忆功能，座椅记忆功能失效。

故障诊断　接车后首先确认故障现象，起动车辆后，按住驾驶人车门面板上的"SET（设置）"按钮（图 2-45），车辆会发出"哔哔"声，但在按住"SET（设置）"按钮后，快速地按住其余各个按钮，系统都无任何提示反应（正常情况下，按住 SET 按钮后，快速按住其余按钮，会有 2 次"哔哔"声），说明该车确实无法设置座椅记忆功能，故障确实存在。

用故障检测仪检测，车辆系统无任何故障码存储，在座椅记忆模块中采集相关动态数据流进行分析。如图 2-46 所示，故障车在按住记忆按钮"1"或"2"时，数据流显示无任何动作，在按住按钮"SET（设置）"后，数据流显示激活，这说明对于故障车，当按住记忆按钮"1"或"2"时，座椅控制模块未接收到相关信息。正常车的数据流如图 2-47 所示。

图 2-45　驾驶人侧车门上的按钮

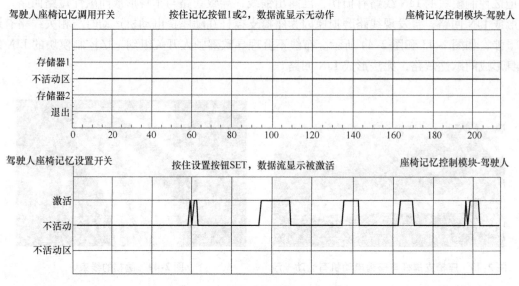

图 2-46 故障车数据流（截屏）

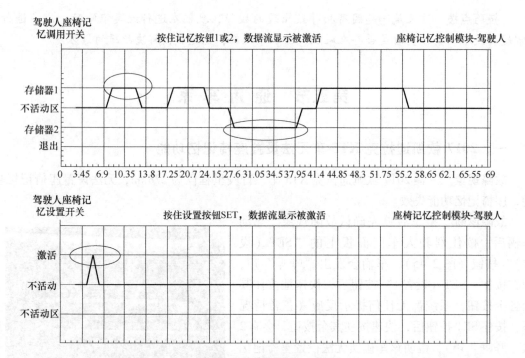

图 2-47 正常车数据流（截屏）

根据座椅记忆电路（图 2-48），拔掉座椅控制模块的 X6 导线连接器，测量端子 11 的电压，无电压，说明信号线路没有对电源短路；座椅控制模块（K40）与座椅位置记忆开关间是个上拉电路，重新插上 X6 导线连接器，从座椅控制模块的 X6 导线连接器的端子 11、端子 12 分别引两根线出来，测量座椅控制模块的信号电压是否正常，以此来判断座椅控制模块是否正常。通过测量发现，座椅控制模块的端子 12 和端子 11 之间有 11.40V 的电压（说明：在测量座椅控制模块的信号电压之前，必须先断开座椅控制模块导线连接器，测量判断信号线路是否对电源短路），这说明出座椅控制模块是正常的。当按住记忆按钮"1"或"2"时，座椅控制模块 X6 导线连接器端子 11 和端子 12 之间的电压依然为 11.40V，无变化，因此判断是线路或座椅位置记忆开关有故障。

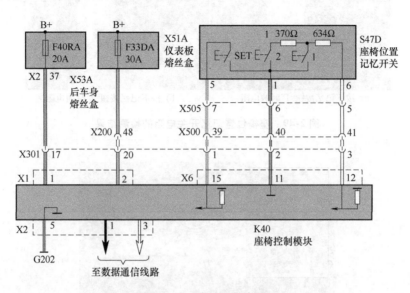

图 2-48 座椅记忆电路

拆下驾驶人车门面板，测量记忆开关（端子 1 和端子 6 之间）的电阻，按下按钮"1"时，电阻为 0.637kΩ（图 2-49a），按下按钮"2"时，电阻值为 1.99kΩ（图 2-49b），均符合车辆维修手册要求，说明座椅位置记忆开关是正常的。根据上述检测结果分析，座椅控制模块和记忆开关正常，故障点应该还是在线路上。根据图 2-48 可知，此时需要测量座椅位置记忆开关（S47D）的端子 6 与座椅控制模块（K40）X6 导线连接器的端子 12 之间的线路，以及座椅位置记忆开关（S47D）的端子 1 和座椅控制模块（K40）X6 导线连接器端子 11 之间的线路。由于按住座椅位置记忆开关上的"SET（设置）"按钮，系统能够发出"哔哔"声，这说明 X6 导线连接器端子 11 的低参考回路正常，不需要测量。拔下 X505 导线连接器，测量端子 5 的电压，电压为 0V，无 12V 信号电压，异常。拔下 X505 导线连接器，测量 X505 导线连接器的端子 5 与座椅控制模块（K40）X6 导线连接器的端子 12 之间线路导通性，电阻为∞，说明线路断路。根据图 2-48，断开左前 A 柱处的 X500 导线连接器对线路进行分段测量检查，当断开 X500 导线连接器检查时发现，其端子 41 弯曲（图 2-50），从而导致线路断路。

故障排除 重新处理 X500 导线连接器端子 41，装复后测试，按住座椅位置记忆开关按钮"1"时，座椅控制模块 X6 导线连接器端子 11 和端子 12 之间的电压约为 3.15V，正常；按住座椅位置记忆开关按钮"2"时，座椅控制模块 X6 导线连接器端子 11 和端子 12 之间的电压约为 6.16V，正常。对座椅记忆功能进行设置，座椅记忆功能能够正常设置，故障排除。

在本案例中，是线路中的导线连接器接触不好导致故障出现的，那么，既然是线路故障，为什么座椅控制模块中没有存储故障码呢？其实原因很简单，由于座椅位置记忆开关上

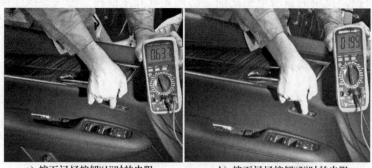

a) 按下记忆按钮"1"时的电阻　　　　b) 按下记忆按钮"2"时的电阻

图 2-49　座椅位置记忆开关电阻的检测结果

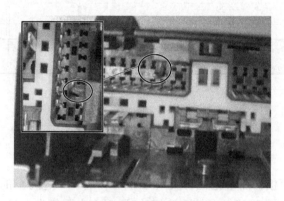

图 2-50　X500 导线连接器端子 41 弯曲

的按钮"1"和"2"只是个开或关的按键，座椅记忆电路是个上拉电路，系统正常时按下座椅位置记忆开关按钮"1"或"2"，座椅控制模块检测到的是 3.15V 或 6.16V 的电压，不按座椅位置记忆开关按钮"1"或"2"时，座椅模块检测到的是 12V 信号电压。因此，当座椅位置记忆开关的端子 6 与座椅控制模块的端子 12 之间的线路出现断路时，座椅控制模块有可能误认为只是没按下座椅位置记忆开关按钮"1"或"2"而已，因此车辆系统才未报故障码。

技巧点拨　在维修过程中很多维修维修人员在检查故障时，喜欢通过对调部件来判断排除故障，其实只要理解了电路图的控制关联，完全可以通过检测线路中的电压降来判断故障点。

二、上海别克轿车电动座椅的故障诊断

上海别克轿车电动座椅系统主要由座椅安全带开关、前座椅护板、座椅调节装置开关和座椅调节电动机等组成，其控制电路如图 2-51 所示。电动座椅的常见故障现象有 5 种，即：电动座椅不能向后翻转；电动座椅不能向前/向后移动；电动座椅不能向前翻转；电动座椅不工作；电动座椅调节装置不能垂直移动。当电动座椅出现故障时，可以按表 2-2 的方法进行检查，判断属于哪种故障，然后按图 2-52 ~ 图 2-56 所示的流程进行故障诊断。

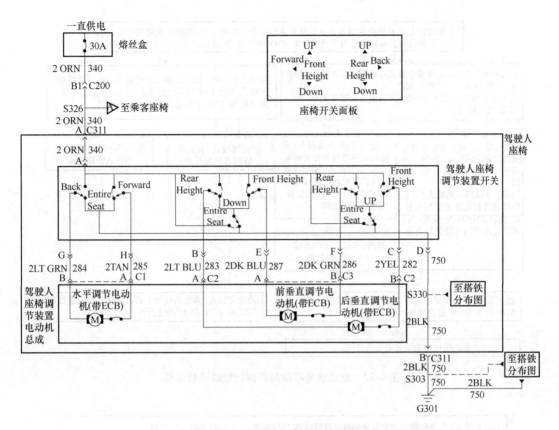

图 2-51 驾驶人电动座椅控制电路

表 2-2 电动座椅系统的检查

步骤	操作方法	正常结果	不正常结果
1	将驾驶人或乘员座椅调节装置开关移至任一方位	座椅按照座椅调节装置开关设置的方位移动	电动座椅不工作
2	将驾驶人或乘员座椅调节装置开关设置在"FORWARD"位置,然后再设置在"BACK"位置	座椅向前运动,然后往回运动	电动座椅不能向前/向后移动
3	将驾驶人或乘员座椅调节装置开关设置在"UP"位置,然后设置在"DOWN"位置	前座椅向前翻转,然后向后翻转	电动座椅不能向前翻转
4	将后乘员座椅调节装置开关设置在"UP"位置,然后设置在"DOWN"位置	后座椅向前翻转,然后向后翻转	电动座椅不能向后翻转
5	将驾驶人或乘员座椅调节装置开关设置在"UP"位置,然后设置在"DOWN"位置	座椅上升,然后下降	电动座椅不能垂直移动

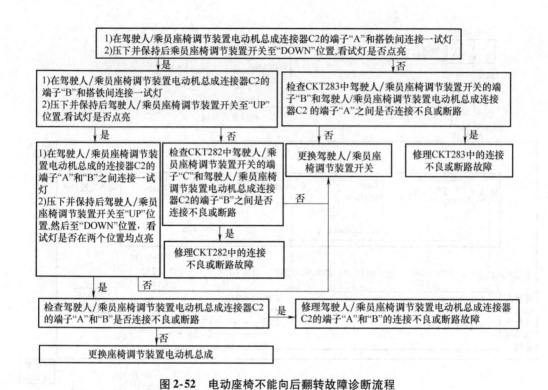

图 2-52　电动座椅不能向后翻转故障诊断流程

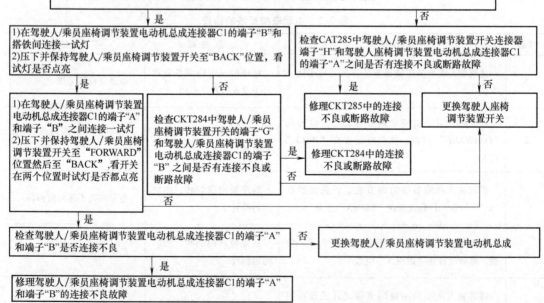

图 2-53　电动座椅不能向前/向后移动故障诊断流程

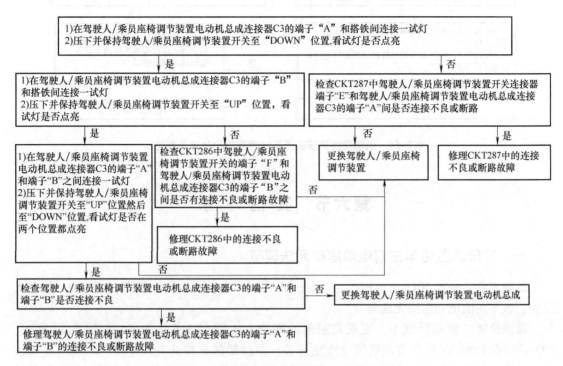

图 2-54 电动座椅不能向前翻转故障诊断流程

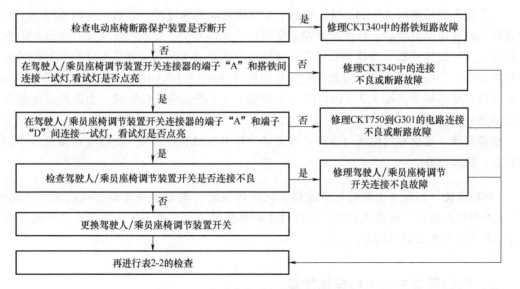

图 2-55 电动座椅不工作故障诊断流程

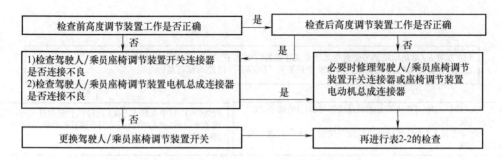

图 2-56 电动座椅调节装置不能垂直移动故障诊断流程

第六节 其他车系

一、丰田汉兰达车左前电动座椅无法调节

故障现象 一辆 2011 款丰田汉兰达车,搭载 3AR 发动机,行驶里程 12 万 km。驾驶人反映,该车左前电动座椅无法调节。

故障诊断 接车后试车,发现左前电动座椅上的所有开关均失灵。如图 2-57 所示,30A 的熔丝 P/SEAT 向左前座椅可变座垫开关、左前腰部支撑开关及左前电动座椅开关供电,然后由各开关控制相应的调节电动机工作。分析至此,怀疑左前电动座椅的供电及搭铁线路存在故障。

检查左侧仪表板下熔丝盒中的熔丝 P/SEAT,已熔断;更换熔丝 P/SEAT,立即再次熔断。用万用表测量熔丝 P/SEAT 熔丝座端子 2 与搭铁间的导通性,导通,说明该熔丝下游线路存在对搭铁短路的故障。依次断开左前座椅可变座垫开关、左前腰部支撑开关及左前电动座椅开关的导线连接器,发现当断开左前座椅可变座垫开关导线连接器 b7 时,熔丝 P/SEAT 熔丝座端子 2 与搭铁间断路,由此怀疑左前座椅可变座垫开关内部短路。进一步测量发现,左前座椅可变座垫开关端子 2(供电端子)和端子 1(搭铁端子)短路,由此确定左前座椅可变座垫开关损坏。

故障排除 更换左前座椅可变座垫开关和熔丝 P/SEAT 后试车,左前电动座椅各项调节均正常,故障排除。

> **技巧点拨** 熔丝盒中的熔丝是我们在故障诊断时需要首先进行检查的地方,查找相关故障部位的熔丝,如发现熔断,不仅仅是要更换熔丝,更重要的是要找出熔断的原因,这样才能从根本上解决问题。

二、福特翼虎车电加热座椅故障

故障现象 一辆 2014 款长安福特翼虎车,搭载 2.0L 涡轮增压发动机和 6 速自动变速器,行驶里程 2.3 万 km,因驾驶人侧电加热座椅故障而进厂检修。

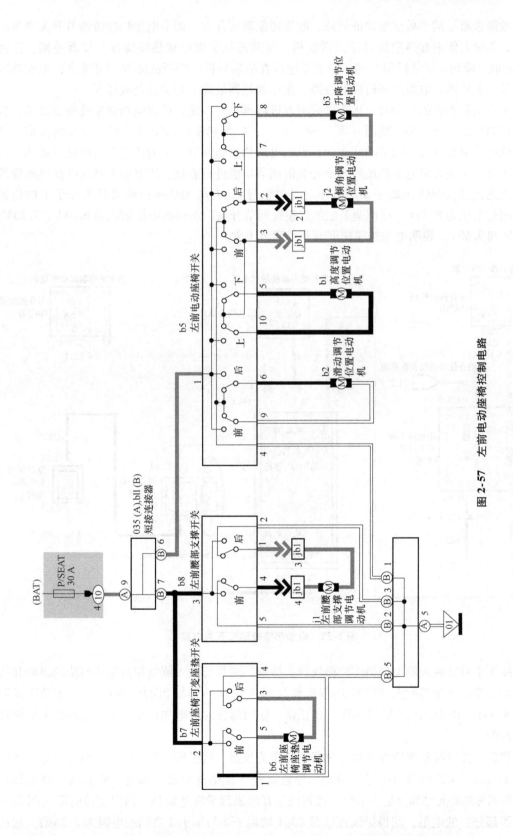

图 2-57 左前电动座椅控制电路

故障诊断 接车后试车验证故障，故障现象确实存在。调节电加热座椅调节开关至最高档时，驾驶人侧电加热座椅只是微微发热，与前排乘员侧电加热座椅存在显著差别。连接IDS调取故障码，无故障码存储。根据上述检查结果分析，判断故障原因可能有：电加热座椅调节开关故障、电加热座椅模块故障、座垫加热器故障、相关线路故障等。

本着由简到繁的原则对上述可疑故障点进行排查。首先，检查电加热座椅调节开关，查阅电加热座椅调节开关电路图（图2-58）可知，电加热座椅调节开关背景灯及前排乘员侧电加热座椅调节开关的调节功能正常，说明电加热座椅调节开关的供电和搭铁是正常的。接下来需要对驾驶人侧电加热座椅调节开关的调节功能进行验证。用万用表测量电加热座椅模块导线连接器C359A的端子2的电压（开关信号），在电加热座椅调节开关处于1档位置时，测得电压为5.85V，逐档调节电加热座椅调节开关，测得的电压依次为6.48V、7.25V、8.26V和9.60V，说明电加热座椅调节开关调节正常。

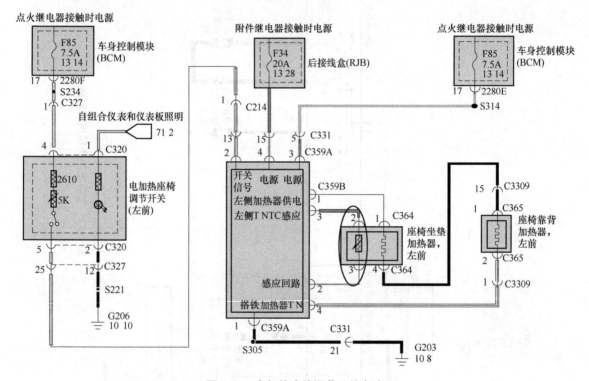

图2-58 电加热座椅调节开关电路

接下来对驾驶人侧电加热座椅模块进行检查。测量驾驶人侧电加热座椅模块的供电和搭铁，均正常；测量驾驶人侧电加热座椅模块给座垫加热器输出的供电电压（导线连接器C359B端子1的电压），为13.84V，也正常。说明驾驶人侧电加热座椅模块及其相关线路均是正常的。

然后，按照线路图检查座垫加热器及其相关线路。测量座垫加热器的导线连接器C359B端子1与端子4之间线路的导通情况，导通良好（座垫加热器与靠背加热器为串联电路），初步判断加热器元件部分是正常的。接着使用万用表测量座垫加热器内温度传感器（图2-58中红圈部分）的电阻，测得导线连接器C364的端子2与端子3之间的电阻为2.2MΩ，远远大于正常电阻值（正常电阻应为311Ω~269kΩ），经按压座垫的不同位置，同时观察万用表变化，发现在按压座垫中部时，温度传感器的电阻为转变5kΩ，并且此刻开启电加热座椅调节开关，感觉到电加热座椅温度明显上升，说明故障点就在此处，判断是因为温度传感器相关线束存在接触不良的情况，导致故障。

故障排除　因车辆还在质保期，且出于对驾驶人负责的态度，于是更换座垫加热器总成后试车，故障排除。

> **技巧点拨**　对于处在车辆质保期某些非易损件来说，出了问题是可以免费更换的。

三、福特锐界车驾驶人侧座椅加热功能失效

故障现象　一辆2016款产福特锐界车，搭载Eco Boost 2.0T涡轮增压发动机和自动变速器，行驶里程2万km，因驾驶人侧座椅加热功能失效而进厂检修。

故障诊断　接车后试车验证故障现象，故障现象确实存在，驾驶人侧座椅加热系统不能正常工作，而前排乘员侧座椅加热系统工作正常。连接故障检测仪（IDS）对车辆进行检测，无故障码存储。根据上述检查结果，判断故障原因可能是熔丝熔断、前控制接口模块（中控面板）故障、座椅加热垫故障、相关线路故障等。

本着由简到繁的诊断原则对上述可疑故障点进行排查。首先，检查座椅加热系统的相关熔丝，未见异常。接着，结合电路图（图2-59），检查座椅内部的加热垫是否正常工作。从驾驶人侧座椅加热垫的电路图可以看出，驾驶人侧座椅加热垫有4根线。接通驾驶人侧座椅加热开关，测量驾驶人侧座椅加热垫的导线连接器C364的端子1的电压，电压为0V，不正常。这说明驾驶人侧座椅加热垫的供电异常。测量导线连接器C364端子1与导线连接器C2402B的端子16之间的导通情况，线路导通情况良好，且无短路、断路和接触不良等情况，这说明前部控制接口模块（FCIM）没有电压输出。测量导线连接器C364的端子4与搭铁之间的导通情况，搭铁线正常。

用IDS查看相关数据流，从数据流可以看出，驾驶人侧座椅加热系统一直处于关闭状态（图2-60），看来这就是FCIM没有电压输出的原因。那么是什么原因导致驾驶人侧座椅加热系统一直处于关闭状态呢？

查阅相关资料得知驾驶人侧座椅加热垫内有一个温度传感器（导线连接器C364的端子2和端子3），用于向FCIM反馈座椅加热垫的温度。当温度超过极限时，出于安全考虑，FCIM会切断座椅加热垫的供电。

测量驾驶人侧座椅加热垫的导线连接器C364的端子2和端子3之间的电阻，电阻为2.3kΩ，明显异常（座椅加热垫内的温度传感器是一个负温度系数的热敏电阻，正常的电阻应为8.2kΩ左右），由此判断驾驶人侧座椅加热垫的温度传感器损坏。

为了确认故障确实是驾驶人侧座椅加热垫故障导致的，找来同款车型的驾驶人侧座椅加热垫换上后试车，驾驶人侧座椅加热功能恢复正常，由此确认故障点。

故障排除　更换驾驶人侧座椅加热垫后试车，故障排除。

> **技巧点拨**　福特车座椅加热是依靠安装在座椅内部的加热垫来完成的，因此本例中重点检测加热垫。

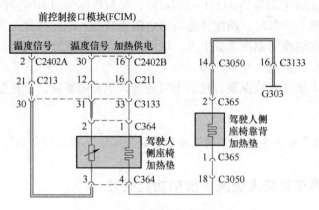

图 2-59 驾驶人侧座椅加热垫电路

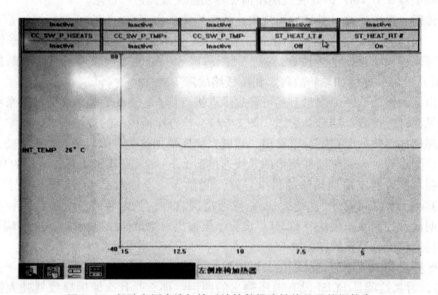

图 2-60 驾驶人侧座椅加热系统的数据流始终处于关闭状态

第三章

电动车窗与天窗系统维修技能与技巧点拨

第一节 宝马车系

一、2015款宝马320Li驾驶人侧玻璃不能一键升降

故障现象 一辆2015款宝马320Li（F35），配置N20发动机，行驶里程：16942km。驾驶人反映驾驶人侧车窗玻璃不能一键升降。

故障诊断 首先验证故障现象，只有驾驶人侧车窗玻璃不能一键升降，并且持续按压升降时也不是连续的，只能断断续续地进行开关。根据故障现象，判断为初始化故障或者升降电动机故障，FEM故障。

车辆测试有故障码：030006——驾驶人侧车门车窗升降机：霍尔传感器损坏或断路；03000D——驾驶人侧车门电动车窗升降机，霍尔传感器对正极短路。删除故障码，进行初始化设置，提示初始化失败。于是更换车窗升降电动机，更换后故障依旧。每次故障码都可以删除，但是只要操作玻璃升降后，故障码会再现，所以确定故障在线路或者FEM。检查左前门铰链插头和电动机插头正常。

测量FEM插头A173*4B的21~23号驾驶人侧车窗升降机霍尔传感器波形，断续升降时波形变化正常。对比测量乘客侧车窗升降机霍尔传感器波形，电压变化幅度一致，没有发现异常。测量FEM到驾驶人侧升降电动机线路，正常。插拔FEM玻璃升降插头A173*4B后，故障码竟然可以删除了，玻璃也可以一键升降了。全部复原后，故障再现，再次插拔A173*4B插头后，故障再次消失。

检查FEM的A173*4B插头，挑开21~23号针脚（图3-1），检查正常。检查左前霍尔传感器在FEM上的针脚正常，无虚接，每次拔下此插头后，升降机可以一键升降几次，但是多次操作后，故障再现。

检查FEM对应的车窗玻璃升降机霍尔传感器针脚输入端子，正常，无虚接腐蚀等现象，如图3-2所示。查看左前玻璃升降机电路图，如图3-3所示，注意模块22号和23号针脚是

霍尔传感器信号端子，21号针脚是共用接地端。

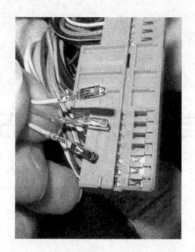

图 3-1　A173*4B 插头

图 3-2　针脚输入端

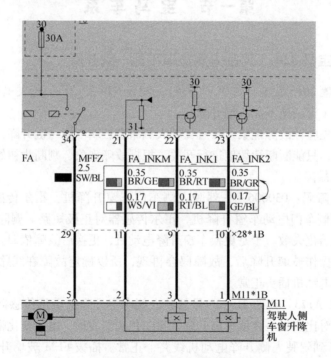

图 3-3　霍尔传感器电路

FEM 前部电子模块安装在前排乘客侧 A 柱下方，测量时注意插头没有机械设码，切勿搞错针脚号码，如图 3-4 所示。

故障排除　怀疑是 FEM 内部故障导致，全车编程后故障依旧，于是更换 FEM，试车正常，故障排除。根据故障现象，我们可以大致确定故障范围，然后利用我们学到的电气基础知识，逐个检查排除线路和元件故障。

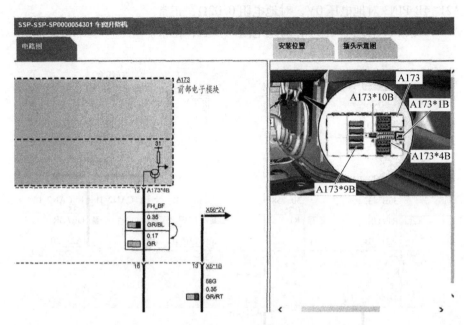

图 3-4　FEM 前部电子模块位置及电路

技巧点拨　在实际诊断中，会遇到各种测量数据的故障，如 ISTA 给出的电路图针脚或者线路颜色与实车不符，测量时，所测端子与正确端子混淆，导致测量数据不准确，无法再进行故障分析。所以工作中我们要仔细、再仔细，注意测量细节！

二、2014 款宝马 525Li 天窗无法打开，刮水器无法工作

故障现象　一辆 2014 款宝马 525Li，车型：F18，行驶里程：3775km。4 个阅读灯都不亮，天窗无法打开，刮水器无法工作。

故障诊断　用 ISID 诊断存有：①S0248——无法与下列装置通信：车顶功能中心；②C90C9F——雨天行车灯/光照（雾气）传感器：安装了错误的系列或雾气传感器损坏；③C90CA8——车内后视镜：缺少 LIN 组件；④C90CA9——雨天行车灯/光照（雾气）传感器：缺少 LIN 组件；⑤C90CAB——风窗玻璃刮水器：缺少 LIN 组件。

根据故障码可以看出导致 4 个阅读灯不亮和天窗无法工作，是因为 FZD 车顶功能中心不通信导致的。而刮水器不工作可能是因为刮水器电动机缺少 LIN 线信号或刮水器电动机损坏。此车还报了其他 LIN 线故障，很有可能 LIN 线故障导致的刮水器不工作。

看到以上故障码，第一个想到的就是 LIN 线和 FZD 车顶功能中心的供电或接地短路，导致了这样的故障码。

根据由简入繁的原理，首先检查了 FZD 车顶功能中心无通信的故障，根据电路图（图 3-5）测量结果如下：

① A21*2B PIN12 对地电压 12.5V，正常。

② A21*4B PIN1 对地电压 12.5V，正常。

③ A21*4B PIN4 对地电压 12.5V，正常。

④ A21*4B PIN3 对地电压 0V，对地电阻 0.02Ω，正常。

⑤ A21*4B PIN2 对地电压 0V，对地电阻 0.02Ω，正常。

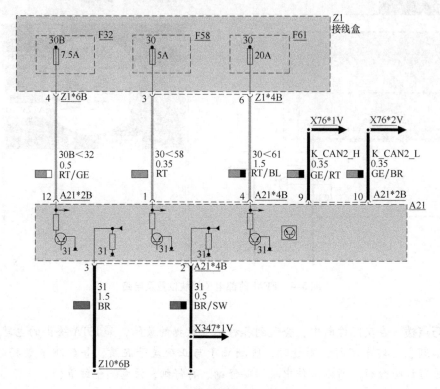

图 3-5　车顶功能中心电源

根据测量结果并未发现线路短路，证明线路正常，难道是 FZD 车顶功能中心模块损坏。这个时候用手摸 FZD 车顶功能中心模块，发现很烫手，可以确定是 FZD 车顶功能中心模块已经损坏，为了排除刮水器不工作是不是因为 FZD 模块损坏而导致的。从正常车上拆下一个 FZD 模块安装到故障车上，这个时候阅读灯都可以点亮，天窗还是打不开（因没有编程）。FZD 控制模块可以检测到了。

这个时候试刮水器还是不能正常工作，删除故障码后，重新读取故障码，仍存有：

① C90CA8 车内后视镜：缺少 LIN 组件。

② C90CA9 雨天行车灯/光照（雾气）传感器：缺少 LIN 组件。

③ C90CAB 风窗玻璃刮水器：缺少 LIN 组件。

根据以上故障码把刮水器电动机插头拔下，根据电路图（图 3-6）测量刮水器电动机线路，测量结果如下：

① M12*1B PIN1 对地电压 12.5V，正常。

② M12*1B PIN2 对地电压 0V，对地电阻 0.02Ω，正常。

③ M12*1B PIN4 对地的波形为一直低电位（图 3-7），用万用表测量对地电压为 0V，正常应该有 8~13V 的电压，测量对地电阻 0.02Ω，正常对地电阻应该为无穷大。通过以上测量结果，可以确定导致刮水器电动机不工作的原因是因为 LIN 线对地短路。

找到这根 LIN 线的电路图（图 3-8），根据电路分析能导致现在故障的可能原因有：

第三章 电动车窗与天窗系统维修技能与技巧点拨

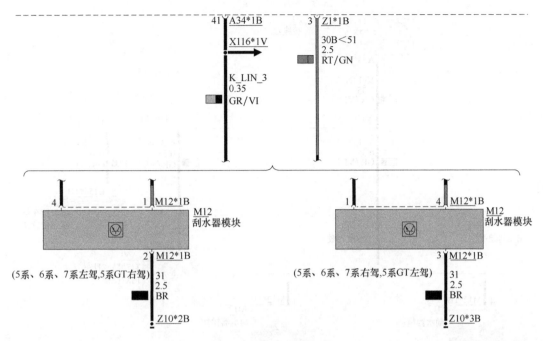

图 3-6 刮水器控制模块

1) 接线盒内部与 LIN 线短路。
2) 自动防眩目车内后视镜内部与 LIN 线短路。
3) 雨天行车灯、雾气传感器内部与 LIN 线短路。
4) 刮水器模块内部与 LIN 线短路（已经排除了这个可能。因为在拔下模块插头时，测量 LIN 线还是对地短路）。
5) 这些模块相互连接的 LIN 线线路对地短路。

根据由简入繁的原理首先把接线盒 A34*1B PIN41 从接线盒上退出，单独测量这个线，发现对地还是 0.02Ω，证明还是存在短路。根据上面测量接线盒的方

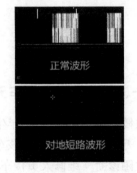

图 3-7 M12*1B PIN4 对地波形

法，把连到 LIN 线上的模块一个一个拔下，当拔到自动防眩目车内后视镜的时候不再有电阻了。这个时候基本可以确定是自动防眩目车内后视镜内部对 LIN 线短路了。把其他所有拔下的线路复原，只留一个自动防眩目车内后视镜插头不插，测试刮水器，可以正常工作。

故障排除 最后，更换了 FZD 车顶功能中心、自动防眩目车内后视镜、编程后试车正常。

> **技巧点拨** 此车因为客户反映了刮水器不工作和天窗不工作，最开始以为是因为一个原因导致的两个故障，万万没有想到的是两个东西几乎同时损坏，打破了我们的维修经验。修车真的是不能凭着经验来想像，要通过实际测量的数据来确认，要不然真的会自己给自己挖坑。

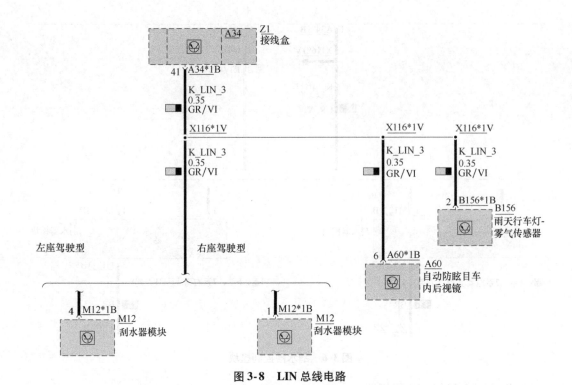

图 3-8　LIN 总线电路

第二节　大众车系

一、帕萨特领驭轿车天窗系统不工作

故障现象　一辆 2007 年生产的帕萨特领驭 1.8T 轿车，搭载 01V 型自动变速器，行驶里程 5.3 万 km。驾驶人反映该车天窗不工作。

故障诊断　维修人员接车后对车辆进行基本检查，操作天窗开关至天窗打开位置，天窗电动机不动作；人为打开天窗，然后用锁车门方式对天窗做舒适关闭，天窗有时可以关闭。

帕萨特领驭轿车天窗控制单元 J245 与天窗电动机集成一体，位于驾驶舱车顶的前室内灯上方，天窗开关 E325 和天窗调节器 E139 集成在前室内灯面板上（图 3-9）。由天窗系统电路图（图 3-10）可知，J245 的 T6dd/1 端子接地，电源节点 500→熔丝 S230（20A）→ J245 的 T6dd/4 端子给 J245 提供 30 号线常电，构成天窗电动机工作的条件。

天窗开闭功能由舒适系统控制单元 J393 激活，条件是点火开关 ON。天窗激活过程描述如下：J393 检测到点火开关处于 ON 的位置，其 T23/12 端子输出 12V 电压→棕/白

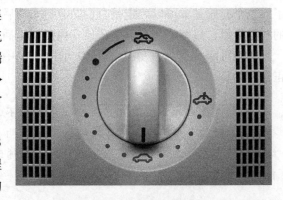

图 3-9　帕萨特领驭天窗控制开关

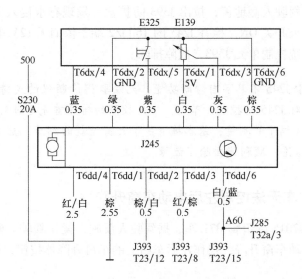

图 3-10 帕萨特领驭天窗系统电路

J245—天窗控制单元　J285—仪表控制单元　J393—舒适系统控制单元　E139—天窗调节器　E325—天窗开关

0.5 线→J245 的 T6dd/2 端子，J245 得到电源后，控制单元内部稳压电源输出 5V 电压加在天窗调节器 E139 上，满足激活天窗工作的条件。E139 的可变电阻器通过电阻值变化形成相应的电压信号，对天窗开启或倾斜进行无级调节。信号通过 E139 的 T6dx/3 端子（灰线0.35）向 J245 发送，J245 控制天窗电动机动作，天窗打开并最终停止在与 E139 输出电压相对应的位置上。同时，该电压信号还作为天窗位置信号，供 J245 识别天窗开/闭状态，为舒适关闭做准备。关闭天窗时，E325 开关触点闭合，E325 的 T6dx/5 端子（紫 0.35 线）向 J245 发送接地信号，J245 检测到该点的电位变化，指令电动机执行天窗的关闭。

天窗具备延时操控和舒适关闭功能，当点火开关 OFF 时，只要车门未开启，J393 的 T23/12 端子继续维持供电，使天窗仍可操控。延时 10min 后或 J393 识别出有车门开启，T23/12 端子切断 12V 电源，天窗失去工作条件。J393 通过其 T23/8 端子（红/棕 0.5 线）对 J245 的 T6dd/3 端子发送 12V 常电信号，在天窗尚未关闭的状态下锁车，J393 检测出钥匙在驾驶人侧车门锁芯开关长时间保持开位时，控制 T23/8 端子由高电位翻转为低电位，J245 感知到这个信号的变化，并根据 E139 的反馈信号，指令天窗电动机执行舒适关闭。J245 的 T6dd/6 端子→白/蓝 0.35 线→节点 A60→仪表控制单元 J285 的 T32a/3 端子相连，接收经 J285 处理后的车速信号，其作用是车速达到某个限值时停止执行天窗操作。

根据上述控制原理和天窗有时可以动作的检查结果，分析 S230 应该正常。拆开前室内灯饰板，脱开 J245 与 E139 的 T6dx 插接器，点火开关 ON，用万用表检查 T6dx/1 端子（白线）的电压为 0.02V。该线无 5V 电压，说明 J393 没有向 J245 供电。检测 J245 的 T6dd 插接器 2 号端子无 12V 电压，证实了这一推论，这表明舒适系统控制单元存在问题。

连接 V.A.G1552 故障诊断仪进入 J393，点击 08 测量值功能选项，查阅 6 组 2 区的测量值为 Term 15 ON（15 线端开启），关闭点火开关，该值变为 Term 15 OFF（15 线端关闭），表明 J393 可以识别到点火开关位置，于是确定故障原因是 J393 没有向 J245 输出电源，导致天窗无法工作。

故障排除 拆开驾驶人侧地毯,拉出 J393 防护盒,发现有水侵入 J393,清除积水并用吹风机吹干装复。点火开关 ON,检查 J245 的 T6dd/2 端子依旧无 12V 电压,说明 J393 已损坏,更换新的舒适系统控制单元 J393,故障排除。

> **技巧点拨** 由于 J245 不具备自诊断功能,无法取得诊断仪的支持,此时只阅读电路图是无法看出 J393 对 J245 的控制细节的。本例故障的排除首先通过对正常车天窗控制单元 T6dd/2 和 T6dd/3 端子的测量,基本搞清楚了天窗控制的细节,然后从控制原理出发,进行相应检查得出结论,顺利地排除了故障。

二、迈腾 B7L 车无法控制左后电动车窗升降

故障现象 一辆 2015 款迈腾 B7L 车,据驾驶人反映,操作驾驶人侧后部车窗升降器按钮,无法控制左后电动车窗升降,操作左后车门上的车窗升降器按钮,能够正常控制电动车窗升降。

故障诊断 接车后,首先对故障现象进行验证,故障症状确如驾驶人所述。结合该车的故障现象,分析认为造成故障的可能原因有驾驶人侧左后车窗升降器故障、驾驶人侧车门控制模块(J386)故障、相关线路故障。用故障检测仪检测,驾驶人侧车门控制模块(J386)无相关故障码存储。读取数据流,在操作驾驶人侧左后车窗升降器按钮时,有手动下降、手动上升和一键升降的信号输出(图 3-11),初步排除驾驶人侧左后车窗升降器按钮故障的可能。

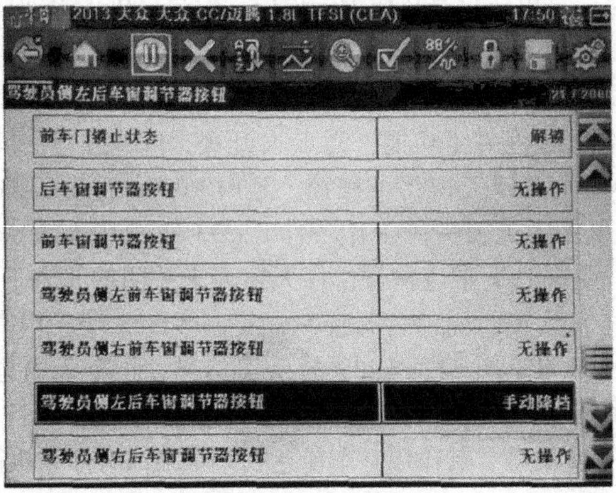

图 3-11 读取的相关数据流

如图 3-12 所示,操作驾驶人侧左后车窗升降器按钮,驾驶人侧车门控制模块(J386)接收到驾驶人侧左后车窗升降器按钮信号,并通过 LIN 总线将其传递给左后车门控制模块(J926),由 J926 控制左后电动车窗升降;操作驾驶人侧右后车窗升降器按钮,J386 接收到信号,并通过 CAN 总线将信号传递给前排乘客侧车门控制模块(J387),由 J387 通过 LIN 总线将信号传递给右后车门控制模块(J927),从而实现右后电动车窗升降。

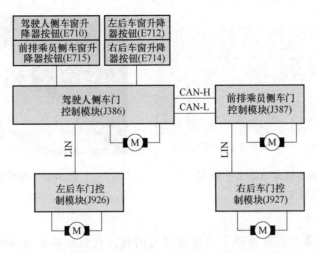

图 3-12 电动车窗控制原理示意图

查阅左后电动车窗控制电路图（图 3-13），拆卸驾驶人侧车门门边饰板和左后车门门边饰板，依次断开 J386 导线连接器 T20g 和 J926 导线连接器 T201，检查导线连接器无损坏。用万用表测量导线连接器 T20g 端子 15 与导线连接器 T201 端子 8 之间的电阻，小于 1Ω，正常。重新插上导线连接器，利用示波器测量 J386 导线连接器端子 15 的 LIN 总线波形，发现 LIN 总线的波形不正常（图 3-14），该波形表明 LIN 总线存在对搭铁短路的故障。重点检查门边线束，发现紫白色导线（LIN 总线）磨损破皮（图 3-15），已和车门板接触在一起，从而出现 J386 和 J926 之间的信号无法正常传递的故障，引起驾驶人侧后部车窗升降器按钮无法控制左后电动车窗升降。

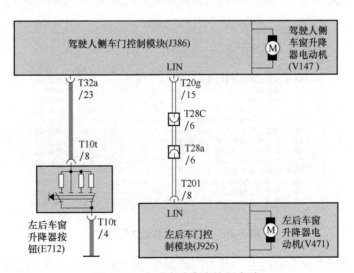

图 3-13 左后电动车窗控制电路

故障排除 用线束修理包修复破损的 LIN 总线，装复驾驶人侧车门门边饰板和左后车门门边饰板，多次操作驾驶人侧后部车窗升降器按钮，左后电动车窗玻璃升降正常。至此，故障彻底排除。

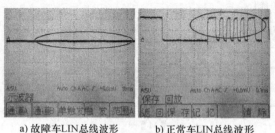

a) 故障车LIN总线波形　　b) 正常车LIN总线波形

图 3-14　J386 导线连接器端子 15 的 LIN 总线波形（截屏）

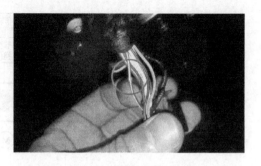

图 3-15　破损的 LIN 总线

技巧点拨　线束破损是维修中经常遇到的问题，找到故障点排除故障的同时，还要避免磨损现象再次发生。

三、2010 年出厂的大众迈腾后门车窗升降器均失效

故障现象　一辆 2010 年出厂的迈腾，发动机号 CBL034057，底盘号 LFV3A23C0A3008197，行驶里程 54443km。驾驶人反映两个后门车窗升降器均失效。

故障诊断　该故障车两个后门车窗升降器失效，用驾驶人侧开关和后门开关都不能控制，初步判断应该不是开关故障。用故障检测仪检测两个前车门的控制单元故障提示：两后车门升降器电动机电路电气故障，两后车门控制单元均无通信（图 3-16～图 3-18），无法进行执行元件诊断，此车后车门控制单元与升降器电动机集成为一体。

选择车辆系统

车辆系统	已设	实际安	KD	GW信
55 - 大灯照明距离调节装置	是	可以达到	正常	传动系C
17 - 仪表板	是	可以达到	正常	KOMBI
25 - 防起动锁	是	可以达到	正常	舒适系
09 - 中央电气电子设备	是	可以达到	故障	舒适系
46 - 舒适系统中央控制单元	是	可以达到	正常	舒适系
42 - 驾驶员侧车门电子设备	是	可以达到	正常	舒适系
52 - 前排乘客侧车门电子设备	是	可以达到	正常	舒适系
62 - 左后车门电子系统	是	可以达到	故障	舒适系
72 - 右后车门电子系统	是	可以达到	故障	舒适系
16 - 转向柱电子装置	是	可以达到	正常	舒适系
08 - 空调/加热器电子设备	是	可以达到	正常	舒适系
76 - 声控停车辅助设备	是	可以达到	正常	舒适系
37 - 导航	是	可以达到	正常	CAN信息

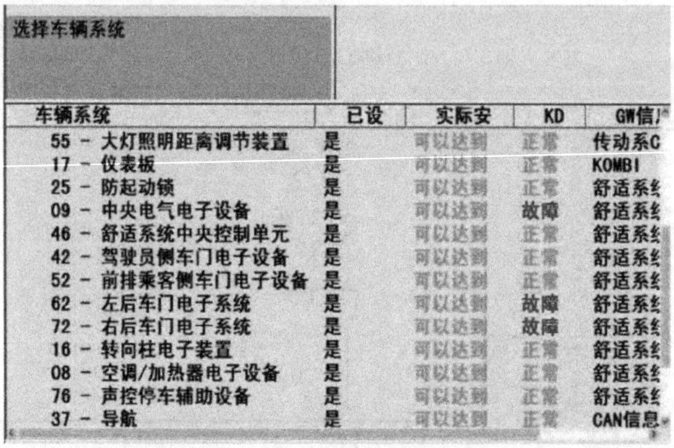

图 3-16　网关控制单元故障提示

迈腾车的升降器系统分别由左右前车门控制单元控制，驾驶人车门控制单元由一条 LIN 线与左后车门通信；右前车门同样由一条 LIN 线与右后车门控制单元通信。若两后车门控制单元无通信，其可能的故障原因有：通信线束两侧车门 LIN 线同时断路或短路；两侧控制单元同时损坏；后门控制单元无供电或无负极接地。

查看后门车窗升降器电路图（图 3-19），发现两后门车窗升降器均为 SC35 号熔丝供电，

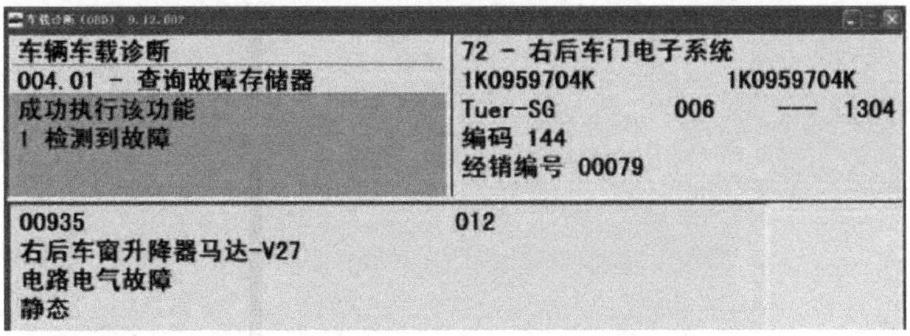

图 3-17 右后车门控制单元故障提示

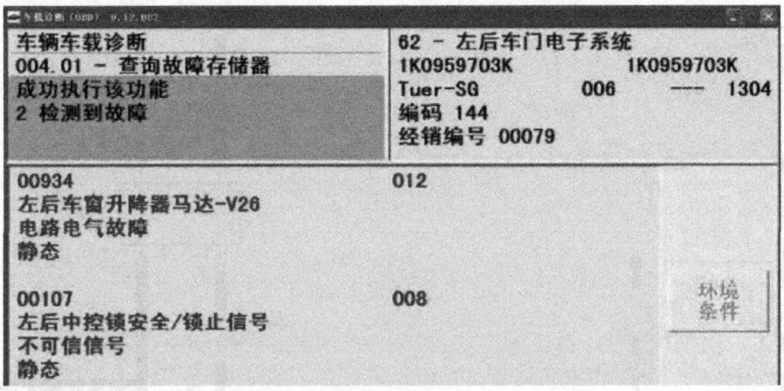

图 3-18 左后车门控制单元故障提示

如果 SC35 熔丝熔断或其相邻插脚线束故障，均会造成两后门车窗升降器同时无通信故障。此处就是造成两后门车窗升降器同时无通信故障的共同点。

检查 SC35 熔丝发现已经熔断，虽然两后门车窗升降器同时无通信的故障原因找到了，但不能直接插上熔丝了事，接下来还要继续查找导致此熔丝熔断的真正原因。造成 SC35 熔丝熔断的可能原因有：两个后门车窗升降器相应的正极线短路；用电器即两后门车窗升降器电阻值过低（电流过大）。

首先，检查两后门门轴处线束（因此处线束经常弯折容易折断，故障率较高），经查无明显破损，插头连接良好。更换上新的熔丝，升降器恢复正常，不再熔断，就交车了，但驾驶人取走车几天后发现熔丝再次熔断。

尝试更换两后门控制单元，故障依旧。仔细查阅前照灯清洗泵电路图（图 3-20），发现前照灯清洗泵的熔丝也是 SC35 号。而此车装备有前照灯清洗功能，发现前照灯清洗功能同样失效。更换新熔丝，只要操作前照灯清洗开关，熔丝立即熔断，因此判断故障点应该在前照灯清洗电路上。控制单元列表中"中央电器电子设备"显示有故障，读取中央电器电子设备故障显示为（图 3-21）：前照灯清洗继电器 J39 短路，因此继续查找造成该故障的原因，拆下前保险杠检查，但前照灯清洗泵线路未见异常。

故障排除 接着测量前照灯清洗泵电阻，发现其电阻阻值过低。说明清洗泵电动机线圈有短路现象，导致用电器电流过大，从而烧断熔丝。原车清洗泵内阻过低，只有 0.02Ω（正常值为 3.5Ω），工作时电流肯定会大大超过额定电流 30A，导致熔丝熔断；更换前照灯清洗泵后，故障被彻底排除。

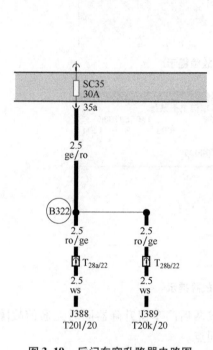

图 3-19　后门车窗升降器电路图

SC35—C 熔丝盒 35 号熔丝　J388—左后车门控制单元
J389—右后车门控制单元

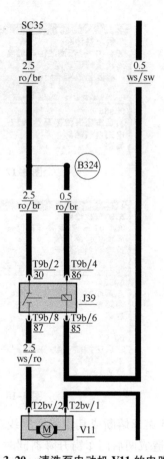

图 3-20　清洗泵电动机 V11 的电路图

V11—前照灯清洗装置泵　J39—前照灯清洗装置继电器
SC35—熔丝架 C 上的熔丝 35

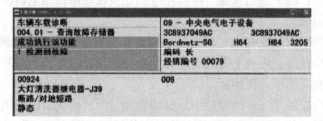

图 3-21　中央电器电子设备控制单元故障提示

技巧点拨　同一熔丝可能会控制多个用电设备,在维修中应该开拓思路。在该车维修手册的熔丝位置图表中,并未标注前照灯清洗泵与后门升降器控制单元共用一个熔丝,所以在开始维修中走了弯路。看来,在以后的维修工作中不能只看熔丝位置表,还要看线路连接图。有些故障表面看是两个或者几个互不相干的故障,但由于其电路结构存在着内在联系,因此判断故障要全面细心,这样才能准确、快速地判断故障。另外,需要注意的是要根据汽车生产的年款查看相应的电路图,因为不同年款、不同配置的汽车电路有相应的变化,此车应该查阅 2010 年出厂车型的电路图,以免走弯路。

四、2014款大众夏朗右后车窗开关不工作

故障现象 一辆2014款大众夏朗车，配置CCZA发动机、PQE变速器，VIN：WVWCR57N2EV××××××，行驶里程：42521km。驾驶人反映右后车窗开关不工作。

故障诊断 经维修人员验证，拨动左前总开关可以正常控制四扇车窗；右前和左后车窗开关也能正常工作，仅右后车窗开关无法正常控制右后车窗。故障现象存在，驾驶人反映属实。连接VAS6150诊断仪读取故障码，系统无故障码存储。读取数据流为点动操作和一键升窗，左后车窗开关有变化，说明左后窗开关和相关线路、控制模块都正常。

再试一下手动右后车窗开关，数据显示无变化，一直为"未按下"。根据故障现象和数据流初步判断故障的原因大致有：①线路故障。②右后车窗开关故障。③右后车门控制单元J389故障。然后，查阅图3-22和图3-23所示的J389控制电路图。

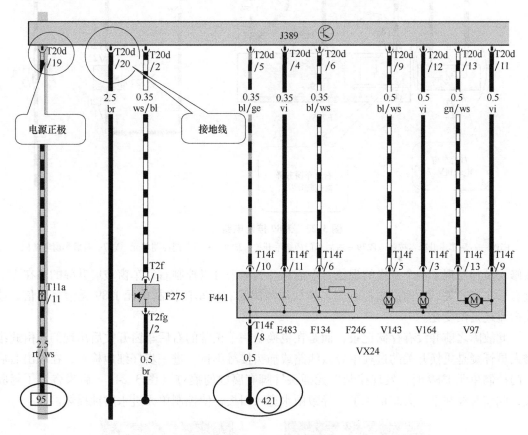

图3-22 J389控制电路（一）

J389—右后车门控制单元　E483—右后车门按钮　F134—右后中央门锁执行元件　F246—右后车门中央门锁SAFE功能的执行元件　F275—右后车门外把手开关　F441—转动挡爪接触开关3　V97—右后车门中的中央门锁电动机　V143—右后儿童安全锁电动机　V164—右后车门中控锁SAFE功能电动机　VX24—右后车门闭锁单元

根据故障现象得知，左前车窗总开关能控制右后车窗正常工作，说明右后车门控制单元J389电源和接地正常，右后车窗电动机也正常，故障点应该出在右后车窗开关或线路上。为了确保不出意外，维修人员尝试更换了一个好的右后车窗开关试验，故障依旧。此时

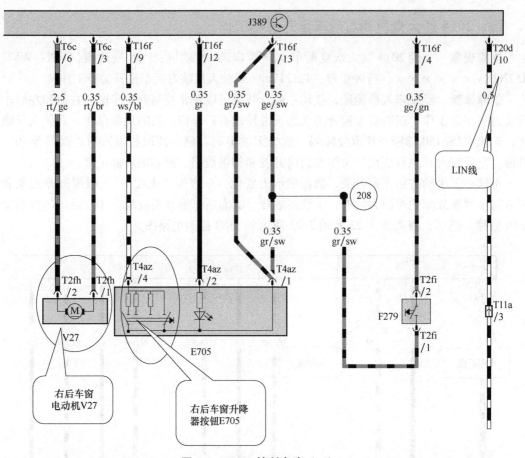

图 3-23　J389 控制电路（二）

E705—右后车窗升降器按钮　F279—右后车门内把手开关　J389—右后车门控制单元　V27—右后车窗电动机

维修人员却发现了一个奇怪的现象，左前总开关本来可以控制右后车窗玻璃升降的，在更换过右后车窗开关后反而没法控制了。读取故障码为右后车门控制单元 J389 无信号通信。读数据流还是没变化。

此故障之前并没有存储记录，而是在更换了一个正常的右后车窗开关后出现的，由此维修人员怀疑是更换开关的过程中导致线路或插头接触不良。进一步仔细地检查，在取出右后车门控制单元 J389 时，发现控制单元插头针脚有腐蚀的痕迹（图 3-24）。后来咨询了驾驶人，此窗曾经在下雨天忘记关了，导致雨水进入门板，使控制单元进水腐蚀损坏。

图 3-24　J389 控制单元针脚腐蚀

故障排除　处理好线路插头，更换右后车窗控制模块后试车，一切正常，故障排除。

> **技巧点拨**　随着汽车电子技术的发展，现代汽车控制单元有很多，并且分布在不同位置。控制单元都是电子元件组成，电子元件属于比较精密的器件，对其环境有严格的限制，特别对环境湿度的要求非常严格，一旦受潮或被水浸泡，对电子产品的损坏是致命的。我们一定要引以为戒，维修中要特别关注这类因素，避免引起不必要的损失。

五、2015 款大众夏朗右侧滑动门无法开启

故障现象　一辆 2015 款大众夏朗，配置 1.8T 发动机（CDAA）、PQE 变速器，VIN：WVWLJ57N3FV××××××，行驶里程：16500km。驾驶人反映，右后电动滑动门打不开，电动滑动门灯闪烁，如图 3-25 所示。

图 3-25　电动滑动门灯闪烁

故障诊断　维修人员接车后验证故障，确认驾驶人反映属实。接上 VAS6160A 进入自诊断，无法进入右后滑动车门。

维修人员根据故障码（00BF 右后滑动车门已编码→通信出错）初步分析，是右后滑动车门控制器 J731 无通信。

故障原因大致有以下几种：①电源不供电。②搭铁不好。③线路连接插头接触不良。④滑动车门控制器 J731 故障。⑤J533 数据网关。

查阅图 3-26 所示的滑动车门控制器电路图。维修人员根据电路图测量 J731 的 T10/6 号端子电压为 12.42V，正常，如图 3-27 所示。J731 的 T10/1 号端子搭铁正常，J731 的 T10/9 号端子舒适 CAN 高电压为 3.93V，说明 CAN 高电压端无断路现象，如图 3-28 所示。J731 的 T10/4 号端子舒适 CAN 低电压为 1.06V（图 3-29），说明 CAN 低电压端无断路现象，插头目测正常。供电正常、线路良好，数据通信线简单测量也有信号，那只有控制单元本身或者数据网关故障。但数据网关能和其他所有控制单元有通信，所以可以排除。因此维修人员替换了右后滑动车门控制器 J731，然而故障依旧，还是无法通信。

故障排除　右后滑动车门控制单元无法显示，呈灰色，数据总线诊断接口显示有故障。这是为什么？难道还有其他原因引起的故障？此时维修人员有点茫然，决定根据 ODIS 的引导

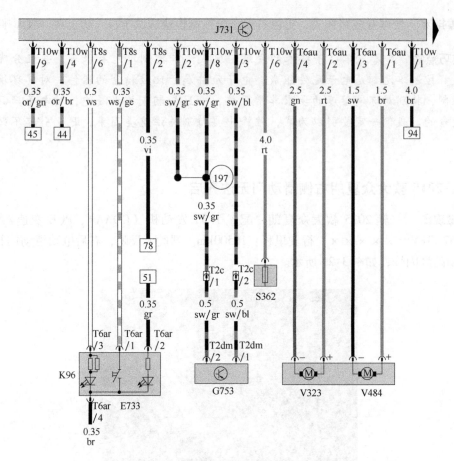

图 3-26 滑动车门控制器 J731 电路

E733—右侧滑动车门按钮 2，右侧 B 柱上　G753—防夹功能传感器 2　J731—右侧滑动车门控制单元　K96—指示灯
S362—熔丝 2　V323—右侧滑动车门开启电动机　V484—滑动车门连接器电动机 2

性故障查询，并根据检测计划引导，进行蓄电池复位（断开和连接蓄电池负极）后，最终故障解决了。

故障解决了，但是这种现象是什么原因造成的呢？原来滑动车门控制器 J731 插头在以前的检修过程中曾拔掉过，所以 J533 数据总线网关识别到无法通信后，出于安全考虑就让右侧滑动车门的电动控制功能失效。

因为滑动车门有防夹保护功能，配置了双重防夹保护，其中一个通过所谓的过电流识别实现，另一个通过滑动车门前部关闭区域的防夹条实现，而且车门车窗在没有做基本设置的前提下也无法工作的。同时右侧油箱加油口打开时，滑动车门也必须

图 3-27 电压测量

是在关闭状态。因右侧滑动控制器 J731 断电后，这些设置数据丢失，滑动车门肯定无法工作，所以必须进行蓄电池复位，让 J533 与 J731 进行通信，实行基本设定后方可工作。

技巧点拨 作为现代汽车维修维修人员,在故障诊断的过程中,不但要排查线路和机械故障,还要知道它们的工作条件和原理,这样的话,维修起来就可以少走弯路了。

图 3-28　CAN 高电压端电压　　　　　图 3-29　CAN 低电压端电压

六、2016 款大众途观全景天窗遮阳卷帘不能关闭

故障现象　一辆 2016 款大众途观,配置 1.8TSI CEA 发动机与 09M 手自一体自动变速器,行驶里程:19000km。驾驶人报修全景天窗遮阳卷帘不能关闭。

途观 SUV 车装备具有防夹与热保护功能的带遮阳卷帘(车顶遮阳板)的全景天窗,系统由集成天窗电动机 V1 的滑动天窗控制单元 J245、集成顶篷百叶窗电动机 V260 的控制单元 J394,以及遮阳卷帘/滑动天窗开关 E437,还有 LIN 本地数据总线组成。

故障诊断　基本检查得知,全景天窗的滑动与倾斜状态均正常。当前,全景天窗的遮阳卷帘处于完全开启的止点位置,按动遮阳卷帘开启/关闭按钮(图 3-30),遮阳卷帘没有响应。

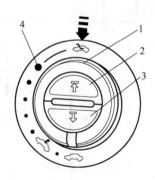

图 3-30　途观车型滑动天窗开关 E437 外形视图
1—滑动天窗旋转开关　2—遮阳卷帘开启按钮　3—遮阳卷帘关闭按钮
4—行驶时天窗开启至风噪较小的舒适位置

根据上述控制流程分析,故障可能的原因有:①J394 的供电问题。②遮阳卷帘开关按钮损坏,J245 没有接收到开启/关闭请求。③J394 或 V260 损坏。④J245 与 J394 之间的信息沟通渠道中断,J394 不能接收到 J245 的控制指令。

连接 VAS6150B 故障诊断仪进入滑动天窗控制单元 J245 的地址 4F-中央电气系统 2，内存信息里没有查询到相关的故障事件条目。

途观车型全景天窗系统的电路图如图 3-31、图 3-32 所示。图 3-31 中给出了全景天窗工作需要满足的电源条件：总线端 KL.30 电源→熔丝 SC43（25A）→中间插接器 T6d/1→J245 的 T16i/1 端子，为 J245 供电，J245 的 T16i/2 端子→中间插接器 T6d/3→接地点 602，接地点 602 在左前门槛板中间。

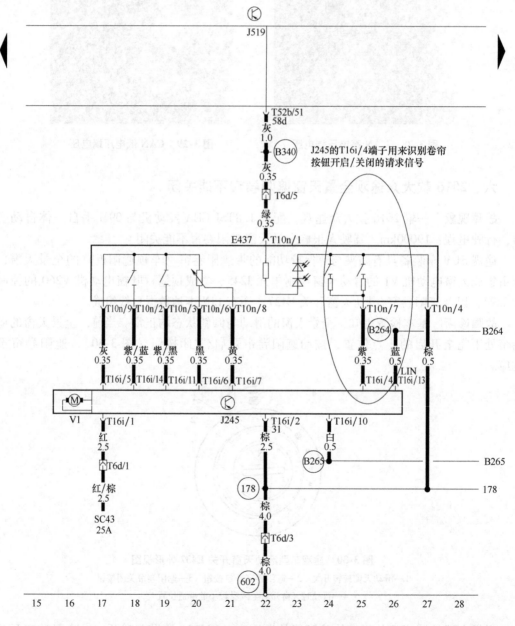

图 3-31　途观车型全景天窗控制单元电路图

E437—遮阳卷帘/滑动天窗按钮　J245—滑动天窗调节控制单元　J519—BCM 车身控制单元
V1—滑动天窗电动机　602—接地点，在左前门槛板中间

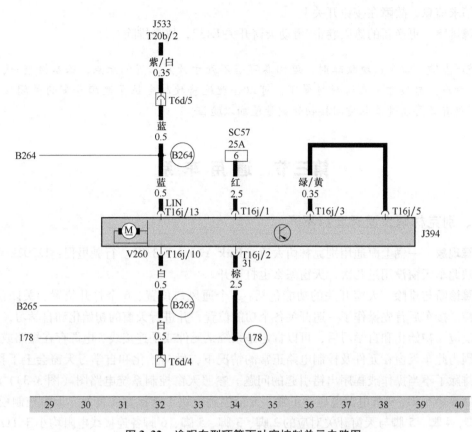

图 3-32　途观车型顶篷百叶窗控制单元电路图

J394—顶篷百叶窗控制单元　J533—数据总线诊断接口　V260—滑动天窗遮阳卷帘电动机

J394 是 J245 的子控制单元。由图 3-32 可知，顶篷百叶窗工作的电源供给路径是总线端 KL.30 电源→熔丝 SC57（25A）→中间插接器 T6d/2→J394 的 T16j/1 端子，J394 的 T16j/2 端子→接地节点 178→中间插接器 T6d/3→接地点 602。J245 和 J394 与其他控制单元的数据交换在 LIN 本地数据总线上进行。

E437 包含了令天窗滑动的旋转开关（电位计）、倾斜上翻开关、强制关闭开关，以及遮阳帘开启/关闭按钮。遮阳卷帘开关控制接地，按下遮阳帘开启/关闭按钮时，通过接入电阻值不同的电阻，在 J245 的 T16i/4 端子上可以形成两个幅值不等的电位信号，对应着按钮开启/关闭的请求信息。

J394 经操作接口（J394 的 T16j/10 端子定义）接收由 J245 的 T16i/10 端子发出的遮阳卷帘开启/关闭指令，控制顶篷百叶窗电动机 V260 按需工作。

利用诊断仪引导性功能的 DTM 终端元件执行选项，向 J245 发出令 V260 动作的指令，遮阳卷帘朝关闭的方向运动，表明 V260 工作正常，前面列出的故障可能原因①③④均可排除。

读取地址 004F 的 ID10.1 车顶遮阳板开关开启与 ID10.2 车顶遮阳板开关关闭的测量值，按动开启按钮时，屏幕显示 10.1 的值为已按下，表明 J245 可接收到按钮的遮阳卷帘开启请求，按动关闭按钮时，10.2 的值没有变化，始终显示未按下，这表明 J245 没有识别出按钮的关闭请求信息，故障在按钮开关上。

故障排除 更换新的遮阳卷帘/滑动天窗开关 E437，故障排除。

> **技巧点拨** 该车出现故障时，遮阳卷帘若不处于开启位置的止点，基本检查中，卷帘将会响应开启按钮，在这种场景下，可以合理地将故障定位于遮阳卷帘的关闭按钮。当然，仍有必要通过读取关闭按钮的测量值加以验证。

第三节 通用车系

一、别克林荫大道天窗打不开

故障现象 一辆上海通用别克林荫大道（Park Avenue）3.0L。行驶里程：12302km。驾驶人反映此车天窗没用过几次，天窗怎么也打不开。

故障诊断与排除 天窗开关的功能包括：3个通风口位置、6个打开位置、关闭位置、手动操控。接车后首先操作了一遍开关各个功能位置，并进行天窗的初始化和自学习，但天窗仍无反应。初始化和自学习后，可以肯定是系统某元件或是连接线、电源存在短路或断路现象。因为此车天窗在元件及控制电路正常的情况下，做初始化和自学习天窗会上下移动。这样就排除了不当操作或程序出错引起的问题。参照天窗控制系统电路图（图3-33）检查天窗控制模块6脚、9脚电源电压，正常。天窗控制模块1脚接地线良好。天窗控制模块2脚、3脚、4脚、5脚与天窗开关对应的2脚、3脚、5脚、6脚各连接线电阻均小于1Ω，正常。对天窗开关检测，可以用对换法来证明开关是好是坏，或通电测试静态时每个档位指示的针脚是否导通。下面对天窗开关进行测试，如表3-1所示。

表3-1 测试天窗开关各端子的通断情况

开关位置	针脚1和针脚2	针脚1和针脚3	针脚1和针脚4	针脚1和针脚5	针脚1和针脚6
通风孔3		断路	断路	断路	断路
通风孔2	断路		断路	断路	断路
通风孔1			断路	断路	断路
关闭			断路		
滑开1	断路		断路	断路	
滑开2		断路	断路	断路	
滑开3		断路	断路	断路	
滑开4		断路	断路		
滑开5	断路		断路		
滑开6	断路		断路		

天窗控制模块初始化和学习方法：

1）旋转开关至完全起翘位置。

2）往下按住中心按钮并保持8s以上，这时天窗玻璃逐步上移完全起翘位置。

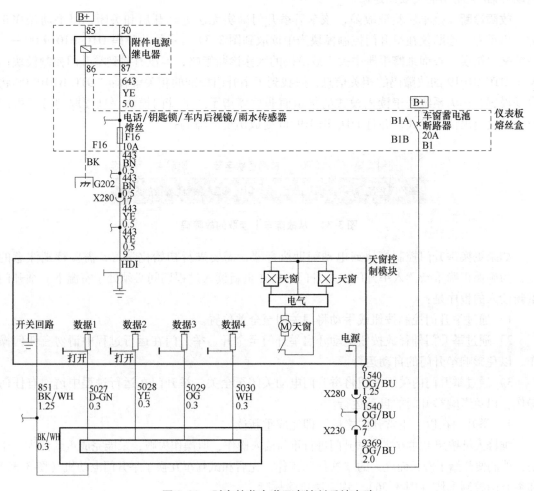

图 3-33 别克林荫大道天窗控制系统电路

3）松开中心按钮。

4）在开后 2s 内再次按住中心按钮，这时天窗玻璃会迅速移动至关闭位置。

5）松开中心按钮。

6）3s 以后天窗具有所有功能。

技巧点拨 测试开关每个位置所指示的针脚、导通性是否符合以上测试结果，如测试结果不相符，请更换控制开关，天窗开关正常则需要进行天窗控制模块检查。在天窗控制模块上可以看到一个六角螺孔，用一个小内六角扳手转动天窗玻璃，有移动或翘起，证明天窗拉线无卡滞。这时基本可以确定天窗控制模块故障。更换后重新做初始化和自学习，功能恢复正常。

二、2017 款上汽通用全新一代 GL8 后举升门电动开启/关闭功能失效

故障现象 一辆 2017 款上汽通用别克全新一代 GL8，行驶里程 21544km，因后举升门

电动开启/关闭功能失效而送修。

故障诊断 接车后验证故障，该车后举升门确实无法电动开启和关闭，但手动操作正常。借助专用诊断仪在举升门控制模块当中读取到图3-34所示的故障码DTC B1019 00——系统配置错误。查询维修手册中关于故障码的维修诊断策略，但没有找到举升门控制模块内关于DTC B1019的故障码的相关信息，只找到了举升门校准的相关解释："DTC B1019 00将自动设置，作为系统处于读入模式的指示而非故障指示。举升门模块一旦读取到行程极限值，就会退出读入模式，并且DTC B1019 00变成历史故障码。"

控制模块	DTC	故障症状字节	说明	状态
举升门控制模块	B1019	00	系统配置错误	目前

图3-34　从故障车上读取的故障码

如果更换举升门控制模块或电动辅助执行器，需要进行初始化学习，需要特别注意的是：为确保正确重新读入举升门，举升门总成在重新读入过程期间必须处于室温下。举升门重新读入的程序是：

1）通过举升门控制按钮或手动将门关闭至全关位置。

2）通过举升门外释放按钮电动开启举升门至全开，举升门在运行过程中请勿有任何操作，以免影响举升门的自动运行。

3）通过举升门内关闭按钮将举升门电动关闭至全关，举升门在运行过程中请勿有任何操作，以免影响举升门的自动运行。

4）举升门在以上正常开关之后，即完成重新读入。

维修人员按照上述方法对举升门进行重新读入操作，但操作失败，未能完成重新读入。于是，他们便开始了漫长而庞大的"换件"工作，先后和试驾车互换了举升门电动机（图3-35）和举升门控制模块（图3-36），均无法排除故障。

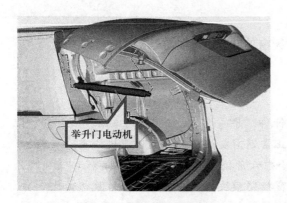

图3-35　举升门电动机

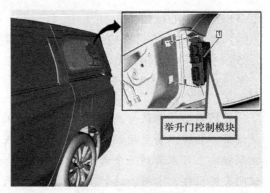

图3-36　举升门控制模块

调取故障车的举升门模块的数据流（图3-37），并将其与同款正常车的数据流（图3-38）进行比对。

第三章 电动车窗与天窗系统维修技能与技巧点拨

参数名称	单位	数值
举升门供电电压1	V	14.5
举升门供电电压2	V	14.5
举升门锁闩爪棘开关		已关闭
举升门锁闩棘轮开关		已关闭
举升门锁闩扇形开关		激活
举升门前控制开关		不活动
举升门把手开关		不活动
举升门后部关闭开关		不活动
举升门模式开关		关闭
举升门锁闩对中指令		不活动
控制模块温度传感器		不活动

图3-37 故障车数据流

参数名称	单位	数值
举升门供电电压1	V	14.5
举升门供电电压2	V	14.5
举升门锁闩爪棘开关		已关闭
举升门锁闩棘轮开关		已关闭
举升门锁闩扇形开关		不活动
举升门前控制开关		不活动
举升门把手开关		不活动
举升门后部关闭开关		不活动
举升门模式开关		关闭
举升门锁闩对中指令		不活动
控制模块温度传感器		不活动

图3-38 正常车的数据流

通过比对发现故障车的举升门锁闩扇形开关一直处于激活状态,结合故障码的相关内容认为,由于举升门锁闩扇形开关的数据一直处于激活状态,所以举升门模块认为举升门电动机和锁闩开关的位置不匹配,从而进入学习模式,禁用电动举升门的开启和关闭操作。为了进一步确认故障点,缩小故障范围,查阅了图3-39所示的相关电路图。接下来,又对A23C插头(图3-40)各端子进行了相关检测,其端子定义如表3-2所示。

表3-2 A23C插头各端子定义

端子号	尺寸	颜色	电路	功能	选装号
1	0.35	灰色	7000	举升门微开信号3	TB5
2	0.35	绿色/黑色	5512	举升门打开信号	TB5
3	0.35	紫色/灰色	1303	举升门微开信号2	TB5
4	0.35	蓝色/黄色	6795	举升门点击释放控制	TB5
5	0.35	蓝色/黑色	6000	举升门微开信号3	TB5
6	0.35	黑色	2550	搭铁	TB5
7	0.35	蓝色/灰色	5791	举升门锁紧锁闩电动机关闭控制	TB5
8	0.35	棕色	5790	举升门锁紧锁闩电动机打开控制	TB5

1)在信号电路端子1和低电平参考电压电路端子6之间安装一根带3A熔丝的跨接线,确认故障诊断仪上"Liftgate Latch Pawl Switch(举升门锁闩掣子开关)"的参数为"Open(打开)"。

2)在信号电路端子3和低电平参考电压电路端子6之间安装一根带3A熔丝的跨接线,确认故障诊断仪上"Liftgate Latch Ratchet Switch(举升门锁闩棘爪开关)"参数为"Open(打开)"。

3)在信号电路端子2和低电平参考电压电路端子6之间安装一根带3A熔丝的跨接线,确认故障诊断仪上"Liftgate Latch Sector Switch(举升门锁闩扇形开关)"参数为"Active(激活)"。

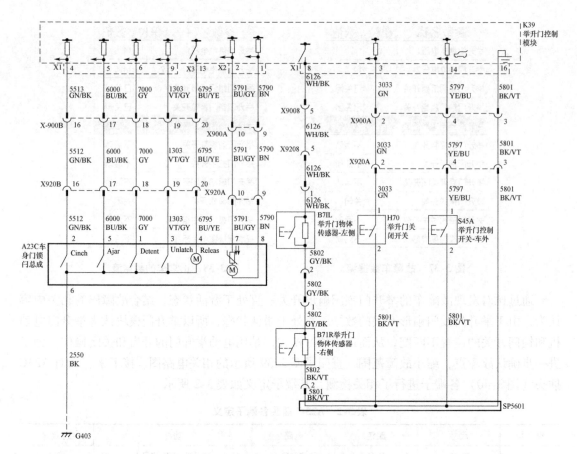

图 3-39　举升门控制电路

故障排除　经过测量，可排除外围线路的相关故障，故障范围被锁定在举升门锁闩总成（图 3-41）上。更换举升门锁闩总成，并重新学习举升门的最大开启和关闭位置后，故障车后举升门恢复电动开启/关闭功能，故障被彻底排除。

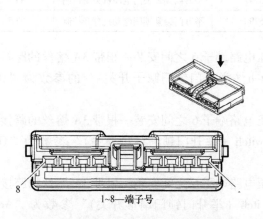

图 3-40　举升门锁闩总成 A23C 插头

图 3-41　故障车上的举升门锁闩总成

技巧点拨 本案例中,故障车的故障原因是锁闩扇形开关工作异常,导致举升门模块接收到了错误的信号后,进入学习模式,禁用了举升门电动开启和关闭功能。在故障诊断过程中,数据流的对比和分析起到了相当关键的作用,对数据流细节的观察是很重要的。

三、2016 款凯迪拉克 XTS 后遮阳帘不工作

故障现象 一辆 2016 款凯迪拉克 XTS,行驶里程 7900km,驾驶人使用前部车顶控制按键和后座椅扶手处按键均不能控制升起后窗遮阳帘,检查无相关故障码,故障一直存在。

故障诊断 通过查阅维修手册,后窗电动遮阳帘控制系统由以下部件组成:后窗遮阳板模块、后窗遮阳板开关、后部音响控制模块、后窗遮阳板电动机、车身控制模块(图3-42)。

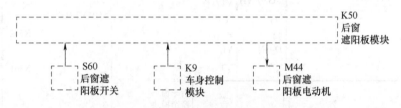

图 3-42 后窗电动遮阳帘控制系统

后窗遮阳板的操作:后窗遮阳板由遮阳板模块控制,模块必须接收一个来自遮阳板开关的输入信号,仅快速运动可用。遮阳板开关是瞬时设计型开关,操作者有两个可用位置:正常关闭位置、瞬时遮阳板起动位置。

当系统通电时,遮阳板有 5 种不同模式:待机模式、快速伸展、快速收缩、快速倒档、倒档超控。其中倒档超控为当遮阳板上升或伸展时,变速器移至倒档,遮阳板将自动收缩。当车辆置于倒档时,遮阳板开关输入不能超控遮阳板位置。

电路说明 遮阳板模块包括根据从遮阳板开关和倒车灯信号电路接收的输入信号,来控制伸展或收缩遮阳板的逻辑电路。控制开关是瞬时型开关,位于车顶控制台和后座椅音响控制模块中。模块根据接收来自开关和倒车灯信号电路的输入起动后窗遮阳板电动机。当变速器移至倒档时,车身控制模块向倒车灯和遮阳板模块施加电压。当模块接收到该电压输入信号时将收缩当前伸展的遮阳板,并将不超控任何遮阳板开关输入信号。同时它将禁止快速伸展指令。

故障分析 由于前后两个开关都不能进行控制,所以需要检查的部分如下。

1) 后车窗遮阳帘模块的电源、接地电路。
2) 开关信号输入电路。
3) 后遮阳帘电动机控制电路。
4) 车身控制模块的倒档电压信号(维修手册要求低于 1V)。

经过检查:1)、2)、3) 项全部正常,如图3-43 所示的第4项车身模块的 X7-2 号针脚输出(点火开关位于 ON 时为 4.15V,点火开关位于 OFF 时为 4.05V),而正常车辆均应为

0V。是不是由于这个接近5V的电压造成模块进入倒档超控模式了呢？排除此5V电压故障需要首先了解倒车灯电路（图3-44）。

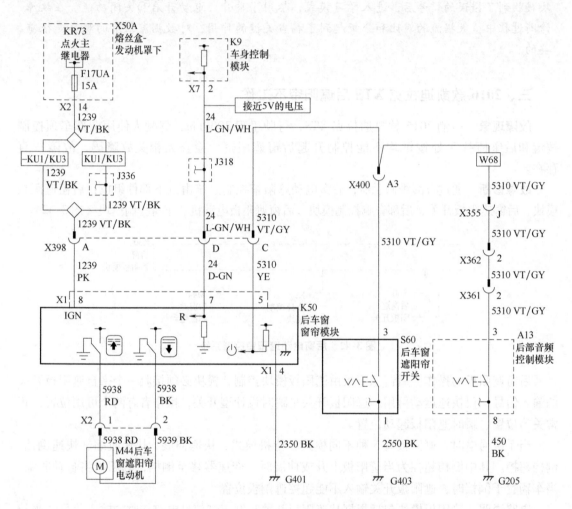

图3-43　车身模块的X7-2号针脚异常

车身模块在收到变速器模块的倒档信号时，输出电源电压至倒车灯电路（X7-2号针脚）使倒车灯点亮。非倒档时撤销此电源电压。此电源为发动机舱熔丝盒的F32UA（15A熔丝）供电至BCM的X5-4号针脚，然后由BCM进行控制供给倒车灯电源。

进一步验证拔下BCM X7插头，测量模块端2号针脚电压，为12V。此电压明显并不是电源电压（因为不能点亮倒车灯，只是被拉低至接近5V），可以判定这是通过模块内部保护电阻之后的电压。拔下上述F32UA熔丝后再次测量BCM X7-2号针脚电压，为5.19V，说明BCM内部仍然有5V检测之类的电压，但是与故障本身无关，我们不用去关注车身模块内部的结构。

正常车辆的BCM X7插头拔下后2号针脚电压也是12V。X7-2号针脚原理如图3-45所示，X7-2电压通过倒车灯灯丝接地后电压降为0V，才正常。而目前为接近5V，显然需要

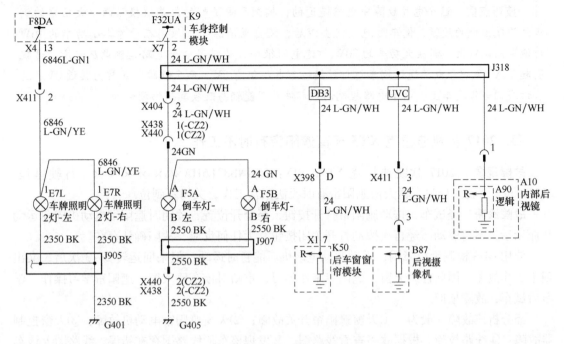

图3-44 倒车灯电路

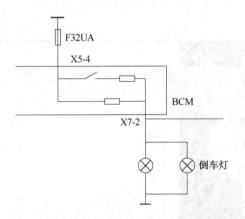

图3-45 X7-2号针脚原理图（非内部构造图）

检查倒车灯是否存在问题。

故障排除 经过检查果然发现问题，驾驶人在外更换了2个高亮度倒车灯泡，分别为80W，而原车倒车灯泡分别为16W的，更换为原车倒车灯泡后故障解决，后遮阳帘工作正常。

此故障表面是后遮阳帘故障，实际是由于倒车灯电路的电阻值改变，引起后遮阳帘模块信号电压升高，进入倒档超控模式引起的不能工作。由于系统没有故障码，倒车灯也可以正常工作。如果不仔细分析相关控制原理很有可能会走弯路，造成错误诊断。所以维修故障时一定要先清楚控制原理和过程，才更容易找出"蛛丝马迹"。

技巧点拨 这个电气故障中电路是通的,控制系统是好的,是仅换了两个大功率的倒车灯泡就出现的故障,倒车灯泡换回去以后,又自动消除了。原因在于原车小功率的16W灯泡电阻比较大,新换大功率的80W灯泡电阻很小,破坏了电子电路控制电压平衡。这就引起了X7-2端子电压通过倒车灯灯丝接地后电压仍有5V,产生故障,正常为接近0V。这告诉我们当代汽车上受电子电路控制的零部件是不能轻易改换其规格型号的。

四、2017款凯迪拉克XT5天窗遮阳帘有时不工作

故障现象 2017款凯迪拉克XT5,VIN:LSGNB83L6HA×××××,行驶里程:21511km。驾驶人反映车辆天窗遮阳帘有时无法正常工作,关闭不到位。

故障诊断 经试车,按动遮阳帘打开按钮,至全开位置,关闭时遮阳帘电动机向前运动几厘米后,不再驱动。经再次按动打开关闭按钮,无任何反应,故障确认存在。

使用GDS检测无故障码,手动驱动电动机后能暂时运动,但来回运转2~3次后,又出现不工作故障。因此怀疑天窗、遮阳帘未作学习,重新对该车辆天窗、遮阳帘学习操作。学习后试车,故障依旧。

经分析该故障一般为:①天窗遮阳帘开关故障;②天窗遮阳帘电动机故障;③天窗控制器故障;④线路故障。根据故障查看线路图,又发现该车辆线路图存在错误,线路图上该车遮阳帘电动机线束6号针脚为开关控制线,实际该车遮阳帘电动机线束6号针脚为空白,电路如图3-46所示。

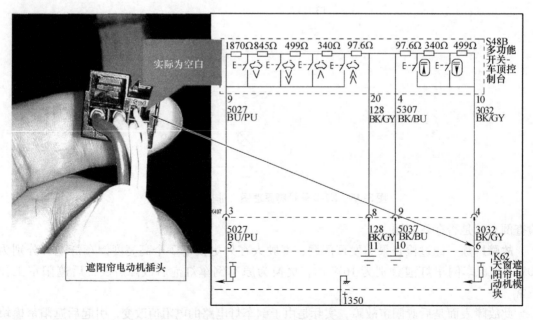

图3-46 存在问题的线路图

将该信息进行反馈,等待回复正确线路图。由于驾驶人比较着急,要求解决故障。对该线路简单测试供电电压12V正常。又对该车辆的天窗开关、遮阳板电动机(图3-47)进行

互换后学习试车,故障依然存在。经技术支持回复正确线路图后,进行诊断。经测试各线路电压、供电均正常。既然开关、模块、线路电动机都测试正常,那么故障部位存在哪呢?

再次结合故障现象分析,该故障为间歇性故障。会不会某个线束连接器存在松动,逐步检查天窗线束。边操作天窗开关,边逐步活动天窗线束,经活动至车顶内衬与天窗遮阳帘线束连接器处故障出现。天窗遮阳帘电动机线束连接不良,如图3-48所示。

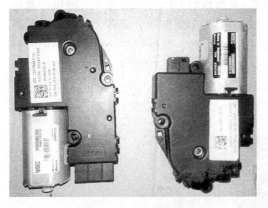 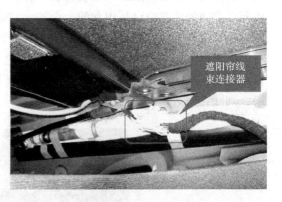

图3-47　遮阳板电动机　　　　　　　　　图3-48　接触不良位置

故障排除　为其订购天窗、遮阳帘电动机线束,更换后按照新天窗学习步骤学习,试车故障解决。

技巧点拨　由于该车为间歇性故障,首先进行试车确认驾驶人报修故障。查看线路图时,发现问题及时反馈,并结合故障现象通过互换配件的方式,快速排查部件故障。确定故障部位为天窗线束后,更换天窗线束。按照车厂最新下发天窗、遮阳帘学习步骤进行初始化学习。试车确认故障排除。

第四节　其他车系

一、名爵锐腾车右侧车窗不能升降

故障现象　一辆2015年名爵锐腾车,VIN:LSJA24U60FS××××××,行驶里程1.1万km,因右侧车窗不能升降而进厂检修。据驾驶人反映,在提车不久就断断续续出现右侧车窗不能升降的故障现象,起初前排乘员侧有乘客时,故障就能好转,故障发展到现在,右侧车窗彻底不工作了。

故障诊断　接车后试车验证故障,故障现象确实存在。接通点火开关,起动发动机,尝试操作驾驶人侧车窗升降主控开关,以及右前侧车窗升降开关和右后侧车窗升降开关,控制右侧车窗升降,右前侧和右后侧车窗均无反应,但可听到相应车门上的独立开关内部继电器作动的声音。通过试车还发现,在变速杆位于W档位(雪地行驶档位)时操作右侧车窗,仪表和换档面板上的档位显示都会变成D档。此外,操作右侧车窗升降开关时,右侧后视镜上的转向灯也会点亮。

根据上述检查结果，判断线路存在问题的可能性较大。首先检查相关熔丝，未见异常。为保险起见，维修人员尝试更换驾驶人侧车窗升降主控开关（DDSP）和各车门上的车窗升降开关，均无法排除故障，这说明原车的车窗升降开关应该是正常的。

由于右侧车窗均无法升降，维修人员决定从右后车窗入手对故障进行排查。从右后车窗玻璃升降器电路图可以看出，车窗玻璃升降器电动机由相应的继电器进行控制。既然在之前的检查过程中能够听到继电器吸合的声音，可以判定车窗玻璃升降开关、BCM、继电器及这些元件之间的线路应该是正常的。此外，在故障出现时驱动车窗玻璃升降开关，变速器的档位显示变得异常，右侧后视镜上的转向灯点亮，根据维修经验，判断这些元件的共用部分存在问题。拆下右后门内饰板检查该车门上的车窗升降开关的供电和搭铁，发现开关搭铁异常。为了快速验证，人为给开关提供搭铁（图3-49），试车，故障消失。根据上述检查结果，判断共用搭铁点存在故障。

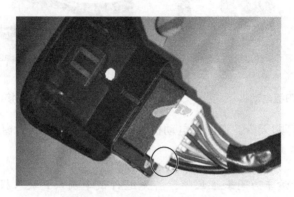

图3-49　在图中画圈处人为搭铁

故障排查到此，已经明确了故障排除的方向，接下来只需要找到存在问题的搭铁点即可。查阅相关资料得知，车窗玻璃升降开关的搭铁点位于右前门门槛内侧，拆检发现该处搭铁点螺栓紧固状态良好。为了验证该搭铁点是否确实存在问题，维修人员用试灯一端与该搭铁线相连，另一端与车身相连，然后操作右侧车窗升降开关，发现试灯点亮（图3-50），由此证明该处搭铁点确实与车身接触不良，松开固定螺栓检查，发现搭铁点上有底漆覆盖（图3-51）。

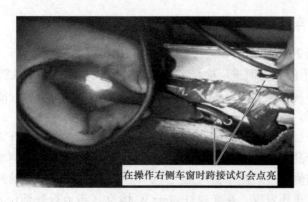

图3-50　操作右侧车窗升降开关时试灯点亮

故障排除　对搭铁点进行打磨处理后试车，故障排除。

图 3-51 存在问题的搭铁点

技巧点拨 由于油漆的阻碍，在该车出厂时位于右前门槛旁的共用搭铁点就存在接触不良的故障现象，导致车窗玻璃不能升降的故障现象时有发生，同时共用搭铁的换档显示器和右侧后镜上的转向灯也存在故障。在维修中，时常会遇到此类故障，建议厂家在喷涂时将搭铁点预装盖帽覆盖，在装线束时再拔除，这样就不会出现因油漆覆盖导致车辆搭铁不良的故障了。

二、北汽 BJ40L 右前、右后及左后玻璃升降器不工作

故障现象 一辆北汽 BJ40L，配置自动档变速器，行驶里程：4168km。驾驶人来店反映该车右前、右后及左后玻璃升降器不工作，而主驾驶侧升降器工作正常。

故障诊断 接车后，首先对驾驶人反映的故障现象进行验证。尝试操作仪表台处玻璃升降开关及有故障的车门自身的玻璃升降开关，结果这三个玻璃升降器都不工作。同时，我们还发现仪表显示屏不能及时显示这三个门的开、闭状态，随便这三个门怎么开、关，显示屏不响应对应的状态，一直维持显示故障出现时各自的原始状态。拨弄几次升降器开关后，故障突然消失，进一步询问驾驶人，这个故障确实是间歇性出现的，而且出现的频率比较高。

根据这个故障的特点，我们分析有以下几种可能原因：相关通信线路故障；车身控制模块故障；车身控制模块与这三个门模块之间的连接线路故障；三个门模块共同的电源或者接地有故障。

首先，尝试用 VDS 连接车身控制模块，读取到故障码分别是：U0199、U0200、U0201、U0202。以上都是通信中断类故障码，这些故障码表明车身控制模块与有故障的三个门控制模块失去通信。那么有可能是这三个模块同时不工作或者它们共同的通信线路出问题了。查阅相关升降器电路图，我们发现这三个模块并没有共用的电源或者接地，而且当故障再次出现时，我们用小试灯检测这三个模块的电源、接地都正常。这说明问题极有可能出在它们公共的通信线路部分。如果能够把这几个故障码产生的原因找到，故障应该能排除。接下来我们就来重点研究这款车的玻璃升降器相关的通信网络图，如图 3-52 所示。

从图 3-52 我们可以看出，车身模块与四个门模块之间是并联通信关系，同时我们还发现右前、右后和左后门模块共用连接器 T23f（仪表线束与车身线束连接器，位于左 A 柱下部），那么，如果 T23f/6 或者 T23f/5 虚接或断路，会不会出现这个故障呢？于是我们单独把这两根线挑出来模拟断路的现象，结果故障出现了。复原后，故障消失，这说明故障点很

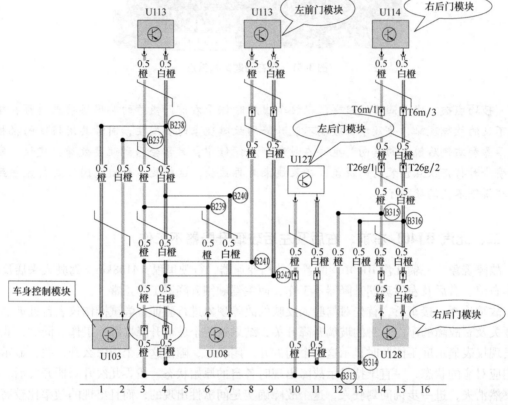

图 3-52　BJ40L 电动车窗通信网络图

有可能就在这两个插孔（有虚接）。断开 T23f，重点检查 5 号、6 号针脚和插孔，没发现异常。但是这并没有影响我们的分析思路，我们尝试用跨接线的方法，来验证究竟 5 号、6 号插孔有没有问题，如图 3-53 所示。

故障排除　安装跨接线，给驾驶人试用一个月，电话回访驾驶人，得知故障不再出现。可见，这台车的故障点就是 T23f 的 5/6 号针脚有虚接。对于这类偶发的故障，大多数是线路原因导致的，建议大家不要轻易尝试换件，尽管替代法也是一种很好的途径。结合该车通信

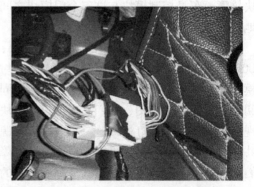

图 3-53　验证 5 号、6 号插孔

网络结构，组合仪表是依靠车身模块提供的车门开、关状态信息来显示门的状态的，由于车身模块与车门通信断路，它监测不到车门状态，无法向组合仪表提供相关信息，所以仪表就

无法及时显示门的状态。

> **技巧点拨**　遇到这种问题一定要冷静，仔细观察、分析故障现象，总结故障的特点、规律，再结合相关线路原理图，问题就会迎刃而解。

三、丰田锐志右前门电动玻璃无法自动升降

故障现象　一辆2007年一汽丰田锐志轿车，右前门电动玻璃无法自动升降，操纵右前门玻璃升降开关或驾驶人侧玻璃升降总开关，右前门电动玻璃均无动作，长按右前门玻璃升降开关，右前门玻璃可以升降。

故障诊断　查看电动车窗电路图（图3-54），可以看出右前门玻璃升降电路同右后门玻璃升降电路系统一样。怀疑右前门玻璃升降开关工作不良，于是将右后门玻璃升降开关替换到右前门试验，但故障依旧。

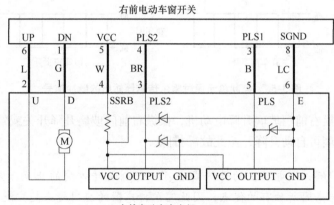

图3-54　电动车窗电路图

锐志轿车的电动玻璃升降电动机中有2个霍尔传感器（图3-55），控制单元通过霍尔传感器输出的脉冲信号（图3-56）数量和相位可知车窗玻璃的位置和运动方向。当车窗玻璃

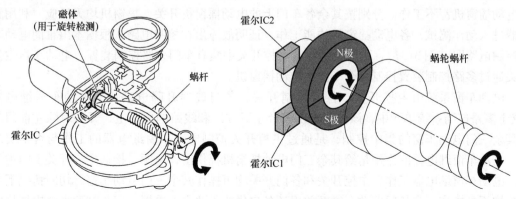

图3-55　升降电动机的控制机理

碰到障碍物时,霍尔传感器输出脉冲信号消失,控制单元据此使电动车窗玻璃停止运动,由此实现电动车窗玻璃防夹功能。对照参考右后门玻璃升降电动机,用万用表电压档从右前电动车窗开关侧测量玻璃升降电动机插头的 3 号脚(PLS1)的霍尔 IC1 脉冲信号,以及玻璃升降电动机插头的 4 号脚(PLS2)的霍尔 IC2 脉冲信号,发现玻璃升降电动机插头的 4 号脚(PLS2)的霍尔 IC2 无电压信号输出。拆下玻璃升降电动机插头,用万用表电阻档正反测量玻璃升降电动机的 4 号脚同接地 6 号脚之间的电阻为零,说明玻璃升降电动机的 4 号脚同接地 6 号脚之间的二极管已经被击穿。拆开右前门玻璃升降电动机,发现电动机电路板上的 1 个二极管已经烧坏。

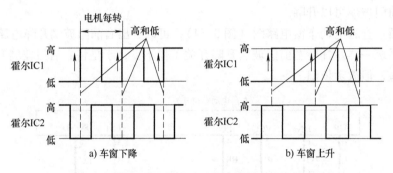

图 3-56 控制单元通过霍尔传感器输出的脉冲信号

故障排除 更换右前门玻璃升降电动机,操纵右前门玻璃升降开关或驾驶人侧玻璃升降总开关,右前门玻璃可自动升降,至此故障排除。

> **技巧点拨** 能够识别电动机的升降或者可以识别旋转方向的正反,是霍尔传感器相比于电磁感应式传感器所独有的优点,因此霍尔传感器的应用越来越广泛。

四、广州本田雅阁 CM5 电动车窗不能升降

故障现象 一辆 2006 年本田雅阁 CM5,左前门上的主升降开关不能控制其余三个车窗,同时其余三个车窗也不能单独工作。

故障诊断 针对故障车辆的现象,用左前门的主升降开关操作,除左前门外其余三个门的电动摇窗机都不工作。分别按其余各车门上的电动摇窗机开关、摇窗机均无反应。利用解码器进入动作测试,各电动摇窗机均能工作,证明故障出在控制电路。根据本田雅阁电动车窗控制电路图(图 3-57),可知电动车窗主控开关中装有车门多路控制装置,电动车窗主控开关通过多路控制装置控制 4 个车门的电动摇窗机。

电动车窗系统由主控开关、各门控制开关、各门玻璃升降电动机,电动车窗继电器(位于多路控制系统单元中,该单元在仪表台左下方)和线路构成。主控开关对除左前门外的其余三门电动车窗的集中控制,是通过主控开关控制电动车窗继电器的工作与否来实现的。电动车窗继电器的作用是给其余三门电动摇窗机提供工作电源。接通主控开关上的主开关,电动车窗继电器工作,主控开关和各门开关均可操作其余三门电动车窗,切断情况下各开关均不可操作。在各门电动车窗开关里还各自集成了两个继电器,但是这两个继电器均由电动车窗继电器供工作电源。

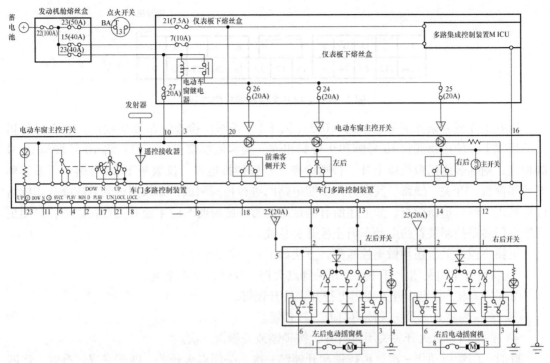

图 3-57 电动车窗控制电路图（局部）

正常情况下，主控开关和各门控制开关通过并联方式，可分别控制继电器的控制电源来操作电动车窗电动机。电动车窗继电器受主控开关上的主开关控制，当主开关给车门多路控制装置一个接通信号后，则车门多路控制装置使电动车窗继电器控制线圈搭铁回路接通，电动车窗继电器接通。如果此时电动车窗继电器不接通，则熔丝 No.24、No.25、No.26 均无电。此时，主控开关和各门控制开关均不能控制其余三个电动车窗。左前门电动车窗有单独电源，不受此电动车窗继电器控制。

由于熔丝 No.24、No.25、No.26 同时熔断的可能性为零，而左前电动车窗能工作又说明熔丝 No.27 也未熔断。所以能引起三个门电动车窗同时不工作的机件只能有：电动车窗继电器、主控开关及车门多路控制装置、以及它们的连接线路。

接通主开关，未听到电动车窗继电器接通声，这说明电动车窗继电器损坏或主控开关未能通过车门多路控制装置来控制此继电器。由于电动摇窗机继电器是通用型、来源方便，但更换一个后，仍不工作。这说明主控开关未能通过车门多路控制装置来控制此电动车窗继电器的接通。此时仍不能接通的原因是：主控开关故障（车门多路控制装置未能使电动车窗继电器搭铁回路导通），开关与继电器间线束或接头、插座故障。

查询电路图得知，主控开关通过插头的第 3 号插脚（图 3-58）来控制此继电器的工作。拆下电动车窗主控开关，断开 23P 插接器，经检查插头、插座接触良好，23P 插头 3 号插脚到继电器控制插脚间导通良好，由此说明线束和接头、插座正常。

为了确定主控开关是否正常，对插头线束进行以下测试：当点火开关 ON 时，检查 10 号插孔为蓄电池电压。同时 20 号插孔打开点火开关时应为蓄电池电压，否则检查仪表板熔丝盒中 No.21（7.5A）熔丝、仪表板下熔丝盒、线路。

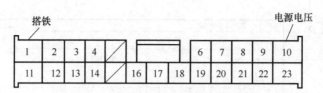

图 3-58　主控开关插接器针脚位置

插孔 1 在所有条件下对地导通（0.5Ω 以下），否则应检查线路和搭铁点。在 3 号脚搭铁的情况下，使用跳线将 10 号脚和 9 号脚相连，乘客侧摇窗机应下降；将 10 号脚与 18 号脚相连，则乘客侧摇窗机应上升，否则检查 3 号脚的接地点、仪表板下 26 号熔丝、乘客侧电动摇窗机、开关、线路。其余各门参照电路图进行相同测试，如果测试到有故障，则针对性地修理，然后重新检查。如上述所有测试都正常，则说明车门主控开关存在故障，必须更换带车门多路控制装置的电动车窗主控开关总成。

更换主控开关后还须做遥控匹配，方法如下：

① 将所有车门关闭，打开点火开关到点火档（ON），按锁止键。

② 在 4s 内，将点火开关关闭再打开，按开锁键。

③ 在 4s 内将点火开关关闭再打开，按锁键。

④ 在 4s 内将点火开关关闭再打开，按锁键或开锁键一次。

此时，门锁应动作一次，再按锁和开锁键一次，关闭点火开关，匹配完成。有时一次匹配不成功可多试两次，匹配成功即维修结束。

该故障在本田雅阁车型上常见，但现象稍有差别，每个车不能工作的电动车窗不定，一般更换车门多路控制装置就能解决故障。虽是同一款车，但由于出厂时间不同，车门多路控制装置型号也不一样（注意其边上印的 H12/H15 字样），不能通用。对换下的多个旧件进行分解检查，发现均是主控开关印制电路板上有轻微腐蚀，见图 3-59 中圈内所示。

图 3-59　主控开关印制电路板

对换下的主控开关检查后，发现也有几处线路已腐蚀断路，顺着线路查看，该线路刚好连接右前门及两后门上的摇窗机开关。当用导线连接断路处，再装回车上，主控开关就能控制右前门及两后门正常工作。

故障排除　结合电路图分析，该线路是从主控开关内部到外部搭铁的。如图 3-57 所示，其余三门开关的中间接线通过导线连接在一起，还连接主开关然后通过主控开关的 1 号脚去外部搭铁。这三门开关构造相同只有三个触点、一条搭铁、一条上升信号线、一条下降信号线，各开关通过控制这两条信号线与搭铁的导通给车门多路控制装置一个请求信号，车门多路控制装置通过控制线输出一个控制电源到相应的车门开关内的继电器。主开关也是通过这条线与搭铁的通断，给车门多路控制装置一个接通电动车窗继电器的请求信号。由于断路造成车门多路控制装置接收不到主开关的通断请求信号，而不会控制电动摇窗机继电器搭铁工作，致使其余三门得不到继电器提供的工作电源，导致操作各开关均不能正常工作。

技巧点拨　如果线路板损坏较轻，可以根据驾驶人要求对线路板进行修复再使用。可对断路的部位用电烙铁重新焊接或用导线跨接。我们也曾修复过多个，都获成功。

第四章

后视镜控制系统维修技能与技巧点拨

第一节 宝马车系

一、2016款宝马730Li车行车时内后视镜防眩目功能失效

故障现象 一辆2016款宝马730Li（G12），配置B48发动机，行驶里程：19352km。驾驶人反映晚上行车时车内后视镜防眩目功能失效。

故障诊断 此车为喷漆车辆，晚上试车确实如驾驶人所说防眩目功能失效。

连接诊断仪进行检测，发现存储的故障码有：车内后视镜LIN组件缺失。产生故障的原因有：①LIN总线线路故障；②供电或搭铁缺失；③车内后视镜损坏。

自动防眩目控制机理：自动防眩目车内后视镜在识别到来自后部的光源时，自动遮暗镜面玻璃，自动防眩目车内后视镜有两个传感器，测量来自前方和后方的入射光。信号在车内后视镜电子模块中处理并评估，当后面的光源强于前面时系统会自动发出一个电压信号，电压信号越大镜面玻璃的遮暗程度越强。自动防眩目车内后视镜在车内照明灯接通的情况下不参与工作。自动防眩目车内后视镜通过LIN总线与车身域控制器（BDC）通信，通过BDC进行状态查询和故障存储。

根据图4-1所示电路图进行检测，测量插头A60*1B的6号LIN线电压为10V正常，测量A60*1B的3号脚供电没有电压，检查F47号熔丝已经熔断。更换熔丝后测量A60*1B的3号脚还是没有电压，说明供电线路有断路或虚接的情况。拆掉顶篷检查X116接头并没有发现问题，在晃动线束的同时3号脚有时有电有时没有，顺着线束往下查，在A柱饰板的位置发现了虚接的地方，如图4-2所示。

故障排除 更换烧掉的熔丝，重新焊接线路。

技巧点拨 此车是因为在外面更换前风窗玻璃的时候把线拉断了，在接线的时候没有处理到位导致故障的产生。遇到此类故障要熟悉相关系统的工作原理并结合电路图，才能快速准确地找到故障点。

第四章 后视镜控制系统维修技能与技巧点拨

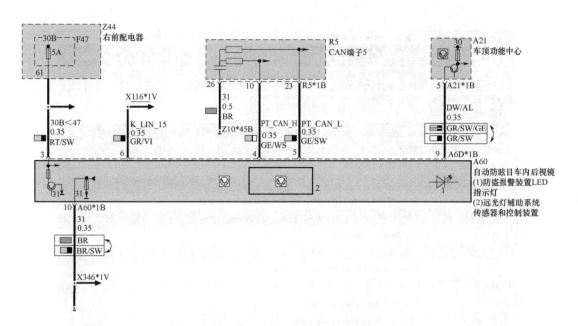

图 4-1 自动防眩目车内后视镜

图 4-2 虚接位置

二、2007 款宝马 X5 车窗无法升降，后视镜无法折叠

故障现象 一辆 2007 款宝马 X5（E70），配置 N52 发动机。驾驶人反映车窗无法升降，后视镜不能正常使用。

故障诊断 接车后首先试了一下，使用驾驶人侧组合开关控制四个车门玻璃升降，而玻璃升降器根本不动，并且控制后视镜折叠也没有反应，但单独使用前座乘客和后座乘客的玻璃升降开关，却能控制玻璃升降。连接宝马诊断仪 ISID 进行诊断，读得故障码如图 4-3 所示。

操作前座乘客玻璃升降开关时，信号传递给接线盒控制模块，接线盒控制模块通过 K-CAN 将信号传递给 FRM，FRM 控制车窗玻璃升降电动机。操作后座乘客玻璃升降开关

103

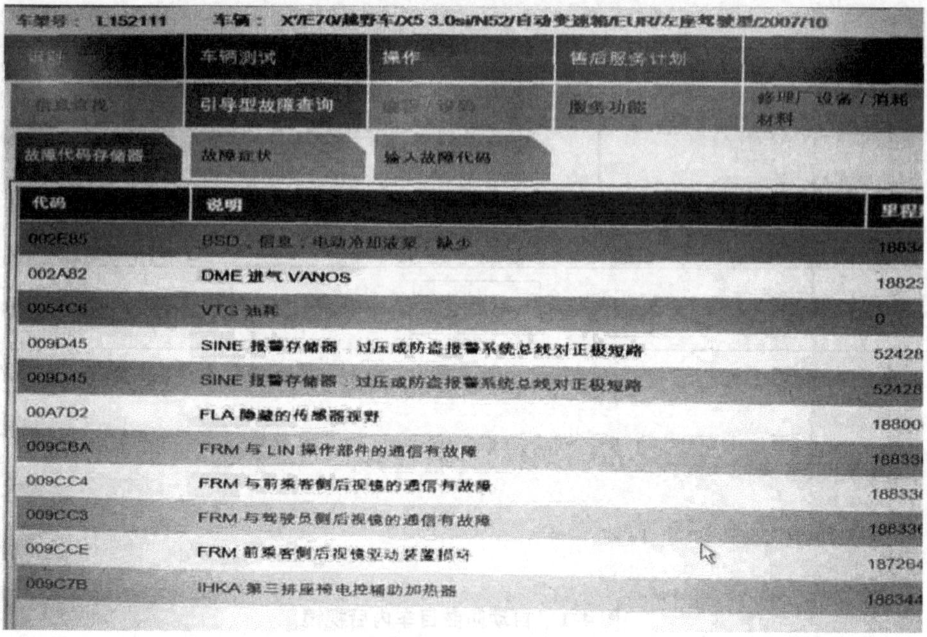

图4-3 故障码

时,信号传递给接线盒控制模块,然后直接由接线盒控制模块控制相应的车窗升降电动机。首先控制前座乘客玻璃升降开关是可以控制车窗玻璃升降的,所以可以排除熔丝的损坏。

FRM把信号通过LIN线传到驾驶人侧的开关组。后视镜折叠功能的主控单元也是FRM,其信号的发出者是驾驶人侧开关组。开关组通过LIN分别控制左右后视镜电动机。首先检测了LIN线的工作波形,如图4-4所示。

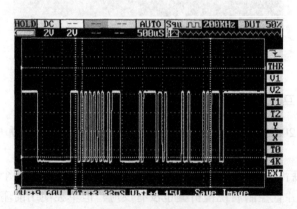

图4-4 LIN线波形

故障排除 检查线路,FRM到组合开关有电,其搭铁也正常。所以判断组合开关损坏,经与驾驶人沟通更换组合开关后,功能一切正常,故障排除。

第四章　后视镜控制系统维修技能与技巧点拨

技巧点拨　宝马 X5 通过驾驶人侧车门控制开关组件控制驾驶人与前座乘客玻璃升降及后视镜折叠，信号通过 LIN 线总线传递给 FRM，FRM 控制相应的车窗升降电动机；控制后座乘客开关时，信号通过 LIN 线总线传递给 FRM，FRM 再传递给接线盒控制模块，再由接线盒控制模块控制相应的车窗升降电动机。

第二节　奔 驰 车 系

一、2018 款奔驰 GLC260 左外后视镜防眩目功能失灵

故障现象　一辆 2018 款奔驰 GLC260 4MATIC，配置 274.920 发动机，行驶里程：13022km，VIN：LE42539461L××××××。驾驶人抱怨左后外后视镜的防眩目功能失灵了。

故障诊断　查看此车的车籍卡，装备有内部/外部后视镜，自动防眩目功能（代码 249）。

自动防眩目车外后视镜和车内后视镜中的后视镜玻璃具有电致变光防眩目功能，此功能由后视镜玻璃上的一层电解质凝胶来实现，该层凝胶根据所施加电压的变化来控制其透光性，也就是改变镜片的发暗的程度。

此功能的前提条件包括：①车内照明未开启；②无过电压或低电压；③电路 15R 接通；④倒档未接合。

内部后视镜通过后视镜防眩目前向光线传感器（A67h1）感测环境光线，而通过后视镜防眩目后向光线传感器（A67h2）感测照射在后视镜玻璃上的光线。车内后视镜评估这些输入因素并将后视镜防眩目请求通过车顶局域互联网（LIN）（LIN B13）发送至前信号采集及促动控制模组（SAM）控制单元。前信号采集及促动控制模组（SAM）控制单元通过车内控制器区域网络（CAN）将防眩目信息发送至左前车门控制单元（N69/1）。左侧车门控制单元接收防眩目信息并向左侧外部后视镜的后视镜防眩装置（M21/1h1）提供相应的促动电压。内部后视镜的后视镜玻璃由内部后视镜通过启用内部后视镜防眩目（A67h3）自动发挥防眩目功能。如果在后视镜防眩目或倒档接合期间打开任一内部照明，防眩目功能就会中断，如图 4-5 所示。

检查此车在车内后视镜上加装了一个行车记录仪（图 4-6），整个将车内后视镜镜片给遮挡了，导致 A67h2 向后视镜防眩目光线传感器无法接收到车辆后面车辆前照灯的光线，所以车内后视镜向前和向后两个光线传感器在夜晚行驶时始终光线强度差别不大，防眩目功能也就始终不被激活。

故障排除　拆除加装的行车记录仪后，故障排除。

技巧点拨　另外一种行车记录仪的加装方法是将原车的车内后视镜拆除，弃用，加装一个全新的车内后视镜，这样不仅防眩目功能失灵，还会导致蓝牙电话对方听不到声音，智能互联座席人员听不到声音的故障，原因是这两个功能的扬声器都集成在车内后视镜中。

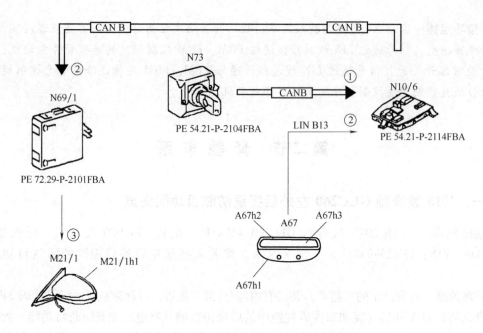

图4-5 防眩目功能图

1—端子15R,状态 2—后视镜防眩目,请动 3—后视镜防眩目,促动 A67—车内后视镜 A67h1—向前后视镜防眩目光线传感器 A67h2—向后后视镜防眩目光线传感器 A67h3—车内后视镜防眩目 CAN B—车内控制器区域网络(CAN) LIN B13—车顶局域互联网(LIN) M21/1—左侧外部后视镜 M21/1h1—后视镜防眩目 N10/6—前部信号采集及促动控制模组(SAM)控制单元 N69/1—左侧前车门控制单元 N73—电子点火开关控制单元

图4-6 加装设备位置

二、奔驰 S280 外后视镜上的转向信号灯常亮

故障现象 一辆奔驰S280底盘号VIN：WDBNG63J14××××××××,行驶里程20万km,该车是一辆事故车,维修完毕在准备洗车时发现右外后视镜上的转向信号灯常亮,同时仪表也报警提示右转向信号灯故障。

故障诊断 接车后初步检查发现,车辆在起动后,右外后视镜上的转向信号灯保持常亮不闪,关闭发动机打开点火开关,右外后视镜上的转向信号灯熄灭,此时操作右转向信号灯开关,右前、右后转向信号灯正常闪烁,但是右侧后视镜上的转向信号灯不亮。那么是什么

第四章 后视镜控制系统维修技能与技巧点拨

原因导致右外后视镜上的转向信号灯在发动机起动后就常亮，右外后视镜上的转向信号灯和车辆起动之间又有什么联系呢？是因为起动后，更多的部件参加工作了吗？后视镜上的转向信号灯和这些工作的部件之间短路了吗？

怀着疑惑的心情，技师连接 DAS 诊断仪对车辆做快速测试，读取右前电气系统故障码 B1521 005——车外后视镜调节和加热（后视镜加热装置有短路或断路）；B1206——部件 M21/2r2 后视镜上下调节电位器的信号有故障；B1208——部件 M21/2r3 后视镜内外调节电位器的信号有故障；B1600——部件 E6/6 右侧车外后视镜转向信号灯未知的故障。所有故障码均为存储的故障。试着调节右外后视镜，不管是上下调节还是左右调节均无反应，怀疑右前门电脑的插头插接不良或有针脚错位等问题。先做故障码"B1521 005"的故障引导，要求检测部件 M21/2r1 后视镜加热装置的供电和内部电阻，部件 M21/2r1 后视镜加热装置在正常工作时的电压标准值在 11.0~14.5V 之间，实测为 11.4V（由后面的结果可知是转向灯分压了），其电阻值在关闭点火开关且断开连接线时的标准值范围为 6.8~7.8Ω，实测为 7.8Ω，均正常。

由于故障码 B1600 是未知类型的故障码，DAS 诊断仪并没有提供相关的故障引导，因此只能依据自己的推理来完成故障的检查。在准备拆卸右前门内饰板之前，本着先简后繁尽量减少拆装的原则，决定先查看后视镜加热装置实际值，发现在右前门电脑里并没有供电电压的实际值，只有实际工作状态的实际值，此时显示为关闭。雨天会不会在车辆起动时后视镜加热装置工作呢？于是起动发动机，此时右外后视镜转向信号灯依然亮起，此时的实际值显示右外后视镜加热装置处于工作状态，读取左前门的车外后视镜加热装置也处在工作状态，关闭发动机打开点火开关，左外后视镜加热装置处于关闭状态。起动车辆，在没操作右转向信号灯开关的情况下，读取右外后视镜转向信号灯的实际值显示为关闭。

右外后视镜加热与右外后视镜上的转向信号灯之间有什么联系呢？难道是事故维修时接线错误，或者是它们的线束之间存在短路现象，查找后视镜电路图 4-7，电路图显示它们之间与车门电脑共用一个插头，其他没有什么共同的结点。可能性最大的就是后视镜加热和后视镜上的转向信号灯的线路接错了，但是还是觉得怪异。拆下右外后视镜镜片及外壳，检查发现在镜片上的加热线有一根被接到转向信号灯插头上了。电路图图 4-7 上红色所示为实际的线路连接，绿色线为实际中被遗漏的导线，加上今天是雨天气温低、湿度大可能满足了后视镜自动加热所需的条件，在此情况下起动车辆后视镜加热功能启用。

电流由后视镜加热器正极出发经加热电阻过电路图中红色导线，穿越转向信号灯 LED 到达转向信号灯接地点 BL（-），形成完整的回路（如图 4-7 中箭头所示），于是就在发动机起动时恰巧雨天后视镜加热启用，就出现了右外后视镜转向信号灯常亮的怪现象，基本证实了之前的猜测。可是真正后视镜加热的导线在哪里呢？竟找不到另外一根断开的线束，拆开右外后视镜电缆线的螺旋状扎带后，发现在弯折处竟有五根导线同时断开了，还有一根导线边缘连接着。由于都是黑色导线，并不像电路图标示的转向信号灯的两根线分别为：粉红色和棕色，加热装置的两根线也全是黑色的，并不是电路图中指示的棕色和红黑色。都是黑色怎么判断哪一根线是转向信号灯的，哪一根是后视镜加热的，哪几根是后视镜镜片调节电动机的呢？观察发现横断面与后视镜调节电动机连接的三根线断裂处生锈了，余下二根就好判断哪根是转向信号灯的了，至此似乎任务已经完成了，因为工

107

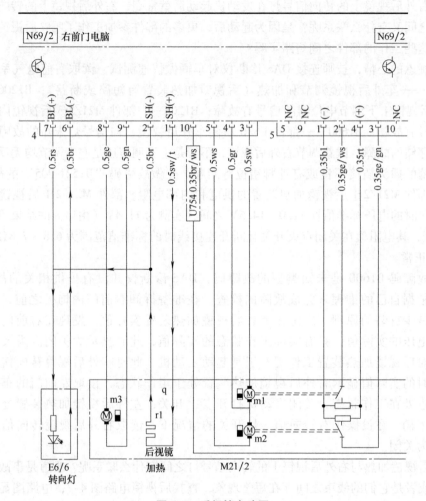

图 4-7 后视镜电路图

单上并没说检查右外后视镜调节功能失效,但是为了提高客户满意度,决定帮客户排除掉后视镜无法调节的故障。

故障排除 先接好那根似断非断的导线,余下的三根线用万用表分别测,在操作后视镜调节开关时,它们端子的电压一般大于 11V,分清哪些根是供电线,哪些是搭铁线,之后再分辨出上下调节的两根线,接着再查找出内外调节的线,线路接好后,开灯试验,故障排除。

技巧点拨 本案是一例典型的人为因素引发的故障,由于该车事故修复过程中,修理工没有正确把右后视镜加热器和后视镜 LED 转向灯上断裂的导线连接好,导致右后视镜上的转向灯不正常亮起。在一些汽车的电器总成件上,有时会出现与其连接的导线和插接件颜色及形状相同的状况,修理工在拆卸或连接这些导线、插接件时,一定要做好标记,在不清楚怎样连接时,要慎重确认它们与电器总成件连接的"来龙去脉",防止连接错误,以免引发不必要的麻烦。

第三节 丰田车系

一、雷克萨斯 RX350 车左侧后视镜无法正常调节

故障现象 一辆雷克萨斯 RX350 车，驾驶人反映该车左侧后视镜无法正常调节。

故障诊断 接车后试车，按下后视镜主开关总成（图 4-8）上的左侧后视镜选择开关，左侧后视镜选择开关指示灯正常点亮；按下后视镜主开关中部的调节按钮，调节左侧后视镜的镜面角度，发现镜面可以下倾和右倾，但无法上倾和左倾；选择右侧后视镜并进行调节，可以正常调节；操作后视镜折叠开关，发现左右后视镜均能正常伸缩。试车至此，确认该车故障为左侧后视镜镜面无法上倾和左倾。

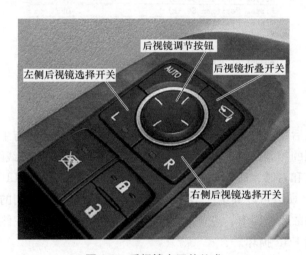

图 4-8 后视镜主开关总成

如图 4-9 所示，操作后视镜主开关总成上的开关，后视镜主开关总成检测开关信号。故障诊断时，可以通过读取后视镜主开关总成的数据流来查看各开关的状态，如图 4-10 所示。主开关总成通过 LIN 线将开关信号发送至主车身 ECU，主车身 ECU 通过 CAN 线将开关信号发送至相应的后视镜 ECU，接收到开关信号后，相应的后视镜 ECU 控制车外后视镜内置的后视镜左右调节电动机、上下调节电动机及伸缩电动机工作，以调节后视镜镜面位置及后视镜的伸缩。

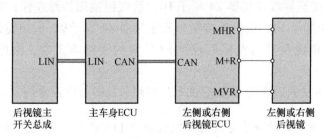

图 4-9 后视镜控制原理示意

参数	值
D Door P/W Auto SW	OFF
P Door P/W Auto SW	OFF
RR Door P/W Auto SW	OFF
RL Door P/W Auto SW	OFF
P Door P/W Up SW	OFF
RR Door P/W up switch	OFF
RL Door P/W up switch	OFF
P Door P/W Down SW	OFF
RR Door P/W Down SW	OFF
RL Door P/W Down SW	OFF
Door Lock Switch Status	OFF
Door Unlock Switch Status	OFF
Window Lock Switch Status	OFF
Mirror Selection SW (L)	OFF
Mirror Selection SW (R)	OFF
Mirror Position SW (L)	OFF
Mirror Position SW (R)	OFF
Mirror Position SW (Up)	OFF
Mirror Position SW (Dwn)	OFF
Outer Mirror Fold SW	OFF
Number of Trouble Codes	0

图 4-10　后视镜主开关总成数据流

结合故障现象及后视镜控制原理分析，由于后视镜主开关总成与主车身 ECU 之间的线路是左右后视镜共用的控制线路，而右后视镜能正常调节，说明这段线路正常；又因为左侧后视镜镜面能够下倾和右倾，而上下左右的控制信号都是由主车身 ECU 通过 CAN 线发送至左侧后视镜 ECU 的，所以可以确定主车身 ECU 与左侧后视镜 ECU 间的 CAN 线也正常。分析至此，推断可能的故障原因有：左侧后视镜损坏；左侧后视镜与左侧后视镜 ECU 间的线路故障；左侧后视镜 ECU 损坏。

用故障检测仪检测，左侧后视镜 ECU 中无故障码存储；对左侧后视镜执行主动测试，在执行后视镜镜面上下调节测试（Mirror UP/DOWN）和后视镜镜面左右调节测试（Mirror Right/Left）时，发现左侧后视镜镜面仍无法上倾和左倾。拆下左前车门饰板，检查左侧后视镜 ECU 导线连接器，无进水、松脱等异常现象。根据图 4-11 脱开左侧后视镜 ECU 导线连接器 Z4，将蓄电池的正极连接至导线连接器 Z4 端子 1，负极连接至导线连接器 Z4 端子 10，发现后视镜镜面持续上倾；将蓄电池的正极连接至导线连接器 Z4 端子 10，负极连接至导线连接器 Z4 端子 1，后视镜镜面持续下倾；将蓄电池的正极连接至导线连接器 Z4 端子 9，负极连接至导线连接器 Z4 端子 10，后视镜镜面持续左倾；将蓄电池的正极连接至导线连接器 Z4 端子 10，负极连接至导线连接器 Z4 端子 9，后视镜镜面持续右倾。上述测试说明左侧后视镜及其与左侧后视镜 ECU 间的线路均正常，由此推断左侧后视镜 ECU 损坏。

故障排除　更换左侧后视镜 ECU 后试车，左侧后视镜可以正常调节，故障排除。

> **技巧点拨**　本案例的难点在于对后视镜控制中 LIN 线和 CAN 线控制的理解，这两种总线的传输级别、速率是有很大差别的。

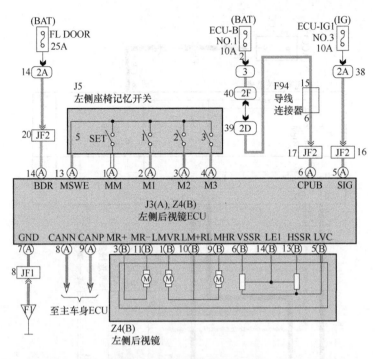

图 4-11 左侧后视镜控制电路

二、卡罗拉轿车右外侧后视镜不能工作

故障现象 一辆一汽丰田卡罗拉右外侧电控后视镜不能工作,左外侧后视镜工作正常。

故障诊断 接车后对故障现象进行确认,对驾驶人侧的电控后视镜组合开关进行测试操作,当把开关选择左侧,对左侧后视镜进行操作,工作正常;而对右侧后视镜进行测试发现各个方向工作都不正常。

根据故障现象,维修思路大概有两种:

① 根据经验,右侧电控后视镜总成和组合开关容易损坏,对其进行更换,看故障是否排除再进行电路故障排查。

② 先检查电路故障,确定故障点,进行修复,看故障是否排除再进行元器件的更换。显然采用第 2 种思路进行维修更节省时间和成本。

根据卡罗拉维修手册电控后视镜电路图(图 4-12),开关总成中选择开关(Select Switch)对左、右后视镜进行选择控制,方向控制开关(Operation Switch)进行上、下、左、右四个方向的控制。

当选择开关拨向右边,选择开关的"Right"触点闭合,通过 2 号脚和 3 号脚跟右侧电控后视镜总成 H2 的 3 号脚、5 号脚连通,再通过方向控制开关对右侧电控后视镜进行上、下、左、右四个方向的控制。电流方向分别为:

① 向左调整:电源→ACC 熔丝→方向控制开关"Left"触点→选择开关"Right"触点→插头 HE2→右侧电控后视镜总成 H2 的 3 号脚→电动机 MH→连接器 E56→方向控制开关"Left/Up"触点→负极搭铁。

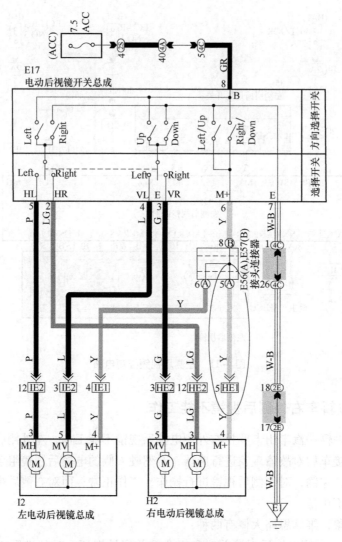

图 4-12 卡罗拉电控后视镜电路图

② 向上调整：电源→ACC 熔丝→方向控制开关"Up"触点→选择开关"Right"触点→插头 HE2→右侧电控后视镜总成 H2 的 5 号脚→电动机 MV→连接器 E56→方向控制开关"Left/Up"触点→负极搭铁。

③ 向右调整：电源→ACC 熔丝→方向控制开关"Right/Down"触点→连接器 E56→插头 HE1→右侧电控后视镜总成 H2 的 4 号脚→电动机 MH→连接器 HE2→选择开关"Right"触点→方向控制开关"Right"触点→负极搭铁。

④ 向下调整：电源→ACC 熔丝→方向控制开关"Right/Down"触点→连接器 E56→连接器 HE1→右侧电控后视镜总成（H2）"4"脚→电动机 MV→连接器 HE2→选择开关"Right"触点→方向控制开关"Down"触点→负极搭铁。

经以上分析不难看出，由于故障现象中左侧后视镜工作正常，所以可以判断左右后视镜共用的线路应该正常，包括电源"ACC"熔丝至开关总成的线路、开关搭铁端线路、方向

第四章　后视镜控制系统维修技能与技巧点拨

控制开关本身。故障可能出在单独控制右侧电控后视镜的线路，又由于右侧后视镜上、下、左、右四个方向都不工作，那么可能存在的故障点为：选择开关两个触点同时接触不良、选择开关至右后视镜总成两条线路同时断路、右边后视镜总成损坏、右后视镜至连接器E56断路。拆开右侧装饰板，拆下连接器HE2和HE1，用试灯进行线路测试，点火开关"ON"，将选择开关打向右边，将方向选择开关拨向"Left"或"Up"，测连接器HE2开关端"3"脚和"12"脚，试灯亮，将方向选择开关打向"Right"或"Down"，测连接器HE1开关端"5"脚，试灯不亮，故障点确定为连接器HE1的5号脚至连接器E56断路，图4-12中的圈线中所示。

故障排除　找到断路点，对线路进行修复，故障排除。

> **技巧点拨**　汽车上运用了很多复杂的电控技术，在带给我们舒适化、智能化的同时，也增加了维修难度，所以在进行维修时不但要有技术、有资料、有设备、有仪器，更要有正确思路、有逻辑分析，还要认真、仔细、全面、准确，从电路图入手排查疑难故障，读懂电路图，理清思路。正确的诊断不仅能很快地排除故障，还能避免因盲目拆换零件而造成的零部件损坏，以及时间上的浪费。

第四节　大众车系

一、斯柯达昊锐车后视镜加热异常

故障现象　一辆上海大众斯柯达昊锐轿车，行驶里程约5000km，装配CFB发动机的。驾驶人反映：该车雨天行驶时开启后视镜加热功能，后视镜表面仍很模糊，导致雨水清除不掉，给驾驶人安全行车带来了一定的隐患。

故障诊断　接车后，首先验证故障现象。将后视镜加热开关接通后，用手触摸后视镜镜片，感觉到其温度慢慢上升，但工作约2min后镜片温度逐渐下降，直至与室外温度相近。接着使用VAS5051B对其进行自诊断，无故障码储存。通过VAS5051B进入驾驶人侧车门电子设备（42）读取数据组第5组第3、4区数据，在刚开启后视镜加热功能时显示3区显示为100%，4区显示为"加热器开"（图4-13），正常；约2min后3区为0.0%，4区显示为"加热器关"，而在正常情况下，后视镜加热器在工作一段时间后，3区数据应在1.0%~8.0%变化、4区应为在"加热器开"与"加热器关"交替显示，而该车在工作一段时间后后视镜加热就完全停止工作了。先后更换了加热开关、车门控制单元和车载网络控制单元，但故障依旧不能排除。找来一辆同型号轿车进行对比时，发现仪表温度显示与数据组5组第2区环境温度为24℃，而该故障车辆显示为31℃，使用红外温度测试仪测量环境温度与传感器表面温度在24~25℃跳跃，以此数据可知是室外温度传感器有故障。

故障排除　更换室外温度传感器后试车，上述故障现象消失；再次读取数据流，显示室外温度为24.5℃，加热功率为2.0%（图4-14）。

> **技巧点拨**　此例通过读取后视镜控制系统的数据流判断出故障所在，这在日常的维修中是比较常用的一种方法，但前提是在正确的测量状态下获得准确的数据。

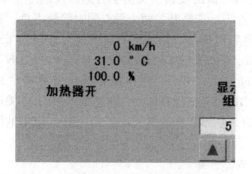 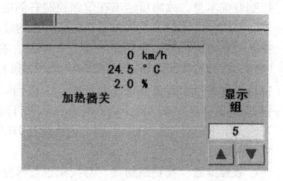

图 4-13　后视镜加热器刚工作时第 5 组数据流显示　　图 4-14　更换室外温度传感器后第 5 组数据流显示

二、上海大众途观后视镜无法正常折叠

故障现象　一辆上海大众全新途观，驾驶人反映，该车偶发性电动后视镜无法正常折叠，之前来检查过一次，维修人员给后视镜简单润滑处理之后，故障又再次出现，驾驶人希望这次能彻底解决。

故障诊断　接手该车后首先试车，在反复打开和关闭后视镜折叠开关，发现两侧后视镜每次都能随着开关状态的变化而完成相应的折叠和返回，好像并没有什么问题，正当感到气馁的时候，突然后视镜一下子不能动了，这时候不管如何将折叠开关反复操作，两侧后视镜却始终纹丝不动。

问题既然出现，说明该后视镜折叠控制系统确实存在着问题，为了能找出问题的所在，技师先查看了后视镜控制模块的相关简图，如图 4-15 所示。

由于图 4-15 中控制线路繁多，而本文重点只是针对后视镜的无法正常折叠的检修，并不用去了解其他模块的详细控制图，简单画出模块的大致控制简图以方便说明。图 4-15 中除 J386 控制单元为整个控制图的核心之外，还包含有五大模块，分别有后视镜调节开关模块、锁止按钮模块、左前门玻璃控制开关模块，这 3 个模块各自向 J386 控制单元输入信号，而左后视镜总成模块、左前门锁块模块则为执行模块。下面来说说这些模块的功能和作用。

后视镜调节开关模块包含有：后视镜上下左右四向调节开关、左右后视镜调节转换开关、后视镜内折开关、后视镜加热开关和开关零位状态。这些开关的作用是调节和控制后视镜，将驾驶人需要的后视镜状态（即驾驶人意愿），通过开关信号传送至 J386，再由 J386 对应的调节后视镜。而锁止按钮模块则很简单，包括锁止和解锁两个开关，往上按一下是要求 J386 锁止车门，往下按一下则要求 J386 来解锁。左前门玻璃主开关模块则包括：左前门、左后门、右前门、右后门四个玻璃升降器开关，在主开关的中间位置还有后部车窗升降器联锁开关，当该开关闭合时，J386 就主动切断两后门上的单独玻璃升降器开关的控制。而执行模块中，左侧后视镜模块里面包括有：后视镜镜片左右调节电动机，上下调节电动机，还有一个折叠电动机和加热电阻丝，其内部还包括后视镜上的转向灯和环境照明灯；左前门锁模块内部则有两个电动机，一个是中央门锁电动机，一个是中控锁安全电动机，当然其内部还集成有车门接触开关和门锁开关，来向 J386 反馈车门状态的信号（包括车门是否锁止和车门是否打开的状态）。另外，图 4-15 中右下侧还有几根线，分别是两根至熔丝的电源线，一根搭铁线，这个是 J386 本身工作和控制相关的执行模块工作的基础。而剩下的另外三根线，图 4-15 中分别标明有 CAN 线和 LIN 线，这个是因为 J386 至全车其他系统的控制单元都是通过 CAN 线来通信的。另外，右侧后视镜的工作也是通过该 CAN 线将开关信号传送至右侧前门控制单元 J387，再由 J387 来控制右侧后视镜做对应的工作，以便和左侧后视镜同步工作。而 LIN 线则是连接至左后门，因为该车的两个后门都属于从动控制单元，通过 LIN 线和对应的前门连接，再通过两前门来与整车的诊断系统连接。

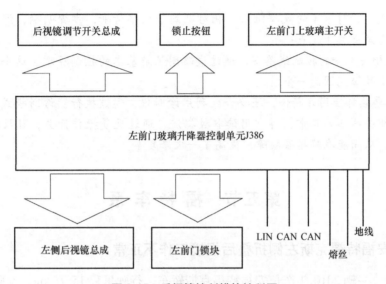

图 4-15　后视镜控制模块控制图

各个模块的功能和作用已经很清楚了，那么接下来就要思考出现两侧后视镜无法折叠的可能故障原因了。通过图 4-15 这个模块简图，能明确地看出，当操作后视镜调节开关时，该开关信息首先是进入 J386 控制模块，J386 接收开关信号，再输出指令来控制后视镜工作。而对于右侧的后视镜来说，则是 J386 通过 CAN 线将信号指令输出给 J387，由 J387 来控制右侧后视镜的工作。现在，两个后视镜都同时无法折叠，说明两侧后视镜不工作存在一个共性的问题，这就排除了两侧后视镜本身有损坏的可能性了，由此分析出现该问题存在两个可能，第一是后视镜开关不良或开关至 J386 之间的线路不良，导致驾驶人折叠后视镜的信息无法及时传达给 J386；第二就是 J386 本身问题，虽然已经接收到了驾驶人要折叠后视镜的意愿，但是无法输出让后视镜正常工作的指令。

根据上述的分析，优先应该检查或更换后视镜控制开关或 J386 试试，但是由于配件仓库并没有现货，且涉及盲目的拆装，因此笔者决定还是在不拆装的情况下，尽量的利用诊断仪来分析原因，找出故障点。先用诊断仪读取 42（左前门控制单元）是否存在故障，结果显示系统一切正常，再利用诊断仪的执行器诊断模式驱动后视镜，看看后视镜是否能随着诊断仪的指令而折叠。选择执行器诊断模式，点击驱动后视镜，确定后左侧后视镜马上随着指令而折叠，同样再进入 52（右前门控制单元），同样进入执行器诊断，结果右侧后视镜也能随着指令而折叠，由此说明 J386 本身，J386 至左侧后视镜的线路，J386 至 J387 之间通信，J387 至右侧后视镜之间的线路都正常。那么接下来问题的故障范围就只有后视镜调节开关，或者开关至 J386 的线路上面了。接下来继续通过诊断仪来分析开关是否正常，再进入 42，读取数据流，输入组号六组，观察此组第三区，此区显示的内容为反光镜内折，此时显示未动作。当笔者打开折叠开关时，若倒车镜能随着正常折叠时候，则此区显示为激活，而当倒车镜无法正常折叠时候，则此区始终显示为未动作。由此足以说明问题的根源就在后视镜的控制开关了，而和后视镜开关至J386的线路无关。

故障排除 订购后视镜控制开关，更换后试车一段时间，故障再没出现，说明故障排除。

> **技巧点拨** 针对该车的故障维修，相对做到了思路清晰，步骤明确，没有走一点儿弯路。这首先是得益于几点：
> ① 熟悉相关部分的控制线路图，通过线路图了解基本的控制原理。这个是笔者通过看图就能缩小故障范围的一个前提。
> ② 不但要熟练使用诊断仪，还要合理利用诊断仪，通过执行器诊断模式，确定相关控制单元和相关线路为正常，再利用读取数据流，通过反复操作开关，让故障直接显现在数据流中，从而能准确排除故障，提高了一次修复率。

第五节 福特车系

一、长安福特福克斯左侧折叠后视镜工作不正常

故障现象 一辆2010年产长安福特福克斯轿车，行驶里程15万km，驾驶人反映车辆左侧的电动折叠后视镜不能正常工作，但之前工作都是正常的。

故障诊断 维修人员接车后首先检查了故障现象，与驾驶人描述的一致，无论是手动操作折叠功能还是锁车操作，左侧后视镜均不能进行折叠。与驾驶人了解后得知，该功能是车主自行加装的，原车并不带折叠功能，此功能已经加装1个多月，之前都可以正常使用，但是最近2天发现左侧折叠功能失效了。了解情况后，维修人员首先分析了一下故障原因，右侧的折叠功能可以使用，说明控制程序应该没问题。问题是最近几天才出现的，很有可能是电动机或者线路出现了问题，导致故障出现。将左侧后视镜拆下来后，检查线路，没有发现破损的情况（图4-16）。使用万用表对插接器进行测量，数值均正常。最后检查后视镜电动机，也没有问题。

线路没有破损，电动机可以正常工作，控制程序也没有问题，那为什么左侧的后视镜折叠功能不能使用了呢？维修一下陷入了僵局。将后视镜的插接器都连接好，然后再次尝试折叠功能，发现可以正常使用了，这又是怎么回事呢？根据以往的维修经验，出现这种情况很有可能是某个部位出现了虚接。于是对后视镜的插接器再次进行检查，果然发现个别端子出现了轻微的腐蚀情况，这很有可能是因为密封不到位，导致了雨水的渗入，从而腐蚀了插接器端子。

故障排除 重新更换了插接器端子（图4-17），试车后故障消失。

> **技巧点拨** 更换插接器为了防止雨水再次渗漏，应用同时对插接器周边进行重新密封，防止再次出现腐蚀的情况。

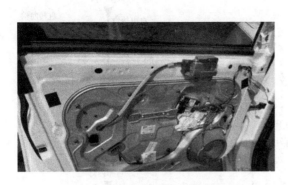 

图 4-16 驾驶人侧门板内的线束正常　　　　图 4-17 重新更换插接器端子

二、福特锐界车 PDI 检测发现右侧后视镜无法调节

故障现象　一辆 2014 年福特锐界车，搭载 2.0L 涡轮增压缸内直喷发动机和 6 速自动变速器，行驶里程仅有 10km。该车在进行 PDI 检测时发现车辆右侧后视镜无法调节。

故障诊断　操作驾驶人侧后视镜调节开关分别对左侧和右侧后视镜进行调节，发现左侧后视镜能够正常动作，而右侧后视镜不动作。

连接 IDS 调取故障码，无故障码存储。查阅相关资料可知，后视镜调节功能是通过驾驶人侧后视镜调节开关控制 4 个后视镜调节电动机（左、右各 2 个）的电流方向，来实现后视镜的上下和左右动作的（后视镜调节开关内部通过 3 个分控开关来实现左、右后视镜的选择，上下调节及左右调节）。

根据该车的故障现象，结合图 4-18 电路图进行分析，判断故障的可能原因有：右侧后视镜调节电动机故障；后视镜调节开关故障；相关线路故障等。由电路图 4-18 可知，左、右后视镜的供电都通过熔丝 F7，并共用供电和搭铁线路。既然左侧后视镜能够正常工作，就可以排除供电和搭铁存在故障的可能。

将后视镜调节开关切换到右侧后视镜，向上拨动后视镜调节开关，测量导线连接器 C622 端子 2 的电压，为 12V，正常；向下拨动后视镜调节开关，测量导线连接器 C622 端子 1 的电压，为 0V，不正常；向左拨动后视镜调节开关，测量导线连接器 C622 端子 1 的电压，为 0V，不正常；向右拨动后视镜调节开关，测量导线连接器 C622 端子 3 的电压，为 12V，正常。根据测量结果分析可知，导线连接器 C622 的端子 1 无电压的原因可能是导线连接器 C527 端子 6 与导线连接器 C622 的端子 1 之间的线路存在故障，或后视镜调节开关内部故障。

用万用表电阻档测量导线连接器 C527 端子 6 与导线连接器 C622 的端子 1 之间的电阻，为 ∞，由此确定线路存在断路。断开导线连接器 C610，测量它的端子 50 与导线连接器 C527 的端子 6 之间的电阻，仍为 ∞；断开导线连接器 C510，测量它的端子 50 与导线连接器 C622 的端子 1 的导通情况，导通良好；说明故障点在导线连接器 C510 与后视镜调节开关之间的线路。首先查看导线连接器 C510，发现上面的端子 50 已弯曲（图 4-19）。

故障排除　对导线连接器 C510 的端子 50 进行处理时，发现端子 50 的内部固定卡已经损坏，无法固定端子。于是将导线连接器 C510 两侧端子 50 所对应的导线移至相邻的空端子，即端子 49（图 4-20），确认装复牢靠后试车，故障排除。

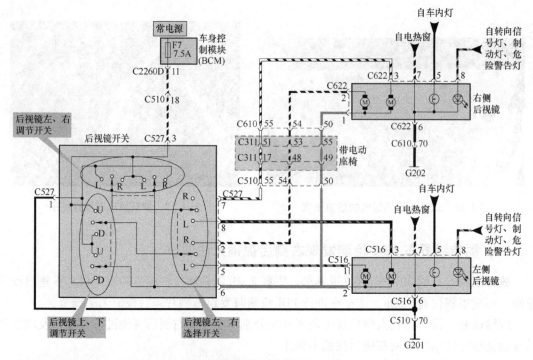

图 4-18　左右后视镜相关电路

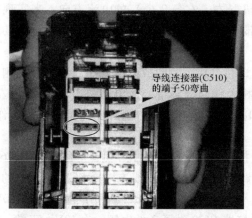

图 4-19　导线连接器 C510 的端子 50 已弯曲

图 4-20　将端子 50 就近移动到空端子 49 上

技巧点拨　随着汽车技术的发展，汽车导线插接端子越来越细小，在诊断时的难度越来越大，在诊断后插接的过程中，一定要小心仔细，避免带来新的故障。

第六节　其他车系

一、2011 款北京现代索纳塔倒车后视镜没有影像

故障现象　一辆 2011 款北京现代第八代索纳塔轿车，因倒车后视镜没有影像（图 4-21）

进行维修。该车行驶 265km。

故障诊断 维修人员接车后，首先用北京现代原厂诊断仪读取 BCM 系统的故障码，未发现异常现象。因该车为新车也没有加装其他的用电设备。据驾驶人描述买了没几天，后视镜就没有倒车影像了。但是倒车雷达却工作正常。

RPAS（后驻车辅助系统）是停车或低速时，利用超声波的特性，检测到车辆后方和侧面存在障碍物后，警告驾驶人注意的电子驱动辅助装置。RPAS 包括 4 个 RPS 传感器，检测障碍物并通过 LIN 通信，向 BCM 输出三个阶段的蜂鸣器警报（第一、第二和第三阶段警报）。BCM 根据传感器

图 4-21　倒车后视镜无影像

传送的通信信息，决定警报阶段，起动蜂鸣器或发送显示数据。因该车为新车，线束短路的情况不大，找到电路图（图 4-22），查看后视镜的线路，拔下插头，该插头为 10 个针脚，其中 4 号脚为反向，5 号脚为点火（IGN）。把档位挂到 R 档，用万用表电压档测后视镜插

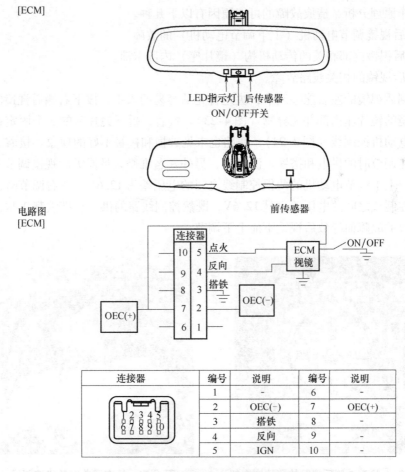

连接器	编号	说明	编号	说明
	1	-	6	-
	2	OEC(-)	7	OEC(+)
	3	搭铁	8	-
	4	反向	9	-
	5	IGN	10	-

图 4-22　倒车后视镜相关电路及示意图

头的4号和5号针脚，发现有12V的电压，这就奇怪了，挂上R档就有12V的电压，为什么后视镜没有影像，怀疑后视镜坏掉了导致没有倒车影像。

故障排除 用换件的方式换掉了后视镜，更换后，倒车影像正常，该故障排除。

> **技巧点拨** 在维修的过程中我们要利用4S店的优势来快速排除故障，快速为驾驶人解决疑难问题，提高服务满意度。

二、日产GTR右侧后视镜不能上下调节

故障现象 一辆2010年日产GTR，行驶里程4万km。驾驶人反映用后视镜调节开关调节后视镜，右侧后视镜左右能调动，上下却不能调动，左侧后视镜上下左右均能正常调节。

故障诊断 经过诊断仪检测，无相关故障码。查阅相关技术资料，搞清楚了后视镜调节的原理。后视镜调节相关组成部件主要为后视镜调节开关、调节电动机（集成在后视镜内部）和相关的传动部件。调节开关给出调节后视镜的信号，经过相关的线路，再控制需要调节的相应的电动机，使电动机运转。电动机再驱动镜片座运动，从而达到后视镜的镜片能上下左右调节的目的。

根据工作原理分析，造成故障的可能原因有以下几种。

① 右侧后视镜调节电动机（上下调节电动机）的故障。

② 右侧后视镜内部相关的传动机构（镜片座）内部卡滞。

③ 右侧后视镜的相关线路故障。

因为右侧后视镜的左右能够调节，决定首先从容易的入手，拔下右侧后视镜的镜片，发现右侧后视镜的镜片座内部并无异物（图4-23）。接着，拆下镜片座的3个固定螺钉，找到镜片的调节电动机控制线（图4-24），线路也未见破损和接触不好的现象。接着，用万用表测量电动机在调节时的供电和搭铁。测量时，另外一名维修人员操纵后视镜调节开关，发现上下调节时，上下调节电动机的两根控制线之间的电压差为12.6V，左右调节时，左右调节电动机的两控制线之间的电压差也是12.6V，既然控制线路的供电和搭铁都正常，说明是上下调节电动机的故障而导致后视镜不能上下调节。

图4-23 检查右侧后视镜的镜片座内部

图4-24 检查调节电动机控制线

故障排除 查阅该车型的零件系统，该电动机是与后视镜集成在一起。于是，更换右侧后视镜总成，经过反复测试，右侧后视镜上下左右都能正常调节，故障排除。

技巧点拨 对于电动后视镜来说，容易出问题的往往是控制开关和相关线路，电动机出现问题的概率相对较小。

第五章

倒车雷达与倒车影像系统维修技能与技巧点拨

第一节 奔驰车系

一、奔驰 C180 COMAND 显示屏黑屏

故障现象 一辆奔驰 C180，底盘号为 LE4205140，装配 274 型发动机，行驶里程 19930km。驾驶人反映 COMAND 显示屏黑屏。

故障诊断 接车后和驾驶人一起试车发现，起动着车，打开 COMAND 后，显示屏黑屏；挂上倒档后，倒车影像也不显示，但是收音机有声音。连接诊断仪进行快速测试，读取到故障码如图 5-1 所示。

A26/17 - Audio 20 (Audio)				
MB object number for hardware	205 901 19 12	MB object number for software	205 902 36 17	
MB object number for software	205 902 46 16	Diagnosis Identifier	024504	
Hardware version	15/20 000	Software version	16/36 000	
Software version	16/31 000	Boot software version	16/36 000	
Hardware supplier	Mitsubishi Electric	Software supplier	Mitsubishi Electric	
Software supplier	Daimler	Control unit variant	HU5_ENTRY_Series_E_40_0	
Event	Text			Status
U025500	Communication with the Audio/COMAND display has a malfunction.			A+S
				A+S=CURRENT and STORED

图 5-1 故障码

故障码的含义为与显示屏的通信存在故障，尝试对故障码进行引导检测，但是诊断仪提示，无法和显示屏建立通信。于是只好找出显示屏的电路图进行测量，电路图如图 5-2 所示。

首先，检查了熔丝盒 F1/3 中的 f324 供电熔丝，正常。接着拆掉显示屏，测量插头 1 上的 1 号和 2 号针脚的电压为 12.3V，也正常。与显示屏（A40/8）相连的 CAN 线是 CAN A，测量 8 号针脚的电压为 2.6V，正常。但是测量 4 号针脚的电压为 0，显然不正常。从电路图上可以看出，CAN A 通往了 CAN 分配器 X30/35，该分配器位于驾驶人侧地毯的下方，于是拆掉地毯，检查 CAN A 分配器，在测量线路时发现有一根线被挤断了，故障部位如图 5-3 所示。

第五章　倒车雷达与倒车影像系统维修技能与技巧点拨

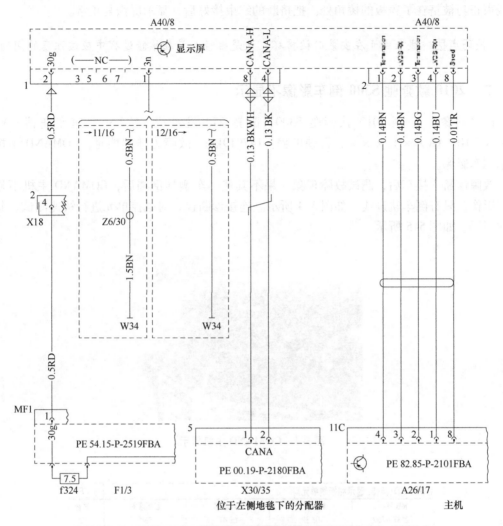

图 5-2　显示屏电路

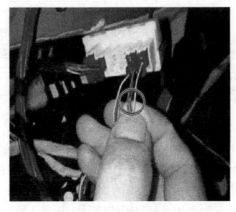

图 5-3　被挤断的导线

故障排除　对照电路图正是 CAN A 的 L 线束。原来 CAN 分配器上方有一个塑料盖板，

123

该线束正巧被挤在了盖板的棱角处。把挤断的线束接好后，显示屏恢复正常。

技巧点拨 线束由于在安装时被挤坏，这是维修人员在维修过程中应该注意的问题。

二、2010 款奔驰 S300 倒车影像不显示

故障现象 一辆 2010 款奔驰 S300，配置 272 发动机、722.9 七速变速器，VIN：WDDNG5GB1AA××××××，行驶里程：147919km。故障为挂倒档时，COMAND 主机不显示倒车影像。

故障诊断 接车后，测试故障现象，果不其然，车辆挂倒档后，COMAND 主机不显示倒车影像，只有倒车轨迹线。如图 5-4 所示。连接诊断仪，对电控单元进行快速测试，其相关故障码，如图 5-5 所示。

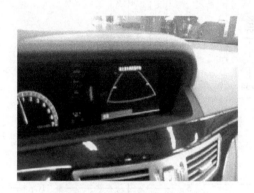

图 5-4 COMAND 主机显示

COMAND(操作、显示和控制单元)				-F-
MB 号码	HW 版本	SW 版本	诊断版本	插针
2218707892	08.39	09.47	99/1	101

系列号	FW 号码	FW 号码(数据)	FW 号码(Boot-SW)
HB9035A1023140	2219021502		2219025201

诊断辅助系统 Copyright 1999 Daimler

编码	文本	状态
D022	从控制单元A40/3 (COMAND控制单元)连接到控制单元N66/10 (倒车摄像机供电模块)的视频线未插上。	当前的和已存储

图 5-5 故障码

2009 年以后的控制模块就没有倒车影像控制模块了，只有一个供电模块 N66/10，倒车影像的成像直接通过专门的视频线显示在 COMAND 上，其控制模块的功能控制原理图如图 5-6 所示。从控制原理图可以看出来，221 的倒车影像原理是十分简单的，后 SAM N10/2 直接给倒车影像的控制模块一个供电，一个倒档信号，让其工作。

左后后视摄像头的图像直接通过视频线传给 COMAND A40/3，这样整个后视摄像头的成像就完成了。再结合其电路图，如图 5-7 所示。首先，从故障码的本身入手，进行导向测

试,其导向测试称为激活其功能,发现不能正常地激活。下一步,检查 COMAND 到后视摄像头的线路电阻。

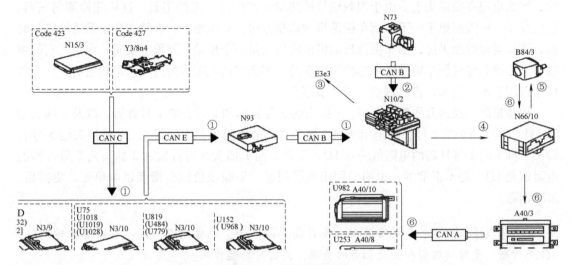

图 5-6 功能控制原理

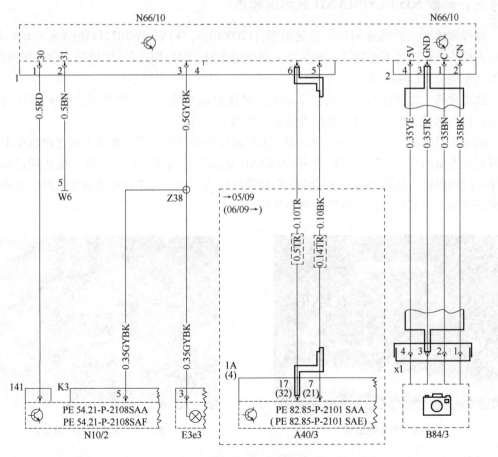

图 5-7 倒车影像系统控制电路

经测量发现电阻一切正常，看来问题没有出现在线路上，测量供电模块的供电、搭铁、倒档信号一切正常。由于没有同款车型试验，诊断一度陷入僵局，故障点要么出现在供电模块，要么出现在摄像头上。由于视频信号的测量不能使用一般的工具，这样能检测的东西，就更少了。仔细回想了一下，倒车摄像机的诊断方法，猛然想到，在培训娱乐系统维修的时候，培训老师曾经讲过，倒车摄像机的供电模块只是一个桥梁，并没有实质的作用，它的视频信号是没有经过倒车摄像机供电模块处理的，那么它的视频线的进和出是相通的，完全可以用万用表测量出来，自己测量一番，果不其然。

故障排除 经过万用表的测量，1插头的5号针脚和2插头的1号针脚，以及1插头的6号针脚和2插头的2号针脚是相通的。但是它们的电阻值是有差异的，1号插头的5号针脚和2插头的1号针脚的电阻值为0.1Ω，正常。而1插头6号针脚和2插头的2号针脚的电阻值是1Ω，是不正常的，说明里面出现了问题。果断报价倒车摄像供电单元，更换后，故障消除。

> **技巧点拨** 回顾整个维修过程，越是简单的东西，越要精准诊断。不能单靠对调配件来诊断，平时的培训积累是相当的重要，关键时刻起作用。

三、奔驰S350 COMAND显示屏黑屏

故障现象 一辆奔驰S350，行驶里程：120000km，VIN：WDB2211561A××××××。驾驶人反映倒车影像不能用了，现在挂上倒档倒车时COMAND显示屏黑屏，没有任何图像，看不到车辆后方的实际情况。

故障诊断 接到此车后，根据驾驶人的描述起动车辆，挂上倒档后，COMAND显示屏黑屏，没有图像，但是有倒车辅助线显示，如图5-8所示。

接着连接奔驰专用的诊断仪Star-D，未发现有相关的故障码。维修人员在此款车上曾经也遇到过类似的情况，但是不同的是COMAND显示屏是蓝屏，并非黑屏。也遇到过和这个一样的故障图像，是因为摄像头的线路有断路造成的。比如行李舱在来回开关时，容易造成后视摄像头线束折断，具体位置如图5-9所示。

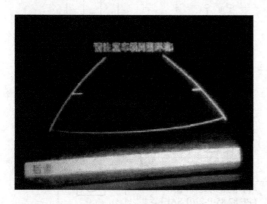

图5-8 倒车辅助线

图5-9 线束容易折断位置

凭借以前的经验，我们检查了后视摄像头的线束，此车后视摄像头线束的确有过折断，

不过按驾驶人描述，已经在外面把线束接好了。在外面的加装店把线束接好后，故障依旧，没有改善。怀疑是其他的地方配件坏了，不是线束的问题，所以把车开到店里进一步维修。图 5-10 是在外面维修的线束。

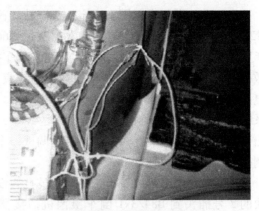

图 5-10　维修过的线束

由于线束已经维修过了，然后就没有考虑线束的问题了，调试了一个供电模块后，故障还是没有改善。难道是后视摄像头出了问题，拆下后视摄像头检查，外观没有什么异常，调试一个摄像头后，故障也没有什么改善。这就奇怪了。为了更清楚地分析问题查找相关电路图，如图 5-11 所示。

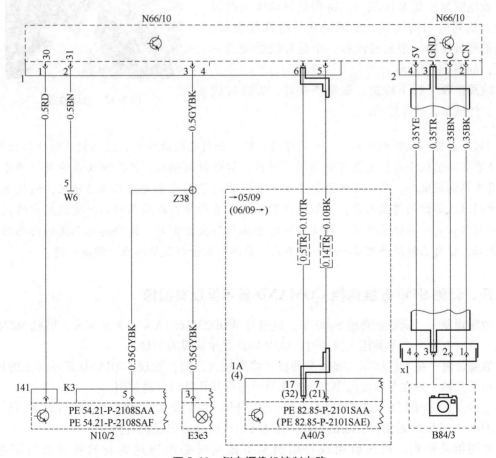

图 5-11　倒车摄像机控制电路

A40/3—驾驶舱管理及数据系统（COMAND）控制模块　B84/3—倒车摄像机
E3e3—左侧倒车灯　N10/2—后排带熔丝和继电器模块的信号采集及促动
控制模组（SAM）控制模块　N66/10—倒车摄像机供电模块
W6—左侧轮罩行李舱接地　Z38—倒车灯节点

改变思路,分析电路图,决定从头开始。首先,测量 N66/10 倒车摄像机供电模块的供电 12.8V,正常;搭铁 0.3Ω,正常。测量 N66/10 倒车摄像机供电模块插头的 3 号脚有 12.6V 的倒车灯信号,正常。测量 N66/10 倒车摄像机供电模块的插头到 A40/3 驾驶舱管理及数据系统(COMAND)控制模块插头的线束,无断路,无短路,正常。这就奇怪了,根据电路图可以看出,所有的部件基本都排除了,唯一没有排除的只有 A40/3 驾驶舱管理及数据系统(COMAND)控制模块,难道说是 A40/3 驾驶舱管理及数据系统(COMAND)控制模块出了问题。那么调试一个试试,但是调试一个 A40/3 驾驶舱管理及数据系统(COMAND)控制模块后,故障依旧。

现在从电路图上可以看出,维修人员唯一没有测量验证的只有 N66/10 倒车摄像机供电模块的 2 号插头到 B84/3x1 倒车摄像机插接器。此线束也是在外面的加装店维修过的线束。拔下两头的插头测量每根导线电阻均小于 1Ω,导通正常,也没有对搭铁短路。接着测量线束,发现有两根线的万用表电阻显示值来回跳动,特别是晃动线束时很明显。找到确切的位置,发现是在外维修线束时,线束的屏蔽线的一根金属丝和一个信号线缠绕到一起了,如图 5-12 所示。

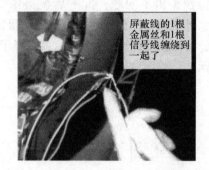

故障排除 拆下线束,重新连接好,焊接好线束后,经试车,故障排除。

图 5-12 故障位置

> **技巧点拨** 此案例的难点在于故障的出现不会引起报故障码,没有相关的故障指导,也没有实际值的查看,更没有激活等。所以,排除控制模块、排除摄像头等最快的方法只有考虑调试配件。在故障维修排除中,要充分的了解此车曾经的维修情况,通过观察或者通过认真询问驾驶人等,了解更多的信息,帮助分析排除故障。此案例突出的说明了不能轻信别人的维修结果。当没有好的思路和解决方案时,排除其他干扰理清思路从头开始,按自己的维修思路一步一步查找,最终一定能找到故障点,解决问题。

四、奔驰 S400 车挂倒档 COMAND 显示屏没有图像

故障现象 一辆新款奔驰 S400 车,底盘号 WDD2221651A××××××,搭载 M276 发动机。驾驶人反映当车辆挂入倒档时,COMAND 显示屏没有图像。

故障诊断 接车后试车,起动发动机,将车挂入倒档,发现 COMAND 显示屏上的图像只显示了几秒。站在车后发现倒车摄像头盖板在打开几秒后自动关闭。

连接故障检测仪,进行快速测试,发现倒车摄像头(B84/3)里有故障码,为 B1FEP01——LVDS 通信存在功能故障。检查 LVDS 线路并未发现有异常。

查阅相关资料,得知启用或停用倒车摄像头时必须通过驾驶舱管理及数据系统(COMAND)控制单元中的相关操作,COMAND 控制单元将倒车摄像头功能的状态通过用户界面控制器区域网络(CAN-HMI)传送至倒车摄像头。

当车辆处于 R 档时会启用倒车摄像头。如图 5-13 所示,档位信息通过完全集成式变速器控制单元(Y3/8n4)接收,随后完全集成式变速器控制单元(Y3/8n4)将档位信息通过

传动系统控制器区域网络（CAN-C）、传动系统控制单元（N127）、底盘 Flex Ray 总线、电子点火开关控制单元（N73）和用户界面控制器区域网络（CAN-MHI）传送至倒车摄像头（B84/3）。倒车摄像头对输入因素进行评估，并启用或停用倒车摄像头功能。

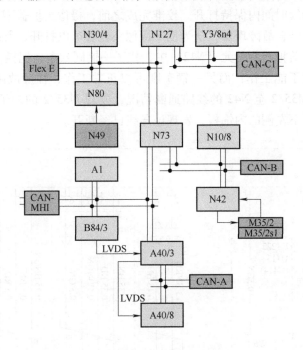

图 5-13 奔驰 S400 车网络拓扑图（部分）

A1—仪表盘　A40/3—驾驶舱管理及数据系统（COMAND）控制单元　A40/8—音频/驾驶舱管理及数据系统（COMAND）显示屏　B84/3—倒车摄像头　CAN-A—车载智能信息系统控制器区域网络　CAN-B—车内控制器区域网络　CAN-C1—传动系统控制器区域网络　CAN-MHI—用户界面控制器区域网络　Flex E—底盘 Flex Ray　M35/2—倒车摄像头护盖电动机　M35/2s1—倒车摄像头护盖电动机开关　N10/8—后部信号采集及促动控制模组（SAM）控制单元　N30/4—电控车辆稳定行驶系统（ESP）控制单元　N42—摄像头护盖控制单元　N49—转向盘转角传感器　N73—电子点火开关控制单元　N80—转向柱管模块控制单元　N127—传动系统控制单元　Y3/8n4—完全集成式变速器控制系统控制单元

倒车摄像头在以下情况下停用：向前行驶时车速大于 12km/h；向前行驶距离大于 10m；变速杆离开 R 档的持续时间超过 255s；电路 15 断开。

为了使污垢远离摄像头镜头，由摄像头护盖为摄像头镜头提供保护。摄像头护盖根据倒车摄像头的状态（启用或停用）自动打开或关闭。摄像头护盖在倒车摄像头发出请求时打开和关闭。摄像头护盖控制单元（N42）直接驱动倒车摄像头护盖电动机。后部摄像头护盖的状态（打开或关闭），由后部摄像头护盖电动机开关进行检测。摄像头护盖控制单元（N42）读入后部摄像头护盖电动机开关的状态，并将其通过车内控制器区域网络（CAN-B），电子点火开关控制单元（N73）和用户界面控制器区域网络（CAN-MHI）传送至倒车摄像头。

为了清洁摄像头镜头，可通过驾驶舱管理及数据系统（COMAND）控制单元的操作菜单打开摄像头护盖。在此期间，音频/驾驶舱管理及数据系统（COMAND）显示屏中不显示图像。驾驶舱管理及数据系统（COMAND）控制单元将"维护模式"请求，通过用户界面控制器区域网络（CAN-MHI）传送至后视摄像头。信号的进一步传送路径与倒车摄像头启用后摄像头护盖打开时一致，传送至摄像头护盖控制单元。摄像头护盖从车速高于30km/h开始或电路15断开后自动关闭。在校准步骤期间，即使倒车摄像头功能已经停用，摄像头护盖也可能在校准持续时间内保持打开。校准完成之前，摄像头护盖不会关闭。

根据上述分析，结合故障现象，认为倒车摄像头盖板可以打开，所以怀疑故障点应该是在相关线路或摄像护盖板控制单元（N42）中，找了一辆同款车，把摄像机护盖控制单元互换，发现摄像头依然不能工作，而另一辆车则可以正常工作，怀疑故障点在线路上。根据图5-14，依次测量M35/2至N42的线路通断情况，发现M35/2的端子2到N42的端子16间的导线不导通。拆下左侧的内饰板，发现该导线已经断开。

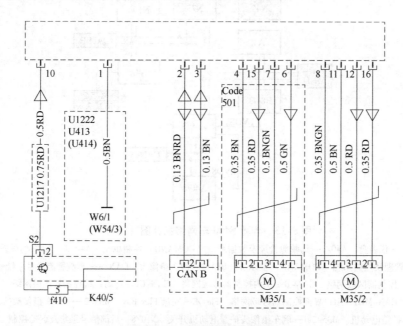

图 5-14 倒车摄像头电路
K40/5—后排熔丝和继电器模块　M35/1—前部摄像机盖罩电动机　M35/2—后部摄像机盖罩电动机
（CAN B）电位分配器

故障排除　修复断开的线束后试车，故障彻底排除。

技巧点拨　线束内导线断路问题是维修中经常遇到的问题，但这种情况排查起来有一定的难度，应注意确定故障部位的方法与技巧。

第二节　大众奥迪车系

一、奥迪 A6 倒车雷达失效

故障现象　一辆一汽奥迪 A6 C5 轿车，搭载 BBG 型发动机，行驶里程 342732km，驾驶人反映倒车雷达失效。

故障诊断 奥迪 A6 装有超声波倒车警报系统，俗称倒车雷达，由倒车警报控制单元 J446、倒车警报蜂鸣器 H15、后保险杠上安装的 4 个倒车警报传感器 G203、G204、G205、G206、多功能开关 F125 的倒车信号等组成（图 5-15）。作用是倒车时监视车辆后方 0.2～1.5m 的障碍物，如遇障碍物则发出蜂鸣报警提示。

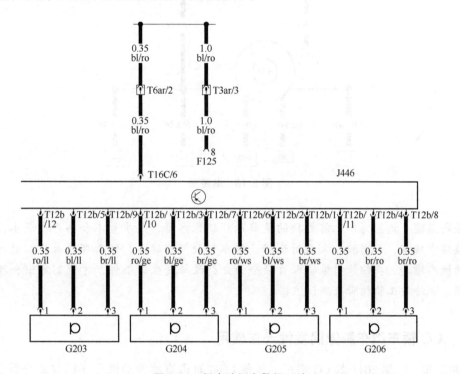

图 5-15 超声波倒车警报系统

J446—倒车警报控制单元　G203—左后倒车警报传感器　G204—左后中部倒车警报传感器
G205—右后中部倒车警报传感器　G206—右后倒车警报传感器　F125—多功能开关

与驾驶人一同试车，故障现象和驾驶人反映的一致，检查倒车警报传感器表面无破损、无异物。该系统失效的可能原因：传感器故障、倒车开关故障、控制单元故障、线路故障。

用 VAS5052 检测地址码 76 倒车警报控制单元 J446，无故障码。试车中发现倒车灯不亮，倒车灯信号由自动变速器的多功能开关 F125 提供，若 J446 接收不到倒车信号，则倒车警报功能失效。

阅读电路图（图 5-16），熔丝 S231 提供多功能开关 F125 正电，若 S231 熔断，F125 不会发出倒车信号。检查发现熔丝 S231 已经熔断，测量线路未发现对地短路故障。更换 S231，倒车警报系统工作正常，试车 30min 后 S231 再次熔断，测量 S231 熔丝下端发现对地短路。

电路图图 5-16 中有集线点 A38，将电源电压送给几条支路，也就是说这几条支路都可能存在对地短路的问题。采取排除法，逐个断开这几条支路的用电器插头，逐次测量 S231 熔丝下端仍是对地短路，说明对地短路点位于电线上。

故障排除 继续检查线束，看到发动机舱的电脑盒插头进水，进的水是冷却液。经检查是膨胀水箱漏水，水滴到发动机线束，水顺着线束进入电脑盒插头。更换膨胀水箱、清洁电脑盒处的插头。试车，倒车警报系统恢复正常。

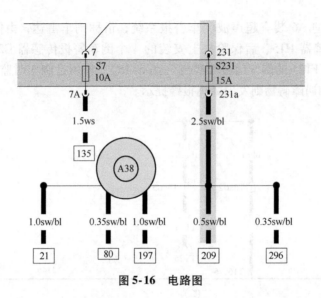

图 5-16 电路图

技巧点拨 询问得知此前更换的是非原厂膨胀水箱，因质量不合格存在漏水，使得冷却液经常缺少，而驾驶人未及时送修。该车行驶里程较多，随着部件磨损、老化发生故障的概率增加，在维修中维修人员应全面分析故障发生的条件，才能制定出合理的检测流程，也给竣工验收带来测试依据。

二、CC 轿车倒车影像偶发性无法使用

故障现象 一辆 2011 款 CC 轿车，装备 CGM 缸内直喷发动机及 6 档双离合器变速器。驾驶人反映该车倒车影像偶发性无法使用。

故障诊断 维修人员首先进行路试，挂入倒档后，停车辅助系统无图像，倒车影像时有时无，操作停车辅助系统开关失效。此时，变速杆旁的停车辅助系统开关指示灯闪烁。然后，连接故障诊断仪进行诊断，检查停车辅助控制单元系统中有故障码"01629——左前停车辅助设备传感器 G255 断路/对地短路"（图 5-17）。

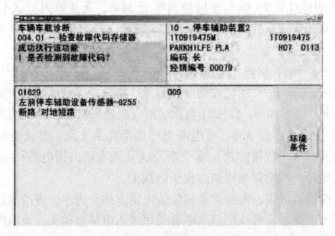

图 5-17 故障码 01629

维修人员读取停车辅助系统测量值，同时模拟障碍物贴近保险杠上的停车辅助设备传感器距离不断变化，4 个传感器各自的间距测量值均为 255cm（图 5-18），由此说明停车辅助系统存在故障。

根据故障码内容，更换左前停车辅助传感器，故障依旧。检查停车辅助控制单元，未发现端子损坏或进水的迹象。检查线路正常。最终判断是停车辅助系统控制单元故障。

故障排除 更换停车辅助系统控制单元，故障排除。

图 5-18 4 个传感器各自的间距测量值均为 255cm

技巧点拨 停车辅助系统通过传感器测量与前后障碍物之间的距离，停车辅助控制单元 J791 对测量的距离加以识别计算，再通过驱动系统 CAN 总线将计算的信息传递给数据总线诊断接口控制单元 J533（网关）。J533 在降低传输速率后，将 J791 的信息通过信息娱乐系统 CAN 总线传递给收音机/导航系统，导航系统根据数据调出已经存储在导航系统内的静态停车辅助图像。如果停车辅助控制单元 J791 已损坏，则对距离传感器测得的距离识别为 255cm，不在规定值范围内，无法通过 CAN 传输调出已存储在导航系统中的静态图片，因而导致停车辅助系统无法显示。另外，出现故障码"01629——左前停车辅助设备传感器断路/对地短路"，并非一定是停车辅助传感器损坏，停车辅助控制单元出现故障，系统也会出现此类故障码。

三、CC 轿车加装自动泊车系统后，中控显示屏幕上只有模拟影像

故障现象 一辆 2010 款 CC 轿车，装备 CGM 缸内直喷发动机及 7 档双离合器变速器。驾驶人反映该车在 4S 店加装自动泊车系统后，中控显示屏幕上无三线图像显示，只有模拟影像（图 5-19）。

故障诊断 维修人员用故障诊断仪检测后视摄像机，读取到故障码："01043——控制单元软件版本错误，静态"，无法消除（图 5-20）。根据生产厂家技术指导文件，此类故障是因改装造成编码错误导致的，必须重新对控制单元进行编码。

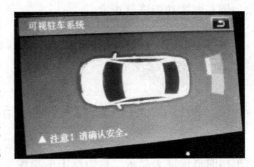

图 5-19 中控显示屏幕上只有模拟影像

维修人员用 Volkswagen 盘进行故障引导，诊断界面提示："为消除故障码需重新对网关进行编码"（图 5-21），由此说明网关编码错误。于是对网关重新编码，具体编码过程如下。

① 选择车型"CC"。

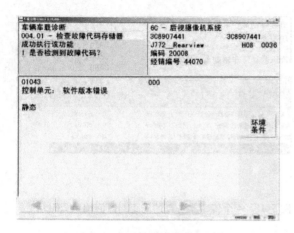

图 5-20 存储的故障信息

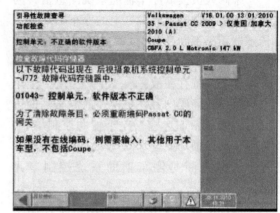

图 5-21 诊断界面提示

② 选择"对数据总线诊断接口进行编码"。
③ 在"是否仍要进行编码"选项下,选择"是"。
④ 根据界面提示,打开点火开关。
⑤ 界面提示"根据装配列表识别到下列系统已编码"并显示已编码的系统列表,此时选择"完成"(57X)。
⑥ 在界面 3 个菜单选项中,选择"2-手动进行编码",比步骤千万不可选错。
⑦ 选择"VW(大众)"。
⑧ 此处一定要选择"其他"。
⑨ 选择"左座驾驶型 LHD"。
⑩ 选择"≥4 车门"。
⑪ 在"是否要显示已编码的系统"界面选择"是"。
⑫ 界面显示"ok 对数据总线诊断接口进行编码",说明编码成功。

故障排除 重新编码完成后,连接诊断仪检查"6C-后视摄像机系统",故障码自动消除,倒车影像功能恢复正常。

> **技巧点拨** 重新编码的过程是车载控制单元和相关部件重新认识的过程,只有这样才能使系统重新正常工作。

四、2011 款大众 CC 挂入倒档显示屏无影像显示

故障现象 一辆 2011 款大众 CC,配置 2.0TSI 发动机,行驶里程:56631km。有时挂入倒车档时显示屏无显示,后徽标上的摄像头不能正常翻转打开,显示屏无影像显示。

故障诊断 首先用 VAS6150B 诊断仪检测,倒车摄像系统控制单元中无故障码存储,其他各控制单元均无任何故障记忆存储。

首先思考此款车型倒车摄像系统的结构和工作原理。倒车摄像系统主要由收音机及导航系统带显示单元的控制单元 J503、倒车摄像系统控制单元 J772、后部徽标内倒车摄像头 R189 等部件组成(图 5-22)。

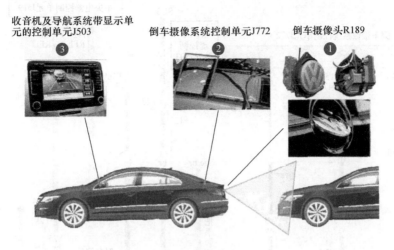

图 5-22 倒车摄像系统结构

倒车摄像系统的工作原理是变速器挂入倒档后,中央电器控制单元 J519 接收到 CAN 总线传递来的倒车信号,控制倒车灯点亮,同时激活徽标里面的电动机 V432 转动,旋出摄像头 R189 来采集后部图像。然后,将视频信号传递给倒车摄像系统控制单元 J772,并进行适当的变形处理,倒车摄像系统控制单元 J772 同时还接收转向盘转向角度传感器 G85 的转向转角信号,转变成动态引导线信息,传递给收音机及导航系统带显示单元的控制单元 J503,将图像显示在屏幕上(图 5-23)。

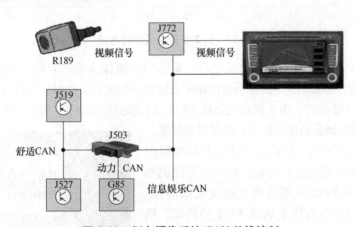

图 5-23 倒车摄像系统 CAN 总线控制

由于后部徽标内的摄像头在挂入倒档后无法自动旋出,根据以上原理分析可将故障范围锁定在徽标电动机 V432 故障或者是相关线路故障。根据电路图(图 5-24)用万用表测量后部徽标的电动机供电和搭铁线路。先断开徽标电动机 V432 供电的 T4aw 插接器,用万用表测量 T4aw/4 脚与搭铁之间的电压为 12.6V(即电源电压);测量 T4aw/2 脚与蓄电池正极供电之间的电压为 12.6V,测量 T4aw/2 脚与搭铁之间的电阻值为 0.4Ω;测量倒车激活信号线,测量 T4aw/3 脚与倒车灯的 T4uy/3 脚之间的电阻值为 0.3Ω,倒车灯能够正常点亮,说明信号线路正常。

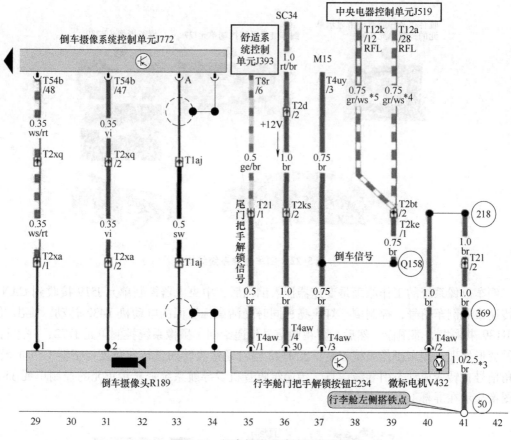

图 5-24 倒车摄像系统控制电路

检查的过程中，在关闭了行李舱盖之后，徽标内的摄像头突然自动旋出，视频显示也正常，再次打开关闭行李舱试验，摄像头停留在旋出位置不能缩回。此时，维修人员将故障范围锁定在徽标电动机 V432 故障，由于徽标电动机 V432 与后部摄像头 R189 集成一体，为了准确确定故障点，试换了后部徽标摄像头总成，故障没有排除。

此时故障陷入了僵局，维修人员再次根据电路图对该车型的倒车摄像系统进行分析，故障的范围仍然锁定在徽标电动机 V432 故障或者是相关线路故障。维修人员决定重新检查徽标电动机 V432 的供电、搭铁线路，用万用表测量 T2ks/2 脚供电为 12.6V（正常的供电电压为电源电压 12.6），断开后部徽标的 T4aw 插接器，观察发现此时 T2ks/2 脚处的供电电压为 12.6V。T2ks/2 脚处与搭铁之间加载一个 21W 的灯泡检查试验，发现灯泡不能点亮（正常情况下灯泡应点亮）。在熔丝 SC34 处加载灯泡试验能够点亮。说明从 SC34 到 T2ks/2 脚处的供电线路存在接触不良故障。经检查发现，在行李舱右侧给 T4aw/4 脚供电的导线内多根铜丝已经断开，只有 1 根铜丝相连（图5-25），

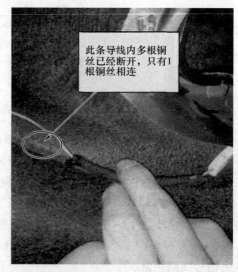

图 5-25 供电线路断电处

修复后故障排除。

故障排除 修复徽标电动机 V432 的供电线路。

> **技巧点拨** 此车故障是由于后部徽标供电线内部多根铜丝已经断开,只有 1 根铜丝相连,造成的供电不良,导致徽标电动机工作不正常,摄像头不能旋出探测后面的车辆信息,引起倒车摄像系统显示失效故障。在检查的过程中,维修人员没有使用加载测量方法检查用电设备的供电及搭铁,也没有使用专用工具(如测量辅助导线 VAG1594C 等,在原车用电设备工作的情况下)检查,从而在故障排除的过程中走了很多弯路。

五、迈腾车倒车影像显示屏不显示车辆后部影像

故障现象 一辆 2012 款大众迈腾车,倒车影像显示屏只显示 OPS(Optical Parking System,可视驻车系统)功能,挂入倒档,倒车影像显示屏不显示车辆后部影像,倒车影像摄像机处于关闭状态。

故障诊断 连接故障检测仪(VAS 5052A),进入网关,发现"6C-后视摄像机系统"无法通信;进入导航系统,发现存储有故障码"02873——后视摄像机系统控制单元(J772)无信号/通信"。根据以上故障信息,初步判断该车的可能故障原因有 J772 数据总线故障、J772 故障、J772 供电或搭铁线路故障。

检查 J772 的供电和搭铁,均正常,但在检查的过程中发现 J772 上有大量的水珠,且 J772 内部已经生锈(图 5-26),判断 J772 已经损坏。那么,J772 上的水是从何而来的呢?首先怀疑行李舱盖的铰链密封圈漏水。为确认故障点,用胶带纸对行李舱盖铰链密封圈处进行密封,然后反复进行浇水实验(图 5-27),发现有水从行李舱内后尾板内侧钣金缝隙处流出(图 5-28),从浇水位置基本可以断定水并不是从行李舱盖铰链密封圈处进入的,而是从后风窗玻璃右下角的粘接处进入的。拆卸后风窗玻璃,基本可以确认漏水是由于后风窗玻璃右下角车身钣金焊缝处有瑕疵(图 5-29)造成的。至此故障已经查明,是由于后风窗玻璃右下角车身焊缝有瑕疵致使行李舱进水,造成 J772 损坏导致的。

故障排除 处理车身钣金焊缝处的瑕疵,涂抹德国力魔密封胶 LIQUIFAST1502,2h 后重新安装后风窗玻璃,经反复大量浇水试验确认无漏水点后,更换 J772 后试车,故障排除。

图 5-26　J772 内部生锈

图 5-27　密封行李舱盖铰链后浇水试验

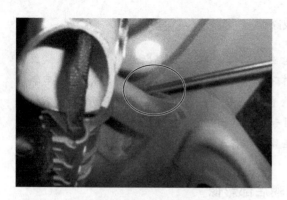

图 5-28　行李舱内后尾板内侧钣金缝隙处进水

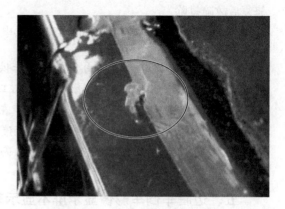

图 5-29　车身钣金焊缝处有瑕疵

技巧点拨　因漏水导致控制单元出现故障的情况很多，在日常维护要尽量避免车内线束、插接器、电控单元等部件进水，以免造成不必要的损失。

六、迈腾倒车影像系统和可视驻车辅助系统工作时图像无法显示

故障现象　一辆上汽大众迈腾 1.8T 轿车，行驶里程 9.3 万 km，驾驶人反映在驾驶车辆时发现车辆倒车影像系统及可视驻车辅助系统（OPS）工作时偶尔会出现图像无法显示的问题。

故障诊断　维修人员驾驶车辆对故障进行重现并确认，通过几次试车发现故障，并确认故障是车辆倒车影像系统及可视驻车辅助系统（OPS）工作时偶尔会发生图像无法显示。技师使用大众专用诊断仪 VAS5052 检测控制单元，诊断仪器显示故障码：B10FD11——驻车辅助设备存在故障（图 5-30）。

1 检测到故障

SAE代码:	B10FD11
症状编号:	[$10FD11]
症状编号:	[1113361]
文本:	驻车辅助按钮
文本:	对地短路

图 5-30　故障码 B10FD11

倒车影像系统和可视驻车辅助系统（OPS）是 2 个不同的控制系统，但是两者共用一个显示终端。倒车影像系统发生故障不会影响可视驻车辅助系统（OPS）的正常工作，而可视驻车辅助系统（OPS）发生故障则会影响倒车影像的正常工作。根据车辆的故障现象进行分析，初步推断该车的故障可能是可视驻车辅助系统（OPS）或者是显示终端存在故障，再结合故障码进行判断，基本确认此车的故障在于可视驻车辅助系统（OPS）。

找到故障所在的部件（图 5-31），根据维修手册分析故障的电路（图 5-32）。从实物和电路图上发现 2 个按钮开关：E266 驻车辅助按钮和 E581 驻车辅助系统按钮。

第五章 倒车雷达与倒车影像系统维修技能与技巧点拨

图 5-31 故障所在实物图

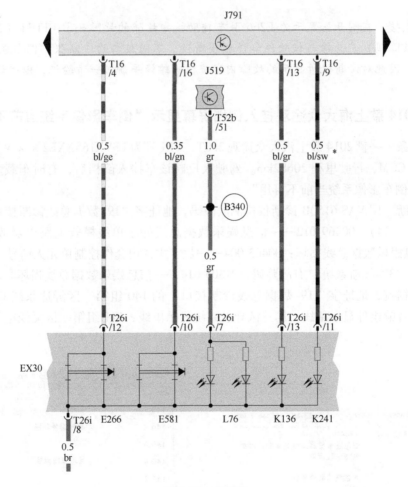

图 5-32 电路图

EX30—中控台开关模块 2　E266—驻车辅助按钮　E581—驻车辅助系统按钮
J519—车载电网控制单元　J791—驻车辅助系统控制单元　K136—驻车辅助指示灯
K241—驻车转向辅助系统指示灯　L76—按钮照明灯泡

使用汽车专用万用表对 E266 驻车辅助按钮的电路进行检查，确认 E266 驻车辅助按钮电路无短路和断路故障，工作正常。为了防止 E266 驻车辅助按钮经常使用而导致按钮触点

139

无法彻底断开的现象。对此，更换 E266 驻车辅助按钮后再次进行试验，经检测发现不同的故障码 B107F11（图 5-33）。

通过试验发现故障码提示的元件与电路图上所指示的元件并不相同。对电路上的另一个 E581 驻车辅助系统按钮进行试验，发现按钮开关按压后有时无法复位，同时故障现象重现，经检测发现偶有短路故障。

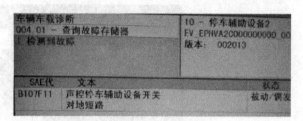

图 5-33　故障码 B107F11

故障排除　更换 E581 驻车辅助系统按钮后，故障消除。

技巧点拨　在刚开始显示为 E266 驻车辅助按钮故障的故障码 B10FD11（图 5-30 中所显示的故障码）应为诊断仪软件翻译错误所致。不同版本的诊断仪，偶尔也会出现错误的翻译，因此对诊断仪所显示的故障内容应根据维修手册进一步验证，以确认故障。

七、2014 款上海大众途观挂入倒档屏幕显示"倒车影像系统当前不可用"

故障现象　一辆 2014 款上汽大众途观 2.0T，VIN 号为 LSVX165NXE2×××××，发动机型号为 CGM，行驶里程 20682km。驾驶人反映该车挂入倒档后，有时车载多媒体系统屏幕显示"倒车影像系统当前不可用"。

故障诊断　用 VAS 6150B 诊断仪检测故障码，地址字"19-数据总线诊断接口"有以下故障码（图 5-34）：00469 012——信息娱乐数据总线处于单线模式电路电器故障；01305 014——信息娱乐数据总线损坏；00463 004——数字式音响套件控制单元无信号/通信。

地址字"37-导航系统"有故障码：01305 014——信息娱乐数据总线损坏。

读取数据流，地址字"19-数据总线诊断接口"的 140 组第一区舒适系统 CAN 显示单线；第二区音响组件显示单线；第三区导航系统显示单线；141 组第三区无线电显示单线模式（图 5-35）。

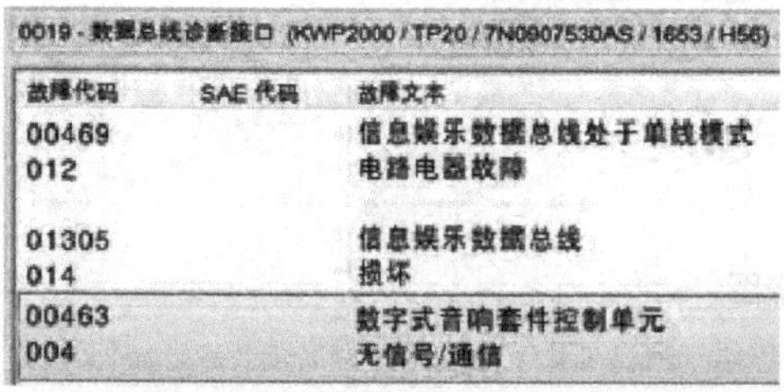

图 5-34　故障车上的故障码

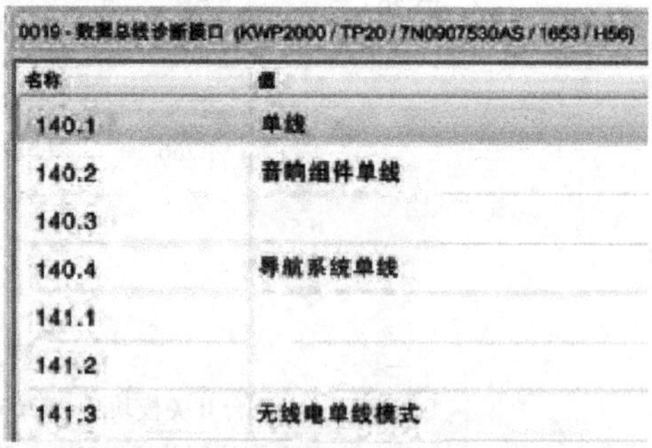

图 5-35　故障车上读取的数据流

查询维修手册电路图，确定信息娱乐 CAN 总线控制单元数量和位置。信息娱乐数据总线上有收音机及导航系统控制单元、倒车影像控制单元和数字式音响套件控制单元。

根据故障码、数据流以及电路图分析，此车故障出现在信息娱乐 CAN 线传输上，故障原因是 CAN 线短路、断路或控制单元本身损坏。分别断开收音机及导航系统控制单元、倒车影像控制单元和数字式音响套件控制单元，读取"19 数据总线诊断接口"的数据流 140 组和 141 组数据，均无任何改变，依旧显示单线。断开 CAN 控制单元后，再次读取数据流，此时显示双线，并且将各系统存储的故障码都被清除掉，测试倒车影像可以正常工作。

试车半小时后，故障再现，收音机屏幕又显示"倒车影像系统当前不可用"的故障提示。用 VAS 6150 B 诊断仪检测到"19 数据总线诊断接口"存储有"00469 012——信息娱乐数据总线处于单线模式"电路电气故障码，140 组又是显示单线，故障依旧。

经过以上检查测试，信息娱乐 CAN 总线上的控制单元问题基本可以排除，故障原因很可能是 CAN 总线某个位置的线路出现问题。用示波器测试信息娱乐数据 CAN 线的波形图（图 5-36），发现 CAN-H 线波形正常，CAN-L 线波形有故障（对地短路）。

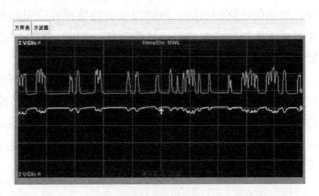

图 5-36　故障车信息娱乐数据 CAN 线波形图

按照线路走向仔细检查信息娱乐数据 CAN BUS 线路，发现暖风水箱的水管卡子与数字式音响套件控制单元线束有干涉，将其拿开后发现线皮已经磨破（图 5-37）。

故障排除　将线皮包扎处理好，调整线束位置并固定，再次测试发现波形恢复正常（图 5-38）。清除所有故障码后，再次试车，故障被彻底排除。

图 5-37　数字式音响套件控制单元破损的线束

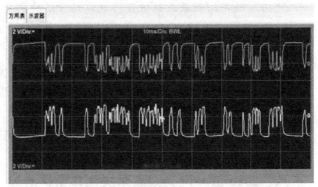

图 5-38　故障排除后信息娱乐数据 CAN 线波形图

维修总结　本案例因信息娱乐 CAN-L 线对地短路，导致信息娱乐 CAN 单线运行，出现"信息娱乐数据总线处于单线模式电路电器故障"的故障码，虽然没有影响信息娱乐系统主要电气部件的基本工作，但对 CAN 线信号传输有一定影响，因此会陆续出现"数据总线损坏"、"数字式音响套件控制单元无信号/通信"等故障码，同时屏幕显示"倒车影像系统当前不可用"。

信息娱乐总线的故障与舒适总线基本相同，它们都可以在单线模式下工作，因此检查方法也很类似。

引起汽车数据总线系统故障的原因主要有以下三种：

1）汽车供电系统引起的故障。汽车数据总线系统控制单元的正常工作电压是10.5～15.0V。如果汽车电源系统提供的工作电压低于该值，就会造成一些对工作电压要求高的控制单元出现短暂的停止工作，从而使整个汽车数据总线系统出现短暂的无法通信。如果供电或接地断路，系统将不能正常工作。

2）汽车数据总线系统的线路问题引起的故障。当汽车数据总线系统的线路出现故障时，如通信线路的短路、断路以及线路物理性质引起的通信信号衰减或失真，可能会引起控制单元无法工作或电控系统错误动作。判断此类线路故障时，一般采用示波器来观察通信数据信号是否与标准通信数据信号相符。

3）汽车数据总线系统中控制单元本身损坏引起的故障。数据总线中控制单元自身故障包括软件故障和硬件故障。软件故障即软件程序或传输协议有缺陷或冲突，从而使汽车数据总线系统通信出现混乱或无法工作，这种故障一般成批出现，通过软件升级一般都能解决。硬件故障一般是由于控制单元内部通信芯片或集成电路的问题，造成汽车总线系统无法正常工作，这种问题一般通过更换控制单元解决。

技巧点拨　对看似复杂的电气类故障解决时一定要保持"原点回归"的心态。

"原"是指电气的工作原理，首先对故障车辆电气组件及布局进行详细了解，从控制原理及工作环境因素等综合分析，初步判断故障发生的原因及部位；然后再选择合适的诊断工具、仪器对其进行验证，确认故障点。

"点"是指故障点，可以是线路中的接触点、断点、接地点，也可以是某个电气部件的功能点，还可以是在特定因素下的特定现象点。"原点"即引起故障发生的根本点。

"回"既指回到原来的位置，也包括诊断的次数。根据既定故障判断步骤逐步进行排查，一回解决不了那就两回，逐步接近故障真相。对于复杂的故障常常需要反复改进、优化自己的诊断思路及诊断措施。

"归"既是对故障排除后的收尾工作，也包括重新审视自己在工作中的过程是否合理，方法是否得当，改善是否恰当地进行了归类总结。"回归"则包括对整个诊断维修过程和结果的归类和总结。

"回归原点"是迅速提升汽修人员技术能力的好方法。

八、2010款一汽大众高尔夫倒车雷达故障

故障现象　一辆2010款一汽大众高尔夫，配置1.4T发动机，VIN：LFV2B21K8A3××××××，行驶里程：65971km。驾驶人发现车辆在挂倒档时，导航界面上没有倒车影像，同时倒车雷达也并没有"滴滴"的报警提示音。

故障诊断　维修人员接车后验证故障现象，确认跟驾驶人描述一致，即导航显示屏中无倒车信号输入（图5-39），无蜂鸣器报警，其他正常。

连接故障诊断仪X431进行系统检测，进入网关列表，显示故障码：03075——平行驻

车辅助系统控制单元 J791 无信号/通信 静态；01543——驻车辅助报警蜂鸣器断路/对地短路，如图 5-40 所示。

图 5-39 无倒车影像

图 5-40 故障码

根据故障码显示内容，维修维修人员查询到该车驻车辅助控制单元相关电路图，如图 5-41 所示。

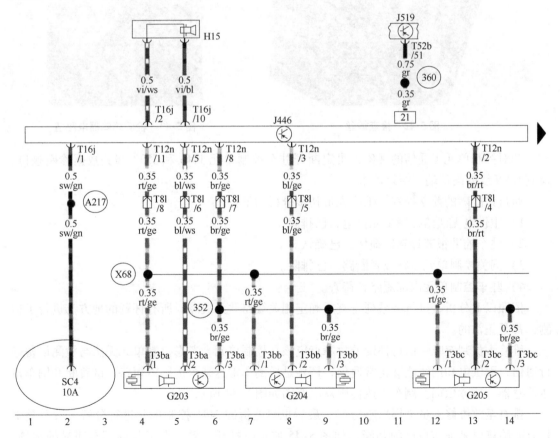

图 5-41 驻车辅助控制单元电路图

G203—左后驻车辅助传感器　G204—左后中部驻车辅助传感器　G205—右后中部驻车辅助传感器　H15—后部驻车辅助报警蜂鸣器　J446—驻车辅助控制单元，在仪表后面左侧　J519—车载电网控制单元　SC4—熔丝架 C 上的熔丝 4

考虑到驻车控制单元 J446 主供电受控于点火开关，从已测故障内容分析，决定先检测驻车辅助控制单元供电线路及接地线。查 SC4 10A 熔丝正常，搭铁可靠线路正常，如图 5-42 所示。

然后拆下驻车辅助报警蜂鸣器，查看其电阻值是否正常。结果，电阻值为无穷大，正常电阻值应为 50Ω 左右，这表示蜂鸣器内部线圈已断路，该部件已损坏，如图 5-43 所示。

图 5-42 检查熔丝

图 5-43 检测蜂鸣器电阻值

针对控制单元无通信的现象，决定断开驻车控制单元 J446 和 J533 网关数据诊断接口，检测 CAN 线的高低端，结果正常。

通过该故障的前期检查，维修人员初步分析如下：
1）主供电无法给控制单元供电，已排除。
2）驻车辅助报警蜂鸣器损坏，已确认。
3）网关控制单元短路或者断路，已排除。
4）驻车控制单元内部短路，待查。

依照以上分析，进行一系列排查后确定相关线路并无故障，所有怀疑的地方都进行了检测，都是正常的。

维修人员判定唯一值得怀疑的故障点应该是控制单元。考虑控制单元无法与检测设备进行通信，而供电和网线能够正常通信，怀疑是后倒车雷达某个传感器短路，试着断开倒车雷达传感器，故障依旧。倒车雷达传感器电路图如图 5-44 所示。

排查至此维修人员觉得思路穷尽，最后也只能拆卸 J446 控制单元进行分解，看看是不是有故障迹象来证实自己的判断，如图 5-45 所示。打开一看，发现其内部有明显的水迹，并且已经腐蚀到内部的电子元件，如图 5-46 所示。

故障排除 看来造成故障的原因就是控制单元内部进水，导致其腐蚀损坏。随后更换新的控制单元 J446 及新的驻车辅助报警蜂鸣器，故障彻底排除。

第五章 倒车雷达与倒车影像系统维修技能与技巧点拨

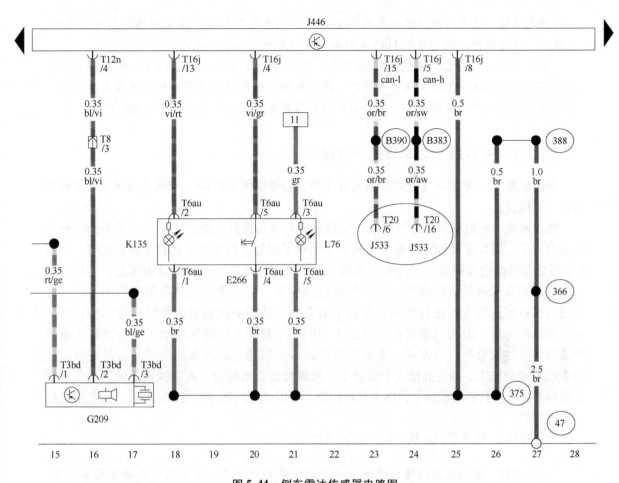

图 5-44 倒车雷达传感器电路图

E266—驻车辅助按钮　J446—驻车辅助控制单元，在仪表板后面左侧
J533—数据总线诊断接口　L76—按钮照明灯泡

图 5-45 拆卸控制单元

图 5-46 内部电子元件腐蚀

145

技巧点拨 本案例的故障现象是倒车雷达系统无报警提示,挂入倒档倒车雷达系统无反应,最终查明是控制单元 J446 及驻车辅助报警蜂鸣器损坏导致。

其实故障排查并没有太高的技术难度,只要按步查勘即能查出问题。但在排查时,除了需要结合相关车型的电路图资料外,还要提醒维修人员注意有些故障点容易被忽视,如倒车雷达控制单元电源缺失、倒车雷达传感器插件虚接、蜂鸣器损坏或插件虚接等。

九、高尔夫 GTI 后驻车雷达一直报警

故障现象 一辆 2014 年产高尔夫 GTI 车型,行驶里程 2 万 km。驾驶人反映该车后驻车雷达一直报警。

故障诊断 车辆到店后进行检查,发现故障现象与驾驶人描述一致。该车型的后驻车雷达有 4 个,所以需要确定是哪一个或多个出现了问题。因为该车进行了改色贴膜,所以 4 个雷达均被改色膜覆盖,无法直接观察。由于该车为白色,而改色膜为深色,所以驾驶人并不愿意在未确定故障原因之前,将改色膜撕下。于是维修人员用最原始的办法,通过逐一插拔雷达的方式进行检查,在拔下最右侧雷达的插接器后,报警声音消失,插上后声音随即出现,因此问题出在此雷达上。但由于驾驶人的特殊要求,所以维修人员只能通过将雷达线束换位的方式,来确定是雷达本身问题还是线束的问题。将最右侧雷达线束的插接器拔下,插在其他 3 个雷达上,发现均会发出报警。而将线束上的其他 3 个雷达插接器插在最右侧的雷达上,均未发出报警。所以确定问题并不是雷达所致,而是雷达线束出现问题。

故障排除 更换了雷达线束后,故障消失。

技巧点拨 替换法在维修工作也是一个比较重要的方法,在不能完全确定相应部件出现问题的情况下,替换法不失为一种快捷准确的故障排除方法。

第三节 福 特 车 系

一、福特 Mustang 车倒车影像显示屏显示不正常

故障现象 一辆美国生产的 2016 款福特 Mustang 车,配备 2.3L 双独立可变气门正时发动机和 6 速手自一体变速器,行驶里程 7 万 km。该车倒车影像显示屏出现闪烁、产生白色条纹、花屏和黑屏的故障现象。

故障诊断 接车后试车验证故障现象,起动发动机后将档位开关置于 R 档,倒车影像显示屏花屏(图 5-47),推断导致该故障的可能原因有后部摄像头故障、辅助通信接口模块(APIM)故障、后部摄像头到 APIM 模块之间的相关线路(包括视频屏蔽线)故障等。

利用故障检测仪进行故障查询,读取的故障码:C1001——后部摄像头一般电气故障。首先检查并清洁后部摄像头,确认没有任何碎屑;根据相关电路(图 5-48)测量 APIM 导

第五章 倒车雷达与倒车影像系统维修技能与技巧点拨

图 5-47 故障车倒车影像显示屏花屏

线连接器 C2383A 端子 14 和端子 15 之间的电阻，为 87.2Ω（标准为 74~106Ω），正常；测量后部摄像头导线连接器 C4357 端子 1 与搭铁间的电压，为 12V（标准应大于 11V），正常；测量后部摄像头导线连接器 C4357 端子 1 与端子 5 间的电压，也正常，说明端子 5 搭铁正常；测量后部摄像头导线连接器 C4357 端子 3 与 APIM 导线连接器 C2383A 端子 15 间的电阻，为 0.5Ω（标准电阻应小于 3Ω），正常；测量后部摄像头导线连接器 C4357 端子 4 与 APIM 导线连接器 C2383A 端子 14 间的电阻，为 ∞（标准电阻应小于 3Ω），说明该段线路有断路现象。

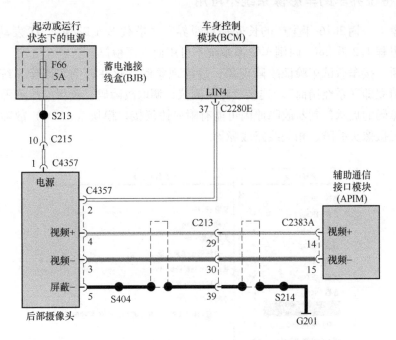

图 5-48 福特 Mustang 车倒车影像系统电路

断开导线连接器 C213 进行分段测量，后部摄像头导线连接器 C4357 端子 4 与导线连接器 C213 端子 29 之间的电阻为 0.3Ω，正常；导线连接器 C213 端子 29 与 APIM 导线连接器

C2383A 端子 14 之间的电阻为∞，异常。检查相关线束，当剥开屏蔽用锡纸时发现白绿色导线已经折断（图 5-49），而棕紫色导线和搭铁线也快折断了。

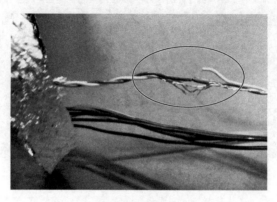

图 5-49　故障线束

故障排除　将破损的导线修复后试车，故障彻底排除。

> **技巧点拨**　倒车影像花屏故障的故障原因一方面可能是导线接触不良造成，再就是屏蔽出现故障如屏蔽线不搭铁或搭铁不良等，要注意故障的判断与区分。

二、福特锐界车倒车影像系统不可用

故障现象　一辆 2016 年生产的长安福特锐界车，搭载 Eco Boost 2.0T 发动机和自动变速器，行驶里程 1.2 万 km，因倒车影像系统不可用而进厂检修。

故障诊断　接车后试车验证故障现象，故障现象确实存在，倒车影像系统提示"后摄像头故障，请立即联系经销商"。连接故障检测仪，调取故障码，读得的故障码如图 5-50 所示。根据故障码的提示，判断故障原因可能有附属协议接口模块（APIM）故障、DC/DC 模块故障、后视摄像头故障、相关线路故障等。

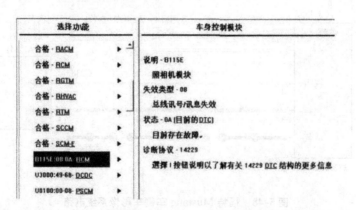

图 5-50　故障检测仪读取到的故障码

本着由简到繁的诊断原则对上述可疑故障点进行排查。查阅相关电路图（图 5-51），对后视摄像头的供电进行测量，发现导线连接器 C4357 的端子 1 的电压为 0V，不正常，显然问题出在后视摄像头的供电部分。

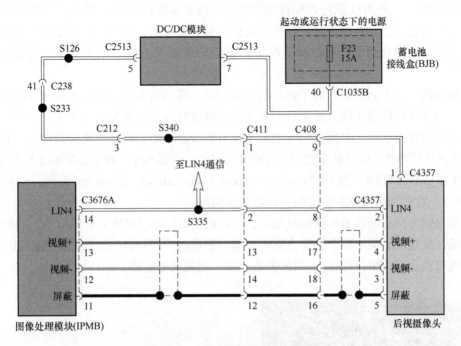

图 5-51　后视摄像头相关电路图

于是根据电路图和维修手册的提示，决定先找到后视摄像头供电线路上游的 DC/DC 模块。DC/DC 模块的导线连接器代号为 C2513，查阅维修手册，提示导线连接器 C2513 位于仪表板左侧。然而，对着实车检查，发现 DC/DC 模块并不在维修手册所标注的位置（仪表板左侧）。于是只得顺着线路仔细查找，最终在前排乘员侧的杂物箱下方找到了该车的 DC/DC 模块。

断开 DC/DC 模块的导线连接器 C2513，检查其端子 5 与后视摄像头（即导线连接器 C4357 的端子 1）之间线路的情况，线路导通良好，也未发现存在对电源或搭铁短路等情况。将导线连接器装复，测量 DC/DC 模块导线连接器 C2513 的端子 5 的电压，也为 0V，这说明 DC/DC 模块没有电压输出。测量 DC/DC 模块导线连接器 C2513 端子 7 的供电，为 12V，供电正常。接着检查 DC/DC 模块的搭铁，也正常。既然 DC/DC 模块的供电和搭铁均正常，那么导致 DC/DC 模块无法输出电压的原因只能是模块本身有问题。于是找来试乘试驾车，与车辆进行替换验证，更换 DC/DC 模块后，故障排除。

故障排除　更换 DC/DC 模块后试车，故障排除。

技巧点拨　由于 DC/DC 模块本身存在故障，无法给后视摄像头供电，导致后视摄像头无法正常工作。当变速器档位换入 R 档时，R 档信号由 PCM 模块通过高速 CAN（HS1-CAN）传递给附属协议接口模块（APIM）和网关模块（GWM）。APIM 通过 LIN 信号激活图像处理模块（IPMB）和后视摄像头。当后视摄像头因故无法工作时，IPMB 将故障信息反馈给 APIM，再通过高速 CAN（HS3-CAN）给多功能显示屏提供信息。

三、福特锐界车倒车影像时有时无

故障现象　一辆2011款进口福特锐界轿车，行驶里程6000km，搭载了3.5L V6 双独立可变气门正时发动机和6速手自一体变速器的。驾驶人反映，该车已多次出现倒车时倒车影像时有时无的故障现象，但有时反复踩抬驻车制动踏板（左侧A柱附近），倒车影像即可恢复。

故障诊断　接车后仔细查阅了该车的维修记录，得知该车已是第3次因为此故障而进厂维修了。由于该故障属于偶发故障，前2次进厂维修时倒车影像系统均正常，维修人员多次试车，故障均没有出现。只用福特专用检测仪IDS清除故障码后将车交还驾驶人，让其等故障出现时再进厂维修。随后试车发现，故障确实存在，在倒车时，倒车影像系统不工作，且该车的中央显示器（FDIM）显示"rear viewcamera is unavailable, please contagr your derlership"（图5-52），意思是后摄像头不可用，请联系经销商。

连接福特专用检测仪IDS读取故障码，故障码为C1001-APIM（图5-53），又读取APIM的数据流，发现没有关于倒车影像方面的数据。根据故障码初步判断造成该故障的原因有辅助通信接口模块（APIM）故障、后摄像头故障、相关线路故障。

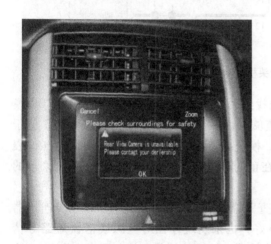

图5-52　FDIM上显示的信息

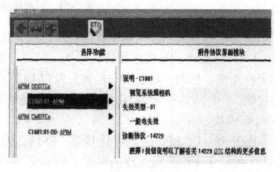

图5-53　IDS显示的故障码

然而，单纯依靠故障码和数据流并不能解决问题，必须查阅电路图和维修手册，并根据故障码及维修手册的提示进行检查。

1）根据电路图（图5-54）用万用表测量连接器C2383的端子14和端子15之间的电阻为87.2Ω，正常（标准值为74~106Ω）。

2）测量连接器C4357的端子1与搭铁间的电压。为12V，正常（应为蓄电池电压）。

3）测量连接器C4357的端子1与端子5之间的电压，也正常，说明端子5搭铁正常。

4）测量连接器C4357的端子4和连接器C2383的端子14之间的电阻，为0.7Ω，正常（标准值应小于5Ω）。

5）测量连接器C4357的端子3和连接器C2383的端子15之间的电阻，为13.5Ω，说明该段线路接触不良（标准值应小于5Ω）。

第五章 倒车雷达与倒车影像系统维修技能与技巧点拨

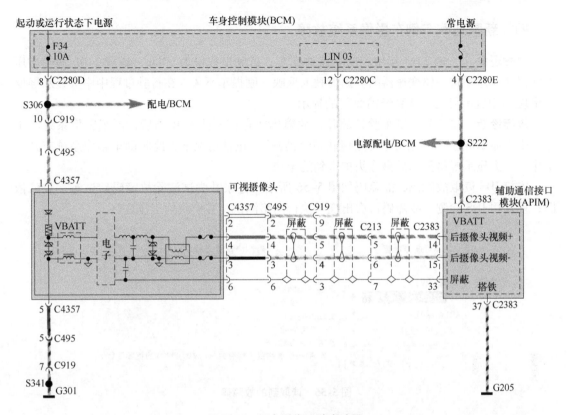

图 5-54 倒车影像系统电路图

查阅相关资料可知该段线路中还存在连接器 C919 和 C213，而连接器 C919 位于车辆后部顶篷。于是找到连接器 C919 并断开。用半分法测量发现，连接器 C919 的端子 4 与连接器 C2383 的端子 15 之间电阻仍有 13.5Ω。接着找到位于左侧仪表台下方的连接器 C213（和驻车制动踏板靠得很近），当断开连接器 C213 准备测量时，发现连接器 C213 的端子 6 已松动（图 5-55），造成接触不良，这也是有时反复踩、踏驻车制动踏板，倒车影像即可恢复的原因。

图 5-55 连接器 C213 端子 6 已松动

故障排除 将连接器 C213 的端子 6 处理后装复，反复试车故障均未再出现，至此故障排除。

技巧点拨 倒车影像系统的工作原理：当点火开关接通且变速器处在 R 档时，倒车影像系统被激活。摄像头在收到指令后通过专用的局域网络（LIN），向车身控制模块（BCM）发送状态信息（包括摄像头状态、显示缩放状态、摄像头零件号数据、视觉驻车辅助提醒状态、固定观测线状态）。摄像头通过一对屏蔽视频线路向辅助通信接口模块（APIM）发送视频信号，APIM 又将视频信号发送给 FDIM，FDIM 则显示视频图像。

四、新蒙迪欧车倒车影像系统故障

故障现象　一辆 2014 年生产的新蒙迪欧车，行驶里程仅为 50km，搭载 2.0L 涡轮增压发动机和 6 速手自一体变速器的。据驾驶人反映：刚提车不久，在行驶过程中中央显示屏反复出现"相机不可用请联系经销商"的提示。

故障诊断　接车后，试车验证故障，故障确实存在。挂入 R 档后，倒车影像系统不工作，中央显示屏显示"相机不可用请联系经销商"。正常情况下，此时倒车影像系统应开始工作，中央显示屏将显示后摄像头拍摄到的影像。

连接 IDS 读取故障码，故障码如图 5-56 所示。记录并尝试清除故障码后试车，故障依旧；重新用 IDS 检测，故障码再次出现。执行网络测试，各模块均工作良好。

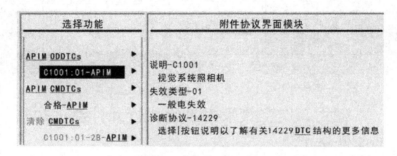

图 5-56　读取到的故障码

查阅维修手册可知，倒车影像系统在点火开关接通且变速器档位位于 R 档时，将被 BCM 激活。BCM 和摄像头通过专用的单独接线的 LIN 网络进行数据通信。BCM 传送给摄像头的信息包括：变速器档位信号；行李舱盖开关状态；摄像头配置数据；显示缩放请求；驻车辅助声音报警状态；驻车辅助传感器与物体的距离数据等。摄像头反馈给 BCM 的信息包括：摄像头的状态；显示缩放状态；摄像头零件号数据；视觉驻车辅助提醒状态和固定导向线状态等。摄像头会通过带有屏蔽线的 2 根视频线向附件通信接口模块（APIM）发送视频信号，APIM 会将接收到的视频信号传递给前端显示模块（FDIM），FDIM 则将视频信号显示在显示屏上（FDIM 与显示屏集成在一起）。

根据上述检查结果分析，认为故障可能原因有：软件故障；BCM 故障；FDIM 故障；APIM 故障；摄像头故障及相关线路故障等。

本着由简到繁的原则对上述可疑故障点进行排查。首先，对 APTM 进行了可编程模块安装，利用 PTS 网站（可在线对福特车载多媒体通信娱乐系统进行编程的网站）给 APIM 的程序重新做了配置后试车，故障依旧。此外，又测试了福特车载多媒体通信娱乐系统（SYNC）的 CD、收音机、语音控制功能、空调控制功能、电话功能及倒车雷达等功能，均能正常使用，由此可以排除相关软件导致故障发生的可能性。

查阅图 5-57 所示相关电路图，摄像头上通过导线连接器 C4360 接有 6 根线，端子 1 接的是电源线，在点火开关接通的情况下，测量其电压为 12.6V，正常；端子 2 和端子 3 接的是摄像头的视频信号传输线，线路导通情况良好，没有短路和断路等情况；端子 4 接的是 LIN 线，用于和 BCM 间进行数据传输，在点火开关接通的情况下，测得 LIN 线的电压为

9.2V，将变速器档位换入 R 档，LIN 线上的电压仍为 9.2V，经过与正常车辆所测得的数据进行比对，确认是正常的；端子 5 接的是视频信号传输线的屏蔽线，线路情况良好；端子 6 接的是搭铁线，测量连接器导线侧端子 6 与搭铁之间的电阻为 0.2Ω，正常。经过仔细检查，确认相关线路连接良好，不存在短路、断路和虚接等情况。经过上述检查可以初步排除线路故障的可能。此外，LIN 线的信号电压也正常，说明 BCM 也是正常的。

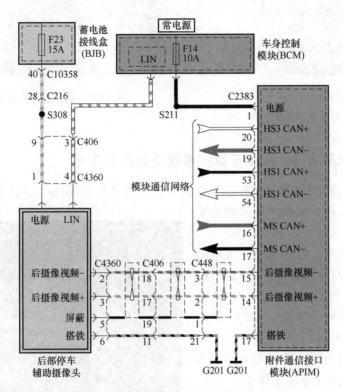

图 5-57　倒车影像系统相关电路图

在显示屏（FDIM）上选择"影像设置"，尝试对摄像头的后视保持功能进行开启和关闭（图 5-58），发现显示屏的操作指令可以被正常执行（若在显示屏上无法切换后视保持功能的开启和关闭，则表示操作指令无法被正常执行）。摄像头的控制指令是通过 FDIM 传输到 APIM 的，APIM 再经过 CAN 网络将控制指令传送到 BCM，BCM 再控制摄像头执行相应的动作。既然控制指令能够执行，就排除了 FDIM 和 APIM 及相关传输线路故障的可能。因为如果有故障，后视保持功能的开启和关闭指令将不能执行。

故障排除　相关可疑故障点只剩下摄像头本身故障没有排查了，因此判断故障原因是摄像头内部损坏导致的。更换摄像头后试车，倒车影像系统能够工作，但没有固定导向线等功能（图 5-59）。查阅相关资料得知，在更换摄像头后，需要对其进行匹配。匹配完成后试车，故障彻底排除。

技巧点拨　因摄像头故障等原因更换摄像头后，需要对摄像头进行匹配（用 IDS 对摄像头做 RVC 设置），否则会导致相关功能失效。

图 5-58 通过显示屏对后视保持功能进行开启和关闭

图 5-59 更换摄像头后相关功能丢失

五、2014 款新蒙迪欧车倒车影像系统不能正常工作

故障现象 一辆 2014 款福特新蒙迪欧轿车，行驶里程 5000km，搭载 2.0T 发动机和自动变速器的。该车倒车影像系统不能正常工作。

故障诊断 接车后试车发现，该车的倒车影像系统为原厂配置，在变速器档位挂入 R 档后，8 寸多功能显示屏上显示"相机不可用请联系经销商"（图 5-60）。经询问驾驶人得知，该故障是最近几天才出现的，且为偶发故障，有时重新挂入 R 档后倒车影像系统又能正常工作了。

连接 IDS 读取故障码，得到 2 个与倒车影像系统有关的故障码（图 5-61）。用 IDS 查看 APIM（附件通信接口模块）和 BCM 的数据流，没有查找到关于倒车影像系统的有效数据。

图 5-60 故障车多功能显示屏上的异常显示

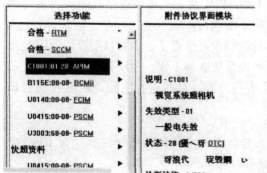

图 5-61 读取到的故障码

查阅维修资料得知，故障码 C1001 是故障码 B115E 的衍生故障码，因此维修人员决定从故障码 B115E 着手对故障进行排除。根据上述检查结果及故障码的提示，决定将故障排查的重点放在摄像头与 BCM 传递信息的 LIN 网络上。

查阅图 5-62 所示相关电路图，之后按照维修手册中的指导，接通点火开关，将变速器置于 R 档，测量导线连接器 C4360 端子 4 的电压，为 9.4V，正常；分别断开导线连接器 C2280D 和 C4360，测量导线连接器 C2280D 的端子 37 与导线连接器 C4360 的端子 4 之间的电阻，为 0.5Ω，也正常。然而，在将导线连接器装复的过程中，维修人员发现导线连接器 04360 的端子 4 的插脚孔径明显比其他相邻端子的插脚孔径偏大。

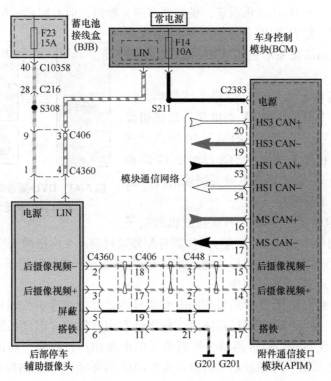

图 5-62 倒车影像系统相关电路

故障排除 试着对其孔径进行调整并反复插拔，确认无误后试车，故障未再出现。于是，将车交给驾驶人。1 个多月后进行电话回访，确认故障未再出现，故障彻底排除。

技巧点拨 查阅相关资料可知，倒车影像系统由 BCM 进行控制，其摄像头与 BCM 通过专用的 LIN 网络进行数据通信。BCM 传送至倒车影像系统的信息包括：变速器档位信号、摄像头配置数据、显示缩放请求、驻车辅助声音报警状态和驻车辅助传感器与物体的距离数据等。摄像头则会将摄像头状态、显示缩放状态、摄像头零件号数据、视觉驻车辅助提醒状态和固定导向线状态等信息发送给 BCM。倒车影像系统在点火开关接通且变速器档位为 R 档时被激活，其摄像头会通过一对视频线路向 APIM 发送视频信号，APIM 会将接收到的视频信号转发给 FDIM（前显示接口模块即显示屏），最后由 FDIM 将接收到的视频信号显示出来。

第四节 其他车系

一、日产风雅倒车影像和 DVD 图像不显示

故障现象 一辆日产风雅轿车，行驶里程约 10 万 km，配备 GPS 导航系统、倒车影像系统及 DVD 娱乐系统。驾驶人反映该车出现倒车影像和 DVD 图像均不显示的故障。

故障诊断 接车后验证故障。接通点火开关，将变速杆拨至 R 档，发现前部显示单元无倒车影像显示；打开 DVD 娱乐系统，扬声器有声音输出，但前部显示单元无图像显示。

查阅维修资料，结合 DVD 播放机、后视摄像头及前部显示单元之间的关系示意图（图 5-63），整理出以下 2 点知识。

（1）倒车影像的显示原理 摄像头控制单元向后视摄像头的端子 1 输出大约 6V 的电压→后视摄像头通过端子 3 向摄像头控制单元的端子 10 输送后视摄像头图像信号→摄像头控制单元通过端子 12 向前部显示单元的端子 22 输送后视摄像头图像信号→前部显示单元显示倒车影像。

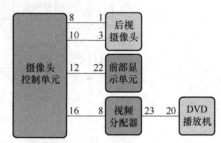

图 5-63 DVD 播放机、后视摄像头及前部显示单元之间的关系

（2）DVD 图像的显示原理 DVD 播放机的端子 20 向视频分配器端子 23 输送图像信号→视频分配器通过端子 8 向摄像头控制单元的端子 16 输送 DVD 图像信号→摄像头控制单元通过端子 12 向前部显示单元的端子 22 输送 DVD 图像信号→前部显示单元显示 DVD 图像。

由于倒车影像系统和 DVD 娱乐系统的图像信号均要经过摄像头控制单元才能在前部显示单元上显示，并且打开 DVD 娱乐系统时，扬声器有声音输出，因此推断该车故障原因为摄像头控制单元工作不良。检查摄像头控制单元的电源和搭铁线路，均正常。接通点火开关，打开 DVD 娱乐系统，用示波器测得摄像头控制单元的端子 12 无图像信号输出；将变速杆拨至 R 档，测得后视摄像头的端子 1 无 6V 电压。通过以上检查可以确定摄像头控制单元损坏。

故障排除 更换摄像头控制单元后试车，倒车影像和 DVD 图像均能正常显示，故障排除。该车的倒车影像和 DVD 图像均要经过摄像头控制单元才能在前部显示单元上显示，一旦摄像头控制单元损坏，就会出现倒车影像和 DVD 图像均不显示的故障。

技巧点拨 在汽车维修过程中，如果遇到 2 个或 2 个以上的系统同时出现故障。由于各系统自身同时出现故障的可能性比较小，因此在排除故障时要注意分析各故障系统之间的联系，如共用电源线、搭铁线、数据传输线及共用电子元件等，把各故障系统之间的相互关系理清了，故障便可迎刃而解。

二、江淮瑞风祥和倒车影像不显示

故障现象 一辆 2007 年 HFC6470AR3-BE3 江淮瑞风祥和，该车装配 G4JS 2.4L 电控汽

油发动机，五速手动变速器，行驶里程113670km。驾驶人反映，倒车时倒车影像不显示。

故障诊断 接车后对该车DVD影像系统进行了检查，将开点火钥匙拧至ON档，DVD的收音及播放功能能够正常工作。将变速杆置于R档，倒车影像系统显示屏无显示（不能正常切换倒车影像画面），但倒车雷达能够正常工作，说明DVD影像系统主机及液晶显示器供电正常，倒车灯控制线路也正常。

通过上述检查，初步分析判断DVD主机系统供电电路是正常的，造成DVD影像系统不能正常工作的可能因素包括：DVD显示器损坏、倒车影视摄像头失效、倒车影视摄像头至主机的通信数据信号线断路等。先对该车DVD所有影像系统的相关连接线路进行检查，然后再确认故障原因或故障点。拆下DVD主机及显示器，查看背面线路连接（图5-64和图5-65）。

图5-64 DVD主机背面及其连接线路 **图5-65 液晶显示器背面及其连接线路**

对DVD主机及显示器背面的相关连接器进行相应的检查，没有发现异常。看来只有再对通信数据信号线电缆及摄像头进行检查，该车倒车影像信号电缆线是通过从车顶左侧通向后尾门尾翼上的摄像头的，考虑到电缆信号线是与室内灯线束是通过扎带固定在车顶室内的，不应存在磨损、断路等现象。于是，不考虑对车顶通信电缆进行检查。决定对尾门上的通信数据信号线及倒车影像摄像头进行检查。用于连接DVD主机及尾门摄像头数据连接线电缆接口的接插件位于尾门的左上角，此数据线连接器里各有4个端子（图5-66）。

为了验证是数据信号线故障还是摄像头故障，必须将摄像头及数据信号线拆下做进一步检查。不过，要想拆卸尾门上的倒车影像摄像头，必须先拆卸后风窗玻璃上的后刮水器臂片，然后再拆卸尾门内侧的三块塑料装饰板，再将尾门上的尾翼总成卸下，才能拆卸固定在尾翼上的倒车影像摄像头及通信数据线。需要注意的是，在拆装尾门内侧左右两块塑料装饰板时要小心，防止弄断后风窗玻璃上的电加热插头。

通过一番拆卸，终将尾翼卸下，拔下尾翼上的倒车影像摄像头数据线连接器，然后抽出从尾门内侧通向尾翼上的数据线，用万用表分别测量数据线每个端子的通断情况。经测量，4个端子只有一个端子是导通的，看来故障点就出在这儿。于是将数据线的绝缘层破开进行检查，破解的数据线内共有4根线，线的颜色分别为：红色、蓝色、白色、黑色，其中红色、蓝色、白色线已处于断路状态（图5-67）。经咨询某4S店，该车用于连接摄像头至主机间的数据线两根共计一千多元，为了节约维修成本，驾驶人与笔者商量，对其折断的数据线进行修复。

 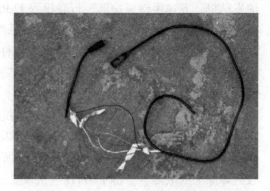

图 5-66　影像数据线连接器　　　　　　图 5-67　尾门内折断的通信数据信号线

故障排除　修复后的数据线分别于摄像头及车顶数据线连接，然后再次打开点火钥匙至 ON 档，并将变速杆置于 R 档状态，倒车影视显示器能够正常显示车后方的画面，脱开 R 档，显示器能够正常切换到其他模式的显示，经反复验证，倒车影像显示正常，至此故障已排除。数日后回访，驾驶人表示故障现象没有再次出现。

> **技巧点拨**　该车 DVD 影像系统主要包括：DVD 主机、显示器、倒车雷达探头与倒车雷达控制器（或称为倒车雷达电脑）、倒车影像摄像头及数据信号线电缆等。DVD 主机及显示器位于仪表台的中心位置。倒车影像摄像头安装在尾翼上，位于高位制动灯右侧。

三、路虎揽胜车倒车影像间歇性不能使用

故障现象　一辆 2017 款路虎揽胜运动版车，搭载 3.0L 机械增压汽油发动机，行驶里程 1.2 万 km，据驾驶人反映，将变速杆置于 R 档，倒车影像间歇性不能使用。

故障诊断　接车后首先进行故障验证，起动发动机，将变速杆置于 R 档，导航屏幕上提示"摄像头系统不可用请咨询您的经销商"（图 5-68），询问驾驶人得知，已在其他维修厂更换过后摄像头，故障未解决。

图 5-68　导航屏幕上提示

连接故障检测仪读取故障码，读得故障码：B14AD-31——触摸屏-无信号（图 5-69）。

根据故障码的提示并结合维修经验，分析认为造成故障的可能原因有：娱乐主控制模块（IMC）故障；娱乐主控制模块（IMC）与后摄像头之间线路故障。

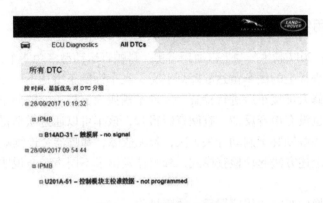

图 5-69　读取到的故障码

查看后摄像头相关电路（图 5-70），断开后摄像头导线连接器 C4MP19A，接通点火开关，用万用表测量导线连接器 C4MP19A 端子 4 的电压，为蓄电池的电压，正常；测量端子 3 对搭铁的电阻，为 0.5Ω，正常，说明后摄像头供电和搭铁均正常。测量导线连接器 C4MP19A 端子 1 的电压，为 2.24V，端子 2 的电压为 2.75V（正常情况下，CAN-L 的电压为 1.5~2.5V；CAN-H 的电压为 2.5~3.5V），正常。断开点火开关，断开娱乐主控制模块（IMC）导线连接器 C3MA01H，测

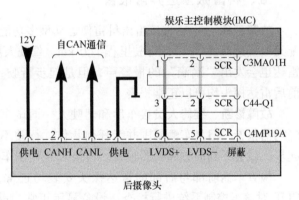

图 5-70　后摄像头相关电路

量娱乐主控制模块（IMC）导线连接器 C3MA01H 端子 1 与后摄像头导线连接器 C4MP19A 端子 6 之间低压差分信号线（LVDS+）的电阻，为 1.5Ω，正常；测量娱乐主控制模块（IMC）导线连接器 C3MA01H 端子 2，与后摄像头导线连接器 C4MP19A 端子 5 之间低压差分信号线（LVDS）的电阻，在 10~200Ω 变化，诊断至此，判定娱乐主控制模块（IMC）与后摄像头之间低压差分信号线（LVDS）的电阻过大。根据电路图，娱乐主控制模块（IMC）与后摄像头之间低压差分信号线（LVDS）被导线连接器 C44-Q1 分为 2 段。断开导线连接器 C44-Q1，测量娱乐主控制模块（IMC）导线连接器 C3MA01H 端子 2，与导线连接器 C44-Q1 端子 2 之间的电阻，为 1.5Ω，正常；测量导线连接器 C44-Q1 端子 2 与后摄像头导线连接器 C4MP19A 端子 5 之间的电阻，在 10~200Ω 间变化，确定导线连接器 C44-Q1 与后摄像头之间低压差分信号线（LVDS-）存在故障。

故障排除　由于低压差分信号线（LVDS）不能剥开维修，只能整体更换。更换导线连接器 C44-Q1 与后视摄像头之间的线束后试车，故障消失。交车 1 个月后进行电话回访，驾驶人反映车辆一切正常。

技巧点拨 对于低压差分信号线存在故障是不能进行维修的,只能整体进行更换。

四、上汽通用雪佛兰科帕奇倒车雷达不工作

故障现象 一辆2017款生产的上汽通用雪佛兰科帕奇运动型多功能车,行驶里程1万km。驾驶人反映车辆仪表板上的倒车雷达故障灯点亮,且车辆倒车雷达不工作。

故障诊断 维修人员接车后进行检查,发现车辆换入倒档后,即便车后很近的位置放有障碍物,倒车雷达也没有声音反馈。查阅资料得知,该车可以通过激活雷达来确定雷达是否有故障。通过锁止和解锁驻车制动开关3次,若无故障,蜂鸣器会连续响3s;若有故障,将发出不同声音。按上述方法起动检查模式,蜂鸣器发出了不同声音,说明该车的倒车雷达传感器自身存在问题。

故障排除 更换倒车雷达传感器后,故障排除。

五、科雷傲雷达异常报警

故障现象 一辆进口雷诺科雷傲运动型多功能车,搭载型号为2TR的2.5L发动机,匹配无级变速器(CVT),行驶里程1万km。驾驶人反映该车即便是在空旷场地起步时,倒车雷达也会发出"滴滴"的报警声,但是起步行驶一段距离后就不响了。之后遇到障碍物,前后雷达探头均可以正常报警。

故障诊断 维修人员接车后和驾驶人一同试车,起步挂D档行驶时会听到车辆前部的蜂鸣器报警,但是车辆周围并无任何物体,行驶不到20m响声就消失了,但是只要停车再起步,就会听到前方蜂鸣器报警。再换入R档倒车行驶,后方蜂鸣器不报警。

检查车辆前部与后部的雷达探头安装均正常,表面也无脏污。连接雷诺专用诊断仪CLIP对该车控制系统进行检查,设备显示正常。进入驻车辅助控制单元查看数据流,电源电压为13.45V,传感器电压为13.42V,前方4个雷达探头(左前外部、左前内部、右前外部及右前内部)的检测距离都是255cm(图5-71)。初步检查雷达探头和线路都是正常的,那为什么会在起步时报警呢?

		功能 驻车辅助装置		
☑	ET003	驻车距离传感器功能	未激活	
☑	PR029	车速	0.0	km/h
☑	PR025	计算的前端最短距离	255	cm
☑	PR021	左前外部距离传感器	255	cm
☑	PR022	左前内部距离传感器	255	cm
☑	PR023	右前内部距离传感器	255	cm
☑	PR024	右前外部距离传感器	255	cm

图5-71 雷达探头数据正常

维修人员决定继续进行路试,同时观察数据流的变化,果然发现在起步的瞬间数据发生了变化。但是还没来得及仔细观察,数据就回复了正常。维修人员分析,这是因为前方有一个或多个雷达探头出现误判。为了能够清楚地看到起步瞬间的数据变化,维修人员使用手机的高速摄影功能,对起步瞬间的数据变化进行慢放,这样就能够看出到底是哪个雷达探头的数据先出现的变化。

经过慢放观察发现，是左前内部雷达探头的数据最先出现变化，而且其检测到的距离也小于其他 3 个雷达探头，说明该雷达探头可能存在问题。拆下前保险杠检查，发现该车是事故车，左前内部雷达探头的线束是重新接的，而且该雷达探头也不是原厂的（图 5-72）。询问驾驶人，驾驶人也证实该车曾因事故在一家综合修理厂维修过。

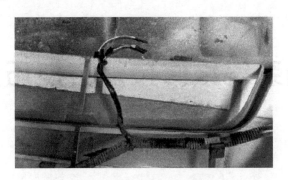

图 5-72　故障车辆的雷达探头线束

故障排除　更换正常的原厂雷达探头，处理好线束插接器。试车确认异常的报警声消失，同时遇到障碍物后雷达也比之前灵敏了，故障排除。

技巧点拨　倒车雷达是我们用车过程中应用比较多的安全方面的设备，其工作性能好坏直接影响行车安全。

第六章

音响系统维修技能与技巧点拨

第一节 宝马车系

一、宝马 X5 音响没有声音

故障现象 一辆宝马 X5（E70），配置 N52K 发动机，行驶里程 35383km。出现音响不工作的情况。

故障诊断 经检测该车无与音响有关的故障码，无意中打开行李舱到一半时，音响突然开始工作。连续尝试打开行李舱至一半状态，发现音响声音工作正常。初步怀疑行李舱电动顶杆线路有短路现象，但电动顶杆线路应该和音响系统没有联系。

拆下右侧 C 柱盖板检查电动顶杆线路，没有发现短路现象。继续拆下左侧 C 柱盖板检查电动顶杆线路，在移动线路时发现音响声音时有时无，短路应该在这里。分解左侧电动顶杆线路，发现有磨破现象（图 6-1），与线路接触地方的铁皮也发现有烧蚀现象。事实证明怀疑是对的，磨到的线路确实不是电动顶杆的线路，如图 6-2 所示。

图 6-1 磨损位置

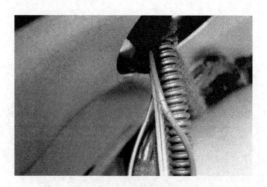

图 6-2 磨损线束

故障排除 线路图如图 6-3 所示。线路图上黑色线是 RAD-ON 线，是择优多相式天线和 HIFI 放大器的控制信号，当这根线短路时造成音频放大器无法开启而没有声音，重新包扎线路，问题到此解决。

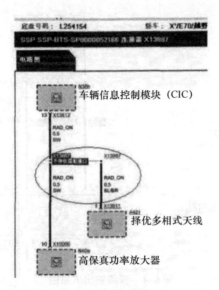

图 6-3 线路图

技巧点拨 只有对车辆系统有全面的认识，才能维修好车辆，而不是"头痛医头，脚痛医脚"，关键是维修车辆时要仔细，结合平时的工作经验才可以彻底找到故障原因。

二、2012 款宝马 530Li 无音频输出

故障现象 一辆 2012 款宝马 530Li（F18），行驶里程 5000km。驾驶人反映车辆音频经常没有声音，有时候熄火后等几分钟再重新起动后又有声音输出，CD、收音机、PDC 音频输出都是这种现象。

故障诊断 接车后首先通过 ISID 进行诊断，测试结果音频控制系统没有相关的故障存储。添加检测计划，根据检测计划检查相关部件，进行音频测试功能，还是没有音频输出。初步判断 CIC 有故障。但考虑到车辆毕竟是新车，CIC 出故障的概率很低，而其他的功能又正常，还没有任何故障存储，所以决定对调一下部件进行排除。首先把这辆车 CIC 和功放安装在其他车辆上，音频输出正常。把其他车辆 CIC 和功放安装在这辆车上，还是没音频输出。说明这辆车的 CIC 和 AMPH 都没有问题。测量 CIC 至 AMPH 的音频输出线路，无短路或断路的现象。所以最终判断认为是 AMPH 至扬声器的音频输出线路有问题。首先，从扬声器侧逐一断开车辆的每一个扬声器连接，还是没有音频输出。然后从功放侧逐一断开每个扬声器的连接，当断开左前门中音扬声器的两根连接线的时候，音频输出恢复正常。测量左前门中音扬声器的音频输出线 LSPV + 对地短路（图 6-4），断开左前门中音扬声器，短路仍然存在，所以是线路本身对地短路。检查测量发现短路点在仪表台的背部，线束和仪表骨架磨破了皮。

故障排除 最后对破损线束进行包扎并重新固定线束的位置，故障排除。

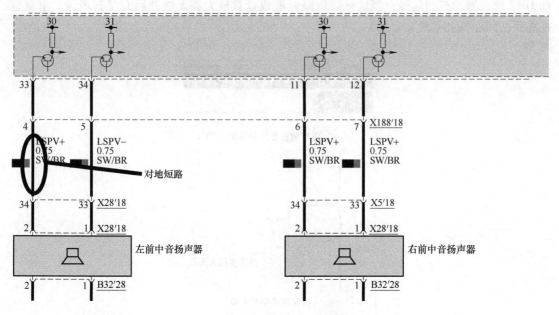

图 6-4 音频输出电路图

技巧点拨 这款车型配置有车辆信息计算机（CIC）和高保真放大器（AMPH），AMPH 将较低的电压（例如来自 CIC 的微弱音频信号）转换为较高的电压和功率。然后通过车辆中的扬声器，以可无级调节的音量进行播放。AMPH 是一个带有数字式均衡器的 8 通道放大器。只使用其中的 7 个通道。为了进行控制、设码和诊断，高保真放大器被连接到 K-CAN 上。音频信号以模拟形式从主机传送至高保真放大器。

第二节 奔 驰 车 系

一、奔驰 S600 音响系统 COMAND 功能失效

故障现象 一辆 2008 款奔驰 S600 轿车，VIN：WDD2211761A252525，行驶里程 1.3 万 km。打开 COMAND 开关后，COMAND 显示屏只出现奔驰车标图像，同时发现无车载电话功能，收音机及电视功能全部失效。

故障诊断 COMAND 是奔驰研发的独立影音控制系统，这套系统由前台液晶屏下方的一排按键和中央扶手箱上的一个旋钮来控制。COMAND 使用起来直观、方便。液晶屏最上方的主菜单，共有导航、音响、电话、影像和车辆 5 个选项。

连接专用诊断仪 STARD 进行快速检测，发现 2 个故障码：D102-MOST——光纤部件在位置 2 处有开环；D100-MOST——光纤主机 COMAND 记录开环故障。

首先，测量 COMAND 的供给电压为 12.7V，供给电压正常。然后用奔驰专用示波器测量了到 COMAND 的 CAN 信号，如图 6-5 所示，CAN-HIGH 载波电压为 2.7V，CAN-LOW 载波电压为 2.4V，一切正常。这说明远程信息处理系统（即 Telematic 系统）的各个控制单元

电子网络信号传输系统一切正常。

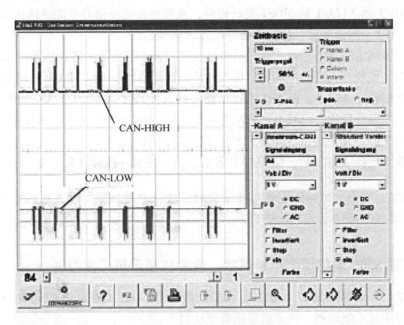

图 6-5　CAN 线信号波形图

2008 款奔驰车型 Telematic 系统中各控制单元之间也采用了 MOST 光纤信号传输系统。由于 Telematic 系统中各个控制单元电子网络信号传输系统一切正常，所以故障点应该出现在 MOST 光纤信号传输系统上面，此车 Telematic 系统包括 A40/3（COMAND 控制单元）、N93/1（音频调谐器）、A90/1（电视调谐器）、N123/1（电话控制单元）和 N41/3（语音控制单元）5 个控制单元。而 A40/3 作为主控单元首先发送光纤信号（发送红色的光）传输给 N93/1，然后依次传输光纤信号，如图 6-6 所示，最后返回 A40/3，从而形成一个闭环回路。

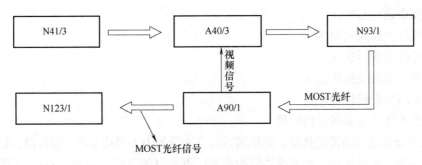

图 6-6　Telematic 系统控制单元

故障码 D102 中部件位置 2 是沿逆时针进行确定的。奔驰车型 Telematic 系统中规定主控单元为部件位置 0，依次沿逆时针类推 N41/3 为部件位置 1，N123/1 为部件位置 2，A90/1 为部件位置 3，N93/1 为部件位置 4。根据故障码 D102 部件在位置 2 处有开环，怀疑在部件 A90/1（电视调谐器）的光纤输出有问题，部件位置 2（N123/1）不能接收到上游部件位置 3-A90/1（电视调谐器）输出的光纤信号。

分析出现这样的问题可能有：

① 从 A90/1 到 N123/1 的 MOST 光纤折断，从而导致光纤信号不能继续传输。

② 部件 A90/1 内部故障，从而不能输出光纤信号。

为了进一步确定故障的根源，断开 A90/1 与 N123/1 之间的光纤，用辅助工具手电筒照射光纤的一端，发现在光纤另一端有可见光，从而确定 A90/1 与 N123/1 之间的光纤不可能折断。接着直接跨过 A90/1，把 N93/1 输出的光纤直接跨接到 N123/1 上，此时发现 A40/3 除电视功能失效以外，收音机及电话功能等恢复正常。而 A90/1 正是电视调谐器控制单元，从而确定 A90/1 控制单元内部故障导致产生了上述故障现象。

故障排除 更换 A90/1 后，COMAND 各功能恢复正常，故障现象消失。

> **技巧点拨** 整个故障的检查思路非常清晰，所使用的仪器、设备也适合所检查的系统部件，最终排除故障也就不在话下了。

二、奔驰 S500 遥控钥匙不能解锁、收音机显示屏无法打开

故障现象 一辆奔驰 S500 轿车，行驶里程约 18 万 km，配置 113 发动机和 722.9 变速器。该车遥控钥匙不能解锁、收音机显示屏无法打开。

故障诊断 驾驶人反映前一段时间修理后部 CD 盒后，装上去没有使用多久就发现收音机显示屏无法打开，用遥控钥匙开锁车门没有任何反应，而且车门锁不住，非常不安全。

根据驾驶人的描述，用钥匙去锁车门，发现没有任何反应，就像钥匙不是此车的一样。接着去开收音机显示屏，无法打开，没有任何反应，就像没有电一样，证明问题确实存在。但是这两个问题是什么原因造成的，之间是不是有很大的相关性，仍不清楚。于是从车门不能锁住开始查，也就是从没有进入许可查起。

造成车门不能上锁的可能原因如下：

1）遥控钥匙损坏。

2）遥控钥匙没有电。

3）天线放大器模块损坏。

4）红外线接收器损坏。

5）电子点火开关损坏。

6）各车门控制模块损坏。

7）与进入许可有关的线路故障。

依据上面分析进行故障的排除，把钥匙插入点火开关中去起动车辆，能起动，证明遥控钥匙和点火开关是没有问题的。把遥控钥匙的电池拆下来测量电压，在 3V 左右，证明遥控钥匙电池量正常。对准左前门门把手，按住遥控钥匙上的解锁键，所有车门的玻璃均在往下降，证明红外线接收器正常。使用车内开关去解锁/锁止车辆，发现车辆能锁止与解锁，这样就排除了各车门模块与进入许可有关的线路存在故障。通过上述分析，故障点锁定到天线放大器模块。遥控钥匙发出的信号没有被接收。无线频率遥控信号是通过后车窗天线接收的。

位于车顶—后车窗天线放大器（A2/12）内的接收器，将无线电信号转换为数据信号，车顶控制模块（N70）通过数据总线接收数据信号。红外线信号由左前门 IR 接收器或右前

门 IR 接收器接收，与相应接收器连接的控制模块计算信号的值。进入认可代码和信号中的遥控命令作为 CAN 信息传送至电子点火开关 N73，电子点火开关 N73 检查进入许可代码，如果代码正确，将相应命令发送至 CAN 总线。执行下一步动作。进入许可控制系统原理图如图 6-7 所示。

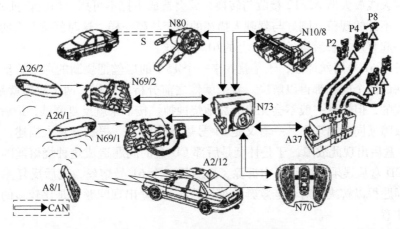

图 6-7　进入许可控制系统原理图

接下来就把重点放在天线放大器 A2/12 上，查找电路图，如图 6-8 所示。

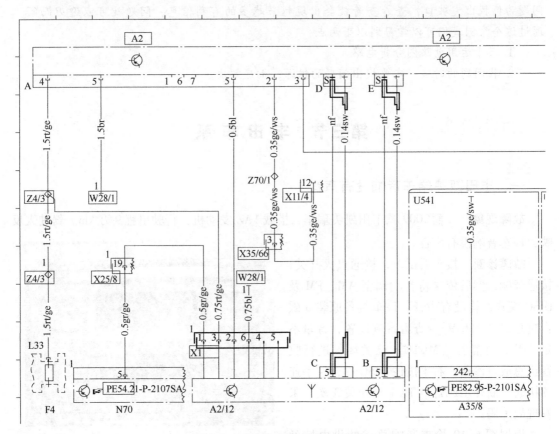

图 6-8　天线放大器 A2/12 电路图

根据电路图发现,天线放大器 A2/12 与收音机 A2 有很强的内在关系,它们之间共用一个 61 号熔丝,而 61 号熔丝的位置在后熔丝盒 F4 上,61 号熔丝上的供电通过 Z 结点 Z4/3 分配到收音机 A2 与天线放大器 A2/12 上。试想,假如 61 号熔丝处没有电或 Z4/3 脱落,就会造成收音机 A2 与天线放大器 A2/12 两个模块没有电源,进而就会导致遥控钥匙发出的无线信号不能被天线放大器 A2/12 接收与转换,就会造成中控不可用。当收音机 A2 没有供电时就会出现打不开的现象,刚好与驾驶人描述的两个故障一样。这时就按上面的分析把两个故障结合在一起直接查看后熔丝盒 F4 上的 61 号熔丝。

经检查发现 61 号熔丝烧蚀,于是就找来一个 15A 的熔丝把烧断的那个熔丝替换掉,结果驾驶人反映的两个问题都得以解决。看来就像之前分析的一样,两个故障就是因为 61 号熔丝烧掉造成的,但熔丝一般不会无缘无故地烧蚀掉。接下来就反复测试,最后发现又不能用了,两个故障又同时出现了,一看又是 61 号熔丝烧断了。根据驾驶人描述,之前在外面修理后部 CD 盒后出现此故障,于是怀疑是后部 CD 盒的问题造成这种烧熔丝的故障。接下来就把后部 CD 盒从娱乐系统回路中拆除,再更换一个 61 号熔丝,之后反复测试问题未再出现。说明问题得以解决。对于老款奔驰车,后部 CD 盒出现问题还是比较多的,在维修过程中要加以注意。

故障排除 去除后部 CD 盒,更换 61 号熔丝。

> **技巧点拨** 这是一个复合型故障,当车辆同时出现几个故障点的时候,首先拿一个问题为例找出突破口,查着查着就会出现越来越多的有利信息,问题就可以迎刃而解。通过这个案例我们可以学习到以下两点:
> ① 善于运用电路图分析电路。
> ② 找问题的时候一定要找出问题的根源,彻底解决。

第三节 丰 田 车 系

一、丰田凯美瑞车音响没有声音

故障现象 一辆 2009 款丰田凯美瑞车,搭载 1AZ 发动机,行驶里程 9 万 km。驾驶人反映,该车音响没有声音。

故障诊断 接车后试车,接通点火开关,接通音响,然后依次将音响调至 AM、FM 及 DISC 模式,均没有声音。该车装备原装 6 碟音响总成(图 6-9),查看音响设置,音量不是"0",且静音(MUTE)已关闭;进行收音机总成自诊断,右手按住 DISC 键,左手连续接通、断开示廓灯(TAIL)开关 3 次,未发现故障码。

根据图 6-10 检查音响总成的供电熔丝

图 6-9 原装 6 碟音响总成

（RADIO 1 号和 RADIO 2 号熔丝），均正常；测量音响总成导线连接器 F36（A）端子 4 和端子 3 上的供电，均正常；脱开导线连接器 F36（A），测量其端子 7 的搭铁情况，良好；诊断至此，说明音响总成的供电及搭铁均正常，怀疑音响总成损坏。更换音响总成后试车，故障依旧。

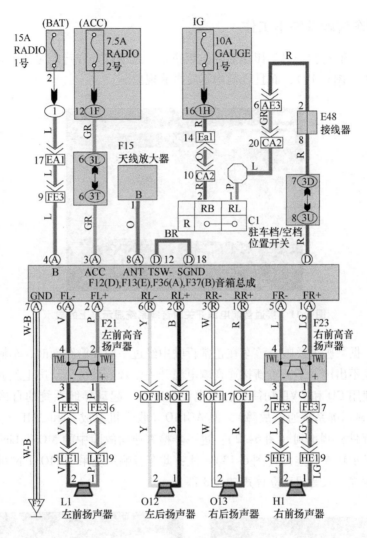

图 6-10　扬声器控制电路

考虑到采用逐一断开扬声器导线连接器的测量方法比较麻烦，决定逐个将音响总成导线连接器 F36（A）和 F37（B）上的各扬声器的控制端子拔出。当拔出导线连接器 F37（B）的端子 1 和端子 2 后试车时，其他扬声器能正常发声了，由此确定右后扬声器或其线路存在故障。测量导线连接器 F37（B）的端子 1 和端子 2 之间的电阻，小于 1Ω，说明右后扬声器线路短路或其内部短路。

脱开右后扬声器导线连接器 O13，测量右后扬声器的电阻，约为 0.5Ω，异常，正常应为 4Ω 左右，说明右后扬声器内部短路。由此可得出结论，若某个扬声器的线路出现短路，音响总成会进入失效保护模式，造成所有扬声器均不工作。

故障排除 更换右后扬声器后试车，音响工作正常，故障排除。

> **技巧点拨** 根据维修手册提示，需要逐一检查各扬声器至音响总成的线路，以及各扬声器的电阻，这表明若某个扬声器的线路出现故障，可能会导致所有扬声器均不工作。

二、皇冠车音响系统不工作

故障现象 一辆新款一汽丰田皇冠导航版轿车，出现打开音响电源开关时，音响系统屏幕上显示音频关（图6-11），而且音响均不发声的现象。

图6-11 接通音响电源开关时音响系统显示屏上的显示

故障诊断 据驾驶人反映，该车在正常行驶中经过一段颠簸路面时，车辆后部猛地颠了一下，音响就发不出声音了，重新接通音响电源开关，音响系统显示屏上就显示"音频 关"的字样，包括使用CD和DVD功能，音响也没有声音。起动导航系统的自诊断功能，显示EMVN MOST（显示屏系统通信故障），但AUDIO（收音机总成）和AMP（立体声放大器，即功放）两个部件检测不到（图6-12）。进一步检查通信故障中的MOST Line Check项，音响系统显示屏显示功放未连接（图6-13）。注：此车音响系统采用MOST网络通信线路，包括音响系统显示屏、收音机和立体声功放3部分。

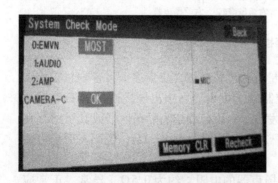

图6-12 起动导航系统的自诊断功能时检测不到音响和功放

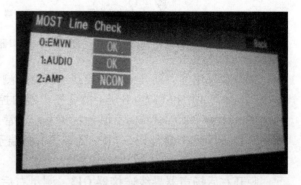

图6-13 检查MOST Line Check项时音响系统显示屏上的显示

根据以上诊断结果，按电路图检查导航、音响和功放系统的熔丝，都正常。因驾驶人描述车辆颠簸一下音响系统就没有声音了，所以怀疑音响系统部件可能在较大的振动后造成损坏。分别将同款车的收音机、导航和功放进行调换试验，但故障依旧不能排除，这说明故障不是这 3 个部件引起的。

接着依据电路图对功放线路进行检查，测量功放导线连接器 X30 的常电源端子，即端子 1 和端子 3 上的电压，为 0V，异常。但继续检查发现，分别为这 2 个端子供电的熔丝 RAD NO1 和 RAD NO2 上的电压为 12.8V，正常。分别测量功放导线侧连接器 X30 的端子 1 和端子 3 与熔丝盒 LA 中端子 11 和端子 12 间导线（+B 和 +B2 导线）的电阻，为 ∞，不正常。再分别测量这两根导线与搭铁间的电阻，也为 ∞，说明导线不存在对搭铁短路的现象。通过以上测量，说明 +B 和 +B2 两根导线分别存在断路的故障。

在没断开扬声器导线连接器的情况下，从功放的连接线处测量扬声器线路的电阻，发现左前扬声器的端子 FL + 和 FL − 的电阻为 ∞，不正常；而其他扬声器的电阻均正常，为 5Ω 左右。分别测量从功放到左前扬声器之间 FL + 线和 FL − 线的导通性，这 2 根导线的电阻都是 ∞，并且它们与搭铁间的电阻也为 ∞，说明不存在与搭铁短路的现象。根据此项测量说明 FL + 和 FL − 两根导线也存在断路故障。

通过以上各步骤的测量，说明 +B、+B2、FL + 和 FL − 这 4 根导线存在断路，通过电路图发现这 4 根导线都通过线束连接器 YX4，而同样通过 YX4 连接器的 RL + 和 RL − 两根扬声器线的导通性却是正常的。最后还是带着疑问拆下后排座椅靠背对连接器 YX4（图 6-14）进行检查，发现该连接器没有插接到位，造成以上 4 根导线断路。

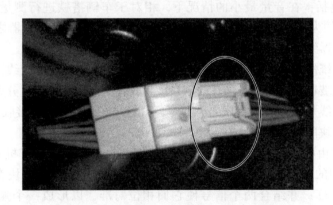

图 6-14　没有插接到位的线束连接器 YX4

故障排除　将没有插接到位的线束连接器 YX4 重新插接到位后试车。上述故障现象消失。

> **技巧点拨**　这是一例涉及音响系统网络通信方面的故障，由于该车音响系统网络仅涉及 3 个节点，所以检查起来还不很复杂。一般情况下，丰田车系的线路连接在没有人为改装的情况下发生故障的概率还是很小的，该车之前曾对后排座椅进行过拆卸，怀疑故障是由于当时作业时不慎碰到了此连接器引起的。

第四节 通 用 车 系

一、2010 款别克英朗音响有吱吱杂音

故障现象 一辆 2010 款别克英朗 LDE，VIN：LSGPB54UXAS×××××，行驶里程 84780km。驾驶人反映冷车时候音响扬声器有"吱吱"异响，所有扬声器均会发出该声音，驾驶人为了解决该故障，在外面更换过收音机总成，改装过导航系统，但故障依旧存在。

故障诊断 首先和驾驶人确认该故障现象，发现冷车时该"吱吱"异响确实明显存在，而热车后异响消失，驾驶人描述故障属实。

连接诊断仪 TECH2 进入系统，经检测所有系统均无故障存在，考虑是否为收音机本身存在故障，更换一个原车收音机，安装原装收音机后发现故障有所减轻，但是声音依旧存在。

接下来只有按照故障症状诊断思路来检查了，具体包括收音机的供电系统、输出系统及天线系统。收音机供电系统由带熔丝的 B+ 电路提供电源。收音机的电源模式不使用点火供电电路。电源模式主控模块通过串行数据信息为收音机提供系统电源模式。电源模式主控模块通过处理来自点火开关输入的电源模式信息确定系统电源模式。收音机支持的电源模式包括"Off（关闭）""Accessory（附件）""Run（运行）""RAP（固定式附件电源）"和"Crank Request（起动请求）"等。

收音机输出包括：在音量最小的情况下，相对于车辆搭铁进行测量，正（+）和负（-）扬声器输出约为蓄电池电压的一半。随着音量的增加，正负扬声器之间产生了一个电压变化，驱动扬声器线圈或馈送给放大器。

分集式天线系统使用后窗玻璃处带饰件的后窗和天线模块内部的天线。后部天线的任何损坏，都需要更换玻璃。此系统是最好的用来接收收音机信号的装置。分集式天线系统由两个天线组成。主天线是后窗的一部分，看上去像除雾器格栅。该天线接收调幅和调频信号。辅助天线是天线模块的一部分。

天线接收信号由收音机天线模块进行分类。打开收音机后，收音机天线模块即启用。天线模块所接收到的信号强度为电源天线同轴电缆的重叠。天线模块在天线之间切换，监视收音机信号强度，并结合两个信号使它们相位对准，以形成一个强信号。安装天线系统应注意：安装售后车窗玻璃有色贴膜时，玻璃中带天线的收音机系统可能存在相互干扰的风险。

扬声器通过永磁体和电磁体将电能转化为机械能，使空气波动。当收音机或放大器（如装备）将电流传送至扬声器音圈时，电磁体通电。音圈将形成 S 极和 N 极，这样会使音圈和扬声器锥体相对永磁体移动。传送至扬声器的电流是快速变化的交流电流。这使扬声器锥体向两个方向移动产生声音。当扬声器停止移动时，比如音量为最小值的时候，施加到扬声器两侧的电压为点火系统电压的二分之一。这样，扬声器锥体可向任一方向移动。

经检查，收音机的搭铁 G202、G203 均接触良好。至此好像没啥好检查的了，但故障现象无疑是存在某种干扰现象。于是将收音机到扬声器的线用锡纸屏蔽起来，断开后部的天

线，故障依旧。依次断开扬声器的插头试车，故障依旧。但只要断开收音机后面到扬声器的大插头，故障就会消失。线路一切正常，更换一个新的收音机试车，故障依旧，按照声音特点应该是受到外界的高频干扰，断开发电机的插头故障依旧，断开爆燃传感器插头、空气流量传感器插头，故障依旧，还有什么地方会发出高频电波干扰呢？

故障排除 继续检查发现该车的点火线圈非原厂配件，咨询驾驶人得知该点火线圈确实在外面换了很久了。更换一个全新的点火线圈试车，故障排除。

> **技巧点拨** 由于非原厂点火线圈的屏蔽功能不好，高频电波干扰导致原来的收音机损坏，冷热车都有"吱吱"异响，而换了新的收音机后，只有冷车才有异响，可能过段时间，这个收音机也会损坏，非原厂配件有时会引发一些意想不到的故障。只要有正确的维修思路，就没有解决不了的故障。

二、2015 款别克陆尊音响无声音、无报警音

故障现象 一辆 2015 款别克 GL8 陆尊，VIN：LSGUD84X5FE××××××，行驶里程 11km。新车 PDI 发现开门无报警音，收音机无声音，随即进入车间检查。

故障诊断 维修人员首先检查车载收音机的电源搭铁（图 6-15），B4 为常电源，B6 为 ACC，B8 为接地，测量结果均正常。然后测量各音响扬声器的电阻，测量结果电阻也正常，均为 3.8~4.4Ω。维修人员初步判断收音机故障的概率最大，然后更换收音机，故障依旧。

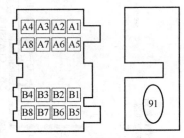

图 6-15 电源端子图

无奈之下找了一辆正常的相同配置的车辆进行测量，希望进行数据比较，看有什么不同。实测下来数据均差不多，只是其中 B3 的 ant-amp 线（收音机天线与功放通信线）电压有所不同。正常车辆是 12V，而故障车辆则没有电压。因为此车不带 RPO：U88（功放），无法找到关于这根线的更多相关维修信息。此时诊断陷入了僵局。

讨论后决定再次测量线束搭铁，找出没有电压的原因。当测量到一根音响线的时候，发现它对搭铁有短路并且带着很低的电阻，电阻值为 4.4Ω，相当于一个正常的扬声器电阻。显然这很不正常。

电路图（图 6-16）中画圈的音响线对搭铁短路，测量有 4.4Ω 的电阻。音响系统中一根音频线出现对搭铁短路，将影响整个音响系统的工作。A4 插件位置为左后扬声器的电源，故障点很有可能在那个扬声器上。

维修人员准备拆下左后扬声器检查，当拆下后门饰板时，音响却恢复正常了。此时就怀疑线束受到门板挤压破损，导致短路。随后逐段检查线束，发现受压迫的是一根黄色导线（图 6-17）。故障原因是定位卡子安装不妥造成线束损伤（图 6-18）。

故障排除 A4 与 A8 同为左后扬声器回路，也说明了为何对搭铁短路，电阻又恰好是一个扬声器的电阻，并且出现短路时，由于收音机内部的功放不工作，所以测量不到输出电压。重新处理损伤线路后，故障排除。

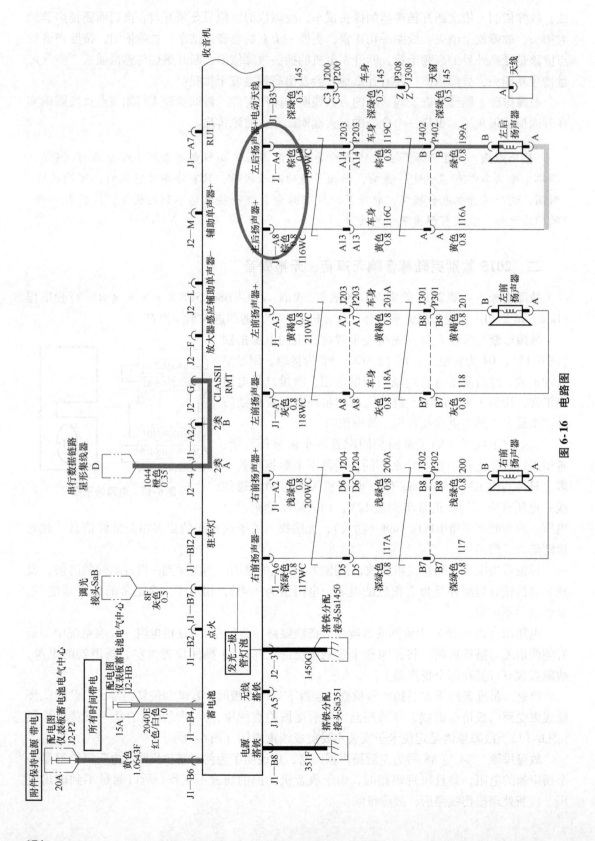

图 6-16 电路图

第六章 音响系统维修技能与技巧点拨

图 6-17 黄色导线受压迫

图 6-18 定位卡子安装不妥

技巧点拨 本例是因为装配后门板时安装不妥，造成压线导致故障产生。这个案例提醒我们在操作时一定要注意各部件的安装位置，尤其涉及线束，其形状、折弯、镶嵌等，特别是卡扣处都需重视，以免留下故障隐患。

三、2014 款凯迪拉克 SRX 音响显示屏经常死机

故障现象 一辆 2014 款凯迪拉克 SRX 车，配置 3.0L 发动机，VIN：3GYFN9E55ES×××××，行驶里程 6907km。CUE 信息娱乐系统显示屏在使用时经常死机。

故障诊断 使用诊断仪检测时没有发现故障码，但故障重现时发现 CUE 系统不但经常死机，而且导航也经常无法正常打开。

CUE 系统是一款新型的信息娱乐系统，有一个单独的高速网络连接，称为 MOST 网络。整个网络由收音机、人机交互模块、仪表、CD/DVD 播放器、放大器 5 个模块组成，如图 6-19 所示。其中收音机是整个系统的主控模块，人机交互模块是一个集成导航、视频的控制模块。根据 MOST 网路的特性，维修人员首先对收音机与人机交互模块进行了编程，然后试车，故障依旧。

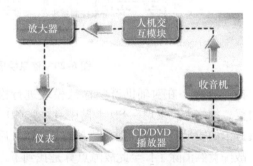

图 6-19 CUE 系统组成

既然没有故障码，也确定不是程序问题，根据目前的情况分析，大致有模块故障、线路故障两个可能原因。于是在故障现象出现的时候，根据电路图对网络通信线路及唤醒线路进行了测量，并没有发现异常。然后，对收音机模块及人机交互模块的电源搭铁及其他线路进行了相应测量，也没有发现异常。

在确定线路没有异常后，只能对模块进行对换试验了，将试乘试驾车的模块与故障车辆对换后试车，故障依旧没有排除，故障车辆的模块换到试乘试驾车上，也是一切正常。

重新查看信息娱乐系统的电路图（图 6-20）时，发现在正常信息娱乐系统中，不止有 5 个模块，还有一个辅助音频输入模块为系统提供外接设备。这会不会对故障发生有影响呢？维修人员觉得有必要检查一下。

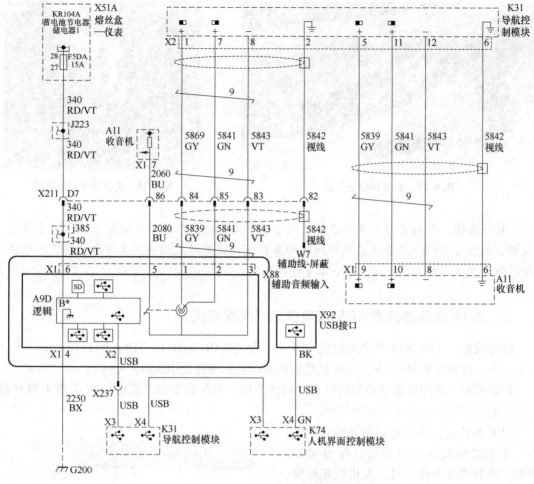

图 6-20 信息娱乐系统控制电路图

故障排除 在对辅助音频输入模块进行检查的时候，维修人员发现在 SD 卡槽中有一张 SD 卡，怀疑此卡的质量有问题，随手拔掉这张 SD 卡后试车，故障竟然消除了！至此故障点算是找到了，看来就是这张 SD 卡引起的，如图 6-21 所示。

技巧点拨 CUE 系统可以说是全新的信息娱乐系统，对于这辆车故障现象的检查，起初的思路一直围绕在 CUE 系统的主要模块上，从而陷入了一个盲区，忽略了整个娱乐系统不单单由 CUE 的 5 大模块组成，还有一些周边设备，比如辅助音频输入、安吉星等。对于任何故障的检查都应该考虑全面，这样也会少走弯路，在遇到特殊故障时，也能更快捷地找到故障点。

图 6-21 SD 卡

四、2015 款雪佛兰科帕奇开后风窗玻璃加热时收音机有干扰声

故障现象 一辆 2015 款雪佛兰科帕奇，行驶里程 8587km，VIN：LSGLP83X5FF××××××。驾驶人反映，当打开后风窗玻璃加热的时候收音机就会出现干扰声，经检查故障现象存在，驾驶人反映属实。

故障诊断 用故障诊断仪 GDS 检测无故障码。维修人员首先在不打开后风窗玻璃加热的情况下检查了收音机声音，属于正常声音，无干扰现象存在，一打开后风窗玻璃加热，故障现象就出现。

根据故障现象初步判断故障原因大致有以下几种可能：

◆ 收音机天线模块在后风窗玻璃加热时受到干扰
◆ 后风窗玻璃加热器故障
◆ 相关线路故障

查阅收音机天线模块电路图，如图 6-22 所示。

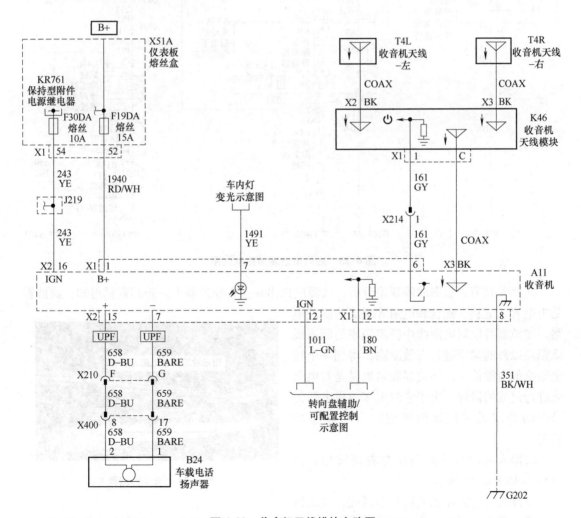

图 6-22 收音机天线模块电路图

经检查收音机的电源线供电正常，收音机与收音机天线模块连接线正常，无断路、短路现象，左右收音机天线也正常。

查阅后风窗玻璃加热电路图（图6-23）时维修人员发现，在后窗加热器（E18后窗除雾器格栅内）前后各有一个后窗除雾器噪声滤波器。维修人员先检查后窗加热器供电电路，正常，后窗加热器和左右滤波器连接线正常，无断路、短路现象。

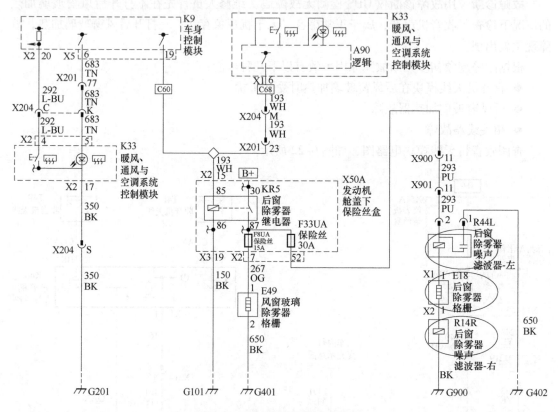

图6-23 后风窗玻璃加热电路图

线路无故障，根据故障现象分析，故障应该出在左右滤波器上。查阅资料得知：滤波器是由电容、电感、磁铁和电阻等组成的滤波电路。滤波器可以对电源线中特定频率的频点或该频点以外的频率进行有效滤除，得到一个特定频率的电源信号。滤波器顾名思义是对电磁波进行过滤的器件，由于它的损坏造成电源信号中的杂波无法过滤而影响收音机频率的稳定。

维修人员用示波器测试左右滤波器，如图6-24和图6-25所示。

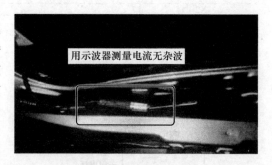

图6-24 示波器测量1

维修人员将故障滤波器分解研究，发现该滤波器不是永久磁铁，为电磁铁线圈加电容。查看电磁铁，正常，可判断是电容损坏，如

图 6-26 所示。

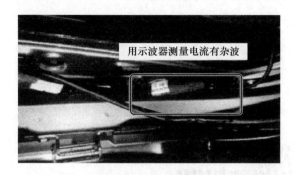
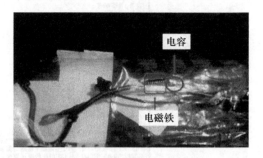

图 6-25　示波器测量 2　　　　　　　图 6-26　电磁铁和电容位置

故障排除　更换后窗除雾器噪声滤波器，故障排除。

> **技巧点拨**　很少遇到故障车辆涉及无线电知识，随着车辆电气化越来越高，维修人员的电路知识需要不断充实、不断学习才能跟上时代的步伐。

第五节　其 他 车 系

一、福特探险者车音响没有声音

故障现象　一辆 2013 款加拿大生产的福特探险者顶配车型，行驶里程约 2 万 km，搭载 3.5L V6 双独立可变气门正时发动机和 6 速手自一体变速器。驾驶人反映：该车在起动着车后打开音响，音响没有声音。

故障诊断　接车后试车验证故障，发现在点火开关断开的情况下打开音响，音响工作正常，且可以调整音量的大小。然而将钥匙插入点火开关后，音响就没有声音了。接通点火开关后，不论是使用收音机、CD 机，还是连接存有歌曲的 U 盘，音响都不工作。查看中央显示屏，信息和娱乐系统显示正常，音量调节显示正常，但音响就是没有声音。经过反复尝试，故障现象一直存在。经询问驾驶人得知，此前该车的音响一直工作正常，故障是在送修前一天用车时突然发现的。

同时按下前控制接口模块（FCIM）控制面板上的出仓键和快进键，开启音响测试功能，中央显示屏上可以正常显示正在测试的每一个扬声器，但所有的扬声器就是没有声音发出。连接 IDS，调取故障码，得到与音响控制模块（ACM）相关的当前故障码为"U2101：00-0A-［ACM］-控制模块设置不兼容"（图 6-27）。用 IDS 执行网络测试，所有模块都合格。尝试对 ACM 重新编程，系统显示没有新的校准。尝试对 ACM 进行可编程模块安装和恢复出厂设置等操作，但故障依旧。

根据上述检查结果，结合该车的故障现象进行分析可知，在钥匙没有插入点火开关的情况下音响可以正常工作，说明 ACM 的供电、搭铁和通信网络都是正常的。于是，决定与试乘试驾车调换 ACM 进行试验，发现将试乘试驾车的 ACM 装到故障车上后，故障依然存在；而故障车的 ACM 装到试乘试驾车上，仍然一切正常，由此可以排除 ACM 自身存在故障的可能。

记录检视器 - 技师观点[全部诊断后]
合格 - [HSWM]
合格 - [HUD]
合格 - 加热通风空调
合格 - [IPC]
合格 - [LTM]
合格 - [OCSM]
合格 - [PAM]
合格 - [PCM]
合格 - [PSCM]
合格 - [RCM]
合格 - [RLCM-A]
合格 - [RTM]
合格 - [SCCM]
合格 - [SOD-L]
合格 - [SOD-R]
清除 [CMDTCs]
U2101:00-0A- [ACM] - 控制模块设置不兼容 - 没有有关此[DTC]额外的失效类型信息
B1215:00-28- [APIM] - 外部内存卡 - 没有有关此[DTC]额外的失效类型信息
P0230:14-08- [BCM] - [FP] 主电路 - 电路与搭铁短路或开路
U0212:00-08- [BCM] - 与 [SCCM] 的通讯漏失 - 没有有关此[DTC]额外的失效类型信息
B1026:71-08- [CLM] - 转向柱锁 - 作动器卡滞
U0140-20- [DSM] - 与 [BCM] 的通讯丢失 - 没有此[DTC]的其它故障迹象, 在请求时没有出现以前设置的
U0140:00-88- [GPSM] - 与车身控制模块的通讯漏失 - 没有有关此[DTC]额外的失效类型信息

U0140:00-48- [HSWM] - 与车身控制模块的通讯漏失 - 没有有关此[DTC]额外的失效类型信息 - 不确定,
U0140:00-08- 加热通风空调 - 与车身控制模块的通讯漏失 - 没有有关此[DTC]额外的失效类型信息
P0600:00-26- [PCM] - 串行通讯链 - 没有有关此[DTC]额外的失效类型信息 - 目前的
P060A:00-27- [PCM] - 内部控制模块监视处理器性能 - 没有有关此[DTC]额外的失效类型信息
U0300:00-26- [PCM] - 内部控制模块软件不兼容 - 没有有关此[DTC]额外的失效类型信息
U0140:00-48- [RLCM-A] - 与车身控制模块的通讯漏失 - 没有有关此[DTC]额外的失效类型信息 - 不确定,
U0140:00-28- [SOD-L] - 与车身控制模块的通讯漏失 - 没有有关此[DTC]额外的失效类型信息
U0140:00-28- [SOD-R] - 与车身控制模块的通讯漏失 - 没有有关此[DTC]额外的失效类型信息
可选安装模块
失败 - [FCDIM]
失败 - [GFM]

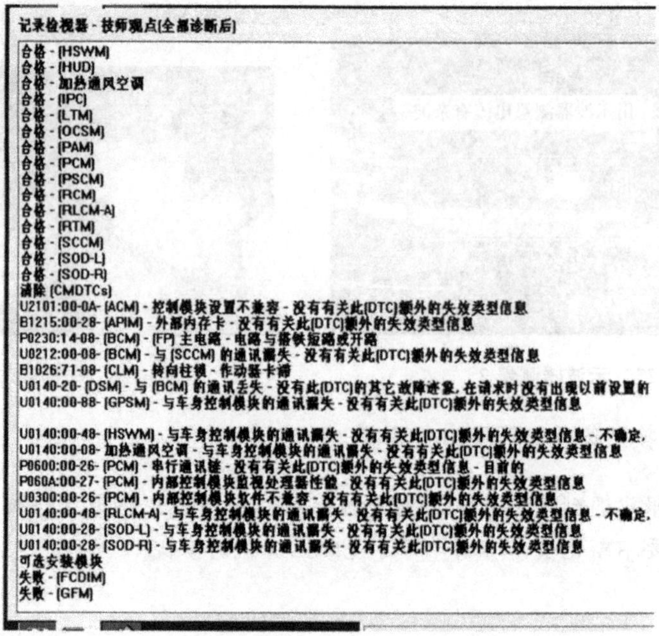

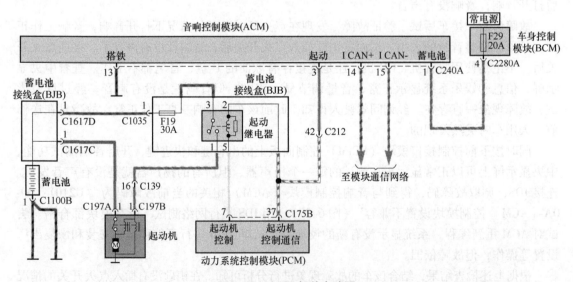

图 6-27　用 IDS 读取到的故障码

在对试乘试驾车进行试验的过程中，维修人员发现只有在车辆起动的过程中音响才会被暂时关闭。查阅相关电路图（图6-28）可知，PCM 在控制起动继电器的同时给 ACM 一个起动信号，ACM 在接收到起动信号后，会暂时关闭音响，以保证起动机有足够的电量起动发动机。

图 6-28　ACM 相关电路图

维修人员测量了 ACM 的供电、搭铁及通信网络的电压，均正常。因此，技师怀疑是起动信号有问题。测量试乘试驾车的导线连接器 C240A 的端子 3 的电压，在不插钥匙及点火

开关断开的情况下电压均为 0V；接通点火开关时的电压为 0.72V；在起动瞬间的电压为 2.38V；发动机起动着机后电压为 0V。再测量故障车的导线连接器 C240A 的端子 3 的电压，不插钥匙的情况下电压为 0V；钥匙插入点火开关后，电压约为 9V。由此可知，故障车的导线连接器 C240A 端子 3 的电压数据明显异常。从电路图图 6-28 可以看出，该端子的电压由 PCM 提供，且 PCM 同时给起动机继电器发送信号。于是，决定先测量起动机继电器一侧的信号。拔下起动机继电器，测量其端子 2 的电压，发现在钥匙插入、接通点火开关及起动瞬间，电压均为 9.15V 左右（图 6-29），由此判断是信号线对电源短路或 PCM 故障。

断开导线连接器 C175B 和导线连接器 C240A，同时拔下起动机继电器，用万用表测量导线连接器 C240A 的端子 3 与蓄电池和搭铁均无短路故障，由此确定是 PCM 存在故障。尝试对故障车的 PCM 重新编程，系统显示有新的校准，编程完成后试车，故障依旧。对 PCM 恢复出厂设置后试车，故障依然存在。与试乘试驾车的 PCM 进行调换后试车，故障排除。将故障车的 PCM 装到试乘试驾车上后发现，试乘试驾车出现故障，由此确认是 PCM 内部输出错误的信号导致音响没有声音发出。

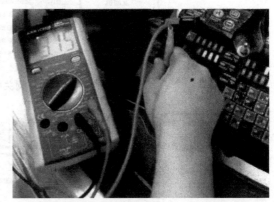

图 6-29　起动机继电器端子 2 的电压

故障排除　更换 PCM 后试车，故障排除。

> **技巧点拨**　音响方面的故障，最后却以更换 PCM 而结束，案例的诊断思路明确，分析判断到位。

二、英菲尼迪 QX30 车音响无法开启

故障现象　一辆 2017 款英菲尼迪 QX30 车，搭载 1.6T 发动机，行驶里程 5000km，因音响无法开启而进厂检修。

故障诊断　接车后首先试车验证故障现象，接通点火开关，起动发动机，发动机顺利起动，接通音响控制面板主开关，音响无法开启（图 6-30）；按下转向盘上的音响控制按键和多功能开关的所有按键，音响也无反应。用故障检测仪（CONSULT 3 PLUS）检测，在 CAN 网关中读取了 3 个故障码（图 6-31）："U0147-87——音响或指令 ECU 通信故障（缺失信息）""U105B-87——与方向盘电子的通信有故障（缺失信息）"

图 6-30　音响无法开启

"U1901-88——与 M-CAN 总线通信有故障（BUS OFF）"。在 AV 系统中读取了 4 个故障码

(图 6-32): "U1240-02——开关连接" "U1249-02——音响 H/U CONN (音响主机连接错误)" "U1267-02——CGW 连接 (CAN 网关连接)" "U1300-01——AV 通信电路"。记录并尝试清除故障码,故障码无法清除。

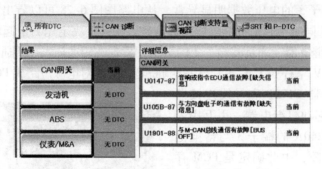

图 6-31　CAN 网关中存储的故障码

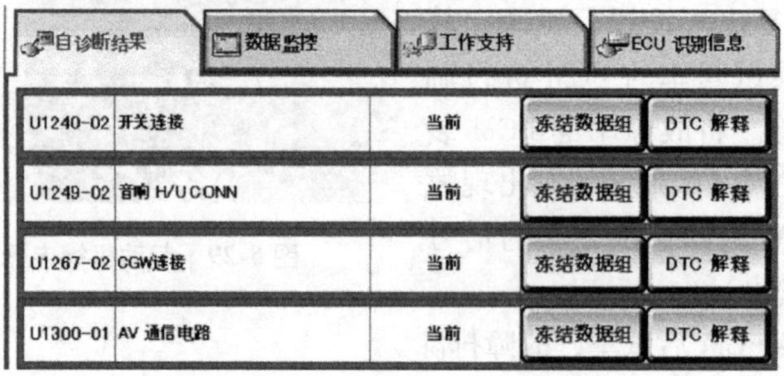

图 6-32　AV 系统中存储的故障码

查阅维修手册关于故障码 U0147-87、故障码 U105B-87 和故障码 U1901-88 的解释及排查步骤,得知当在 CAN 网关中存储故障码 U0147-87 和故障码 U1901-88 时,需要对显示屏控制单元执行车载诊断。由于该车音响按键无反应,无法进行车载诊断,只能先对故障码 U105B-87 进行分析检查,从故障码的含义上可以大致判断出,故障发生在 CAN 网关与 AV 主机的通信上。在 CAN 网关中存储故障码 U105B-87,需要执行 CAN 通信系统诊断。用故障检测仪执行 CAN 通信系统诊断,结果显示转向柱控制模块正常。通过上述对 CAN 网关中存储的故障码进行分析,它们的共同点是通信故障,唯一突破口在 CAN 网关与转向柱控制模块之间的通信线,以及这两个控制模块上。

由于 CAN 网关的拆卸比较容易,于是决定先从 CAN 网关着手检查。检查 CAN 网关导线连接器,连接牢靠,端子无腐蚀现象。检查 CAN 网关的供电及搭铁,均正常。测量 CAN 网关导线连接器侧通信端子(端子 16 和端子 17)之间的电阻,为 61.6Ω,正常,且对电源及搭铁无短路。鉴于对 CAN 信号波形的检测条件不足,暂时只能怀疑是 CAN 网关故障,或转向柱控制模块故障。

查阅维修手册关于故障码 U1240、故障码 U1249、故障码 U1267 和故障码 U1300 的解释及排查步骤,由优先级说明可知,需要先检查故障码 U1240、故障码 U1249 和故障码 U1267。查询这 3 个故障码的相关说明,可知它们的共同点都是 AV 主机通信异常。拆卸 AV 主机,检查 AV 主机的供电及搭铁,均正常。测量 AV 主机导线连接器侧通信端子(端子 22

与端子42）之间的电阻，为61.7Ω，且对电源及搭铁无短路。鉴于对CAN信号波形的检测条件不足，认为造成故障的可能原因包括：AV主机故障；CAN网关故障；转向柱控制模块故障；音响控制面板故障；相关线路故障。

本着由简到繁的诊断思路，对上述可疑的故障点进行逐一排除。首先，将故障车的音响控制面板调换到试乘试驾车上，故障车的音响控制面板在试乘试驾车上能够正常使用，排除音响控制面板有故障的可能。调换试乘试驾车AV主机，试乘试驾车AV主机装上故障车后（只是连接了导线连接器，没有安装到位），故障现象消失。怀疑是AV主机故障，重新连接故障车的AV主机（没有安装到位），故障现象消失。安装到位后，故障再次出现。在故障出现的情况下，拆下音响控制面板，故障现象消失；重新装复后，故障再次出现，由此确定故障可能出在线束或导线连接器上。仔细检查，在音响控制面板安装到位时，AV主机金属壳体挤压到多媒体CAN通信线，并使其破损（图6-33），破损的多媒体CAN通信线通过AV主机壳体搭铁，从而出现上述的故障现象。

图6-33　破损的多媒体CAN通信线

故障排除　修复破损的多媒体CAN通信线，并将线束重新固定后试车，故障现象消失，至此故障彻底排除。

技巧点拨　汽车故障的发生部位，多是线束破损、部件进水、搭铁不良、部件损坏、性能不良等方面，进行常规的基础检查往往可以快速找到故障发生的部位。

三、2011款高尔夫拔出车钥匙后收音机仍工作

故障现象　一辆2011款高尔夫轿车。在拔出车钥匙后收音机仍工作。

故障诊断　正常情况下，该车收音机在接通点火开关时会自动开始工作，如果不想收听，可以通过按压收音机上的电源开关将其关闭，或者通过拔出车钥匙将其关闭。该车的故障为断开点火开关并拔出车钥匙后，收音机仍工作。

用故障检测仪进行检查，发现在转向柱电子装置控制单元（J527）中存储有故障码（图6-34）：B114812——端子15对正极短路。端子15为从点火开关引出的15号电源线，受点火开关控制，因此故障码的含义其实为15号电源线对正极短路。接通点火开关时，收音机自动工作的控制原理为：接通点火开关，转向柱电子装置控制单元接收点火开关信号，并将其传递至车载网络控制单元（J519），然后由车载网络控制单元控制收音机工作。结合收音机的工作原理与故障码的含义进行分析，推断可能的故障原因包括15号电源线继电器故障、15号电源线故障，以及点火开关故障等。

首先，检查15号电源线继电器的工作情况，正常；接着用故障检测仪从转向柱电子装置控制单元内读取点火开关各端子的工作情况，如图6-35和图6-36所示。图6-37为该车点火开关的主要端子。在正常情况下，接通点火开关时，端子P为断开状态；拔出车钥匙

时，端子 P 为接通状态。因此，从图 6-38 和图 6-39 可知，点火开关端子 P 的状态错误，推断可能的故障原因为点火开关损坏，或点火开关与转向柱电子装置控制单元之间的线路存在故障。仔细检查点火开关与转向柱电子装置控制单元之间的线路，未发现异常，那么故障原因应该为点火开关损坏。

004.01- 查询事件存储器

1 检测到故障

SAE 代码：	B114812
症状编号：	[$024006]
症状编号：	[147462]
文本：	端子 15
文本：	对正极短路
状态：	主动/静态

图 6-34 转向柱电子装置中存储的故障码

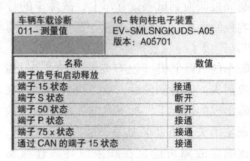

车辆车载诊断 011- 测量值	16- 转向柱电子装置 EV-SMLSNGKUDS-A05 版本：A05701
名称	数值
端子信号和启动释放	
端子 15 状态	接通
端子 S 状态	断开
端子 50 状态	断开
端子 P 状态	接通
端子 75 x 状态	接通
通过 CAN 的端子 15 状态	接通

图 6-35 故障车接通点火开关时点火开关各端子的工作情况

车辆车载诊断 011- 测量值	16- 转向柱电子装置 EV-SMLSNGKUDS-A05 版本：A05701
名称	数值
端子信号和启动释放	
端子 15 状态	断开
端子 S 状态	接通
端子 50 状态	断开
端子 P 状态	断开
端子 75 x 状态	断开
通过 CAN 的端子 15 状态	断开

图 6-36 故障车拔出车钥匙时点火开关各端子的工作情况

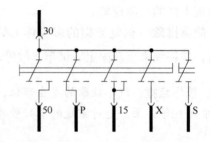

图 6-37 高尔夫轿车点火开关的主要端子

故障排除 更换点火开关后试车，拔出车钥匙，收音机能正常关闭，故障排除。故障排除后，再次用故障检测仪从转向柱电子装置控制单元内读取点火开关各端子的工作情况，如图 6-38 和图 6-39 所示。对比图 6-36 和图 6-39 可知，在拔出车钥匙后，正常车点火开关的端子 S 为断开状态，而故障车点火开关的端子 S 仍为接通状态。

车辆车载诊断 011- 测量值	16- 转向柱电子装置 EV-SMLSNGKUDS-A05 版本：A05701
名称	数值
端子信号和启动释放	
端子 15 状态	接通
端子 S 状态	接通
端子 50 状态	断开
端子 P 状态	断开
端子 75 x 状态	接通
通过 CAN 的端子 15 状态	接通

图 6-38 正常车接通点火开关时点火开关各端子的工作情况

车辆车载诊断 011- 测量值	16- 转向柱电子装置 EV-SMLSNGKUDS-A05 版本：A05701
名称	数值
端子信号和启动释放	
端子 15 状态	断开
端子 S 状态	接通
端子 50 状态	断开
端子 P 状态	接通
端子 75 x 状态	断开
通过 CAN 的端子 15 状态	断开

图 6-39 正常车拔出车钥匙时点火开关各端子的工作情况

技巧点拨 查阅相关维修资料得知，如果点火开关的端子 S 处于接通状态，那么其可以为收音机供电，这就是拔出车钥匙后收音机仍工作的根本原因。

四、标致 307 轿车加装音响后不能起动

故障现象 一辆标致 307 轿车，VIN：LDC913L3×××××122，行程里程 7.6 万 km 时，驾驶人自行到维修店加装了音响，后因不能起动来到东风标致 4S 店要求维修。

故障诊断 接车后，首先对故障进行验证，经检查发现：给发动机起动请求信号时，起动机没有运转迹象。检查蓄电池的电压为 12.23V，正常。发动机主线束及其连接部位检查也未发现异常，发动机机油液位、冷却液液位、转向液液位正常。当打开点火开关到 +AA、+CC 档时，组合仪表指示灯除了里程数显示外，其他指示灯都不亮，收音机及中央显示屏都不工作，前顶灯、阅读灯、后顶灯、储物箱灯、制动灯都不亮，电动后视镜不工作。使用 DIAGBOX 诊断仪检查，无故障码显示。

发动机不能起动是由于加装了音响引起的，且诊断仪无故障码，按照以往的习惯经验分析应直接判断为电路故障问题。因此查找到仪表盘、收音机和显示屏的关联电路图（图 6-40），仪表盘不工作可能是网关电脑的 10V NR 插接器的 6 号针脚供电线（EX24A）不工作，或仪表盘 18V NR 插接器的 16 号针脚接地线（MC004）接触不良或断路。经检查，供电线（EX24A）导通良好，MC004 接地线正常，且供电熔断器 F24 完好。因此怀疑是网关电脑、仪表盘、收音机和显示屏之间的网线故障，经检查它们之间的通信线路 9004 号线、9005 号线，连接完好，且没有降级模式存在。

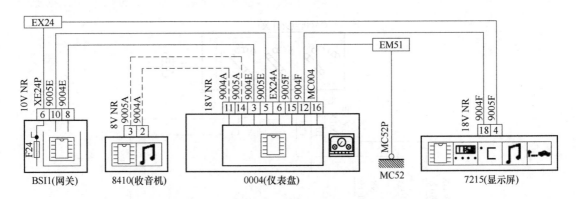

图 6-40　网关电脑、仪表盘、收音机和显示屏供电与通信电路图

由于仪表盘、收音机和显示屏的关联供电线路没有问题，因此，怀疑起动机电路（图 6-41）有故障。在图 6-41 中，使用万用表检查点火开关（CA00）的（3V VE）插接器的 3 号针脚到熔丝盒（BM34）的（16V GR）插接器的 1 号针脚之间的连线，熔丝盒（BM34）的（2V NR）插接器的 1 号针脚到起动机（1010）的起动控制线路，电源（BB00）正极到起动机（1010）的 +12V 电源线路，均正常。但在测量点火开关（CA00）起动请求时，没有 +12V 电源信号到起动机（1010）电磁开关。先把点火开关（CA00）的（3V VE）插接器的 3 号针脚断开，就近接 1 条 +12V 电源给点火开关 3 号针脚供电，这时起动机运转

正常，因此，怀疑点火开关（CA00）有故障。

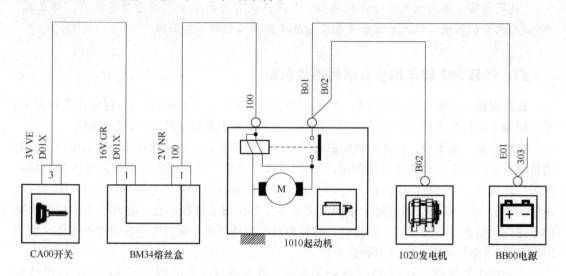

图6-41 起动机电路示意图

找到点火开关、网关电脑（BSI1）和熔丝盒（BM34）相关电路图（图6-42），使用万用表测量点火开关到网关电脑（BSI1）的（2V NR）插接器的1号针脚+CC和2号针脚+AA线路及其连接，无故障。测量点火开关的3针脚绿色插接器（3V VE）的1号针脚到熔丝盒（BM34）的8针脚黑色插接器（8V NR）的7号针脚之间线路，没有+12V电压，熔丝盒（MF7-30A）熔断器熔断。那么什么原因会引起30A熔断器MF7熔断呢？

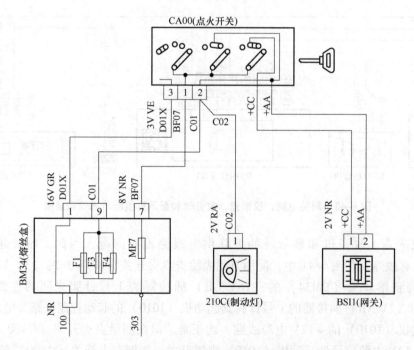

图6-42 点火开关供电部分电路图

经查明，造成熔丝盒（BM34）MF7 熔断器熔断的原因是：驾驶人在加装音响时，电源由点火开关的 +CC 接线提供，把加装的音响安装在后行李舱内。后来驾驶人不再使用加装的音响，拆除音响装置后，没有及时对电源线做绝缘包扎，最后正负线碰在一起引起短路。由于制动灯、电动后视镜、前顶灯、阅读灯、后顶灯、12V 前插座、储物箱灯的电源均取自于 +CC（附件供电），所以这些附件都不工作。

故障排除 拆除加装的音响线路，对电源线做绝缘包扎，更换新的 MF7（30A）熔断器，试车后故障排除。

技巧点拨 对于驾驶人私自加装外部用电设备后产生的故障虽不是个案，却给维修人员带来极大的考验。车辆故障的处理，往往需要维修人员平时维修经验的积累，从接车后对车辆故障现象的验证，常规的 5 液 3 水和线束检查，到与驾驶人的沟通和询问，都是汽车故障排除不可或缺的手段。目前，车载网络通信越来越复杂，如果不能借助电路图来分析和判断故障位置，虽有诊断仪，对于初级维修人员仍是一种严峻的挑战，因此，本案例的故障排除方法值得借鉴。

第七章

其他车身控制系统维修技能与技巧点拨

第一节 宝 马 车 系

一、宝马 740Li 导航系统车辆位置显示错误

故障现象 一辆宝马 740Li，车型为 F02，配置 N54 发动机，行驶里程为 15000km。导航系统无法正确识别车辆当前位置，车在长沙，中央信息显示器 CID 上 GPS 信息却显示在北京，即使在空旷的位置，显示接收中的卫星个数仍然为 0。

故障诊断 首先，有必要了解本车导航系统。车辆配备高版本汽车信息计算机 CIC，CIC 中集成了导航电脑、GPS 接收器以及偏航角速率传感器。车顶天线中包含了 GPS 天线。GPS 天线通过一根同轴电缆，将接收到的 GPS 卫星位置、日期、时间等数据传送至 GPS 接收器，GPS 接收器通过三角函数参考多颗卫星已知的位置来确定车辆位置。当车辆行驶至隧道或地下车库时可能无法接收卫星信号，此时偏转率传感器提供的关于行驶方向变化的数据用于确定准确的车辆位置。导航的地图数据存储于 CIC 的硬盘中，包括导航系统在内的诸多信息，在中央信息显示器 CID 上予以显示。

GPS 天线与主机之间传导的为高频交流信号而非直流信号，如使用普通铜线，难免如一根向外发射无线电的天线，消耗信号功率，使 GPS 接收器接收的信号强度减小。同轴电缆的使用可解决这个问题。它由里往外分为 4 层：中心铜线，塑料绝缘体、网状导电层和电线外皮，因中心铜线和网状导电层为同轴关系而得名，如图 7-1 和图 7-2 所示。网状导电层两端分别通过 CIC 和车顶天线接地，中心电线发射出来的无线电被其所隔离，因此又称为屏蔽层。

检查车顶天线并无明显外观损坏后，连接宝马专业诊断设备 ISID，显示相关故障码为主机与 GPS 天线座之间的连接（电路如图 7-3 所示）：对地短路，当前不存在。删除之后一会儿又出现。诊断软件 ISTA 提示主机 CIC、GPS 天线，以及两者间的同轴电缆信号出现短路，均可导致故障现象出现。主机中央信息计算机在仪表台中央，而 GPS 天线在后风窗玻璃附近车顶，同轴电缆跨度比较大，且埋在仪表饰件和车顶饰件内，直接拆检不可取。拆下车顶

天线需揭开车顶天线壳体同时拆卸车内绒顶，工程量也大。勉强拔下天线插头 E26*4B，观察无明显异常，想直接测量 GPS 天线信号线有无对地短路，也由于操作空间实在太小（不拆车顶饰件万用表根本够不着天线）只好作罢。

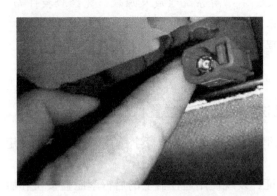
图 7-1　GPS 天线一侧同轴电缆插接器 E26*4B

图 7-2　主机 CIC 一侧同轴电缆插接器 A42*9B

本着由简及繁的原则，拆下主机 CIC 且拔下插接器 A42*9B 检查，并无松旷、腐蚀或变形。重新插上插头 E26*4B，对调一相同零件号事故车的 CIC，装复好发现中央信息显示器显示的导航和地图两栏均为灰色，试车也没能恢复正常导航状态，可能导航系统已对具体车辆底盘号码编码，看来此路不通，无法判断 CIC 是否存在故障。换个方式，只断开插头 A42*9B，插上其他插头后 ISTA 测试，出现故障码：主机 CIC 与 GPS 天线断路。如果短路故障出现在主机 CIC 内的 GPS 天线信号输入端，那么即使断开插头 A42*9B，ISTA 测试仍将出现故障码主机与 GPS 天线座之间的连接：对地短路。与事实结果相反，所以可以基本排除 CIC 内部信号输入端对地短路的可能性。会不会是同轴电缆受压变形破损导致中心信号线与屏蔽层短接呢？想到这里，用万用表蜂鸣档测量，发现中心电线果然对屏蔽层短路。经查维修记录并问询驾驶人，发现本车除做过几次常规保养外并未检修过其他问题，电缆损坏可能性小，为确切找到问题所在，同时断开插头 E26*4B，测量同轴电缆中心电线，发现不再与屏蔽层短接，说明 GPS 天线存在信号线对地短路故障，导致导航系统车辆位置显示错误。

故障排除　更换车顶天线（图 7-4）后导航恢复正常。

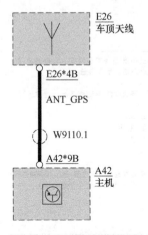
图 7-3　GPS 导航电路图

图 7-4　车顶天线

技巧点拨　虽然并非同轴电缆原因导致导航故障，但同轴电缆在车辆导航、电信、DAB 数字广播等系统中运用较多，希望本案例能给大家些许启示。

很多汽车维修人员没有理解故障码的含义，不了解系统组成及原理，凭经验换件而不是基于测量和逻辑来诊断，往往造成订回来的零件不能用，拆拆装装没有针对性，时间浪费了，驾驶人很不满意。只有将扎实的理论、严密的逻辑运用到实际修车中，才是合格的汽修技师。

二、2014 款宝马 X6 车后行李舱盖无法打开到设定位置

故障现象　一辆 2014 款宝马 X6 车，行驶里程 4 万 km，因后行李舱盖无法打开到设定位置而进厂维修。

故障诊断　接车后维修人员对故障进行验证，发现使用遥控器上的后行李舱盖按钮和后行李舱盖外部开关均无法将后行李舱盖打开到设定的位置。用宝马专用检测仪（ISID）进入快速检索界面，未读取到任何故障码。维修人员通过中央信息显示器（CID）对后行李舱盖的开启角度重新预设定，故障依旧。

使用遥控器上的后行李舱盖按钮和后行李舱盖外部开关能控制后行李舱盖的开启和关闭，说明便捷进入及起动系统（CAS）已经将开启和关闭后行李舱盖的信号，通过 K-CAN 网络总线传递给后行李舱盖提升装置（HKL）及接线盒电子装置（JBE），因此，排除 CAS 有故障的可能。接线盒电子装置（JBE）在对后行李舱盖锁进行解锁操作的同时，通过后行李舱盖锁内的开关传感器来识别后行李舱盖是否打开关闭，而该车的后行李舱盖已经打开，只是无法打开到预先设置位置，说明 JBE 不存在故障。

反复开启、关闭后行李舱盖，发现后行李舱盖在打开过程中，如果用手辅助推动后行李舱盖，则后行李舱盖可以打开到预先设定位置，由此推断导致该车后行李舱盖无法打开到设定位置的原因可能有：后行李舱盖机械卡滞或故障；后行李舱盖提升装置故障。

经过与其他同款车对比，发现故障车后行李舱盖在开启和关闭时均没有明显卡滞现象，用润滑油脂对后行李舱盖铰链等进行润滑后试车，故障依旧，初步排除后行李舱盖机械卡滞或故障的可能。

根据相关电路测量后行李舱盖提升装置的供电和搭铁，均正常。连接 ISID，在后行李舱盖完全关闭状态下，ISID 数据流显示左右后行李舱盖提升装置位置增量均为 0（图 7-5）。分别使用遥控器上的后行李舱盖按钮和后行李舱盖外部开关控制后行李舱盖开启，当后行李舱盖打开到不再上升时（未打开到设定位置），数据流显示左右后行李舱盖提升装置位置增量分别为 610 和 615（图 7-6）；用手推动后行李舱盖至完全打开状态，数据流显示左右后行李

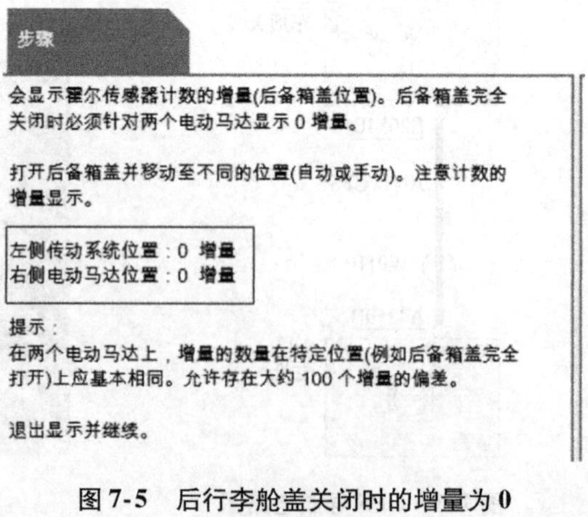

图 7-5　后行李舱盖关闭时的增量为 0

舱盖提升装置位置增量分别为1126和1131（图7-7）。

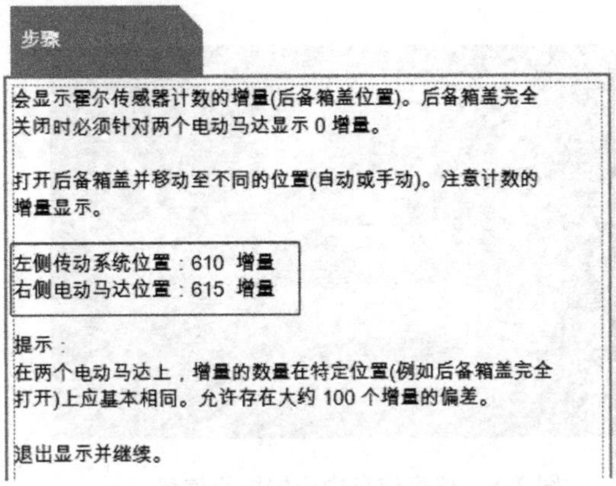

图7-6 后行李舱盖故障时的增量状态 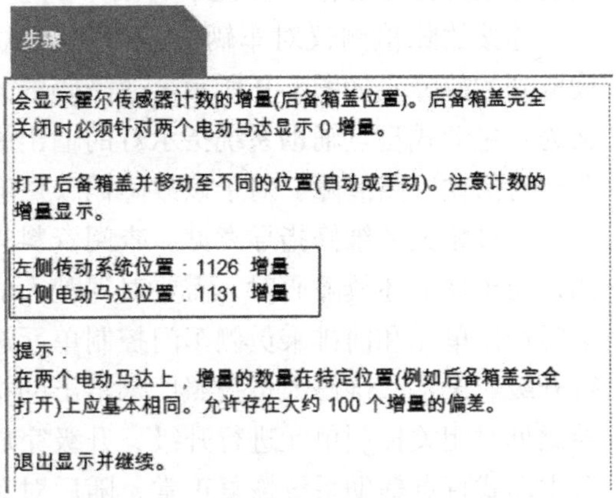　　**图7-7** 后行李舱盖完全打开时的增量状态

查看维修资料得知，正常情况下，后行李舱盖在完全关闭状态下，左右后行李舱盖提升装置位置增量均为0；后行李舱盖在完全打开状态下，左右后行李舱盖提升装置位置增量均为1100（允许有±100的误差）。对比可知，该车后行李舱盖提升装置和左右撑杆对应的霍尔传感器工作无异常。

进一步查看维修资料得知，后行李舱盖在开启或关闭过程中，如果后行李舱盖提升装置监控到霍尔传感器脉冲信号消失，或撑杆电动机工作电流升高时，后行李舱盖提升装置会默认识别到一个锁止信号，并切断对左右撑杆电动机的供电。进入ISID万用表界面，读取左右撑杆电动机工作时的电流，发现左侧撑杆电动机工作时的电流最大可以达到4.3A左右，右侧撑杆电动机工作时的电流最大可以达到3.3A左右。测量正常同款车的撑杆电动机工作时的电流，均在3.3A左右，由此推断左侧撑杆电动机损坏。拆下左侧撑杆电动机检查，发现其轴承明显有松旷现象。

故障排除 更换后行李舱盖左侧撑杆电动机后试车，使用遥控器上的后行李舱盖按钮和后行李舱盖外部开关，均能使后行李舱盖打开到设定位置，故障排除。

> **技巧点拨** 该车后行李舱盖无法打开到设定位置是因左侧撑杆电动机轴承松旷，电动机运转时电流增大（转子转动时有阻力），导致后行李舱盖提升装置在后行李舱盖打开过程中错误判断为锁止信号，从而启用锁止功能并切断撑杆电动机的供电。

第二节　奔　驰　车　系

一、奔驰E400驾驶人主动式盲点辅助系统停止运作

故障现象 一辆奔驰E400车，底盘号为LE4212167，装配276型发动机，行驶里程6000km，因仪表信息中心提示"主动式盲点辅助系统停止运作"而进厂检修。

故障诊断 接车后试车验证故障，接通点火开关，仪表信息中心立即出现“主动式盲点辅助系统停止运作”的提示（图7-8）。

图7-8 仪表信息中心的提示信息

连接故障检测仪对车辆进行快速测试，读取到的故障码如图7-9所示。故障码的含义为：主动式盲点辅助系统指示灯的输出端存在对搭铁短路故障。对于该故障码，厂家曾给出过相关的维修指导意见。查阅资料得知，当出现上述故障码时，需要对驾驶人侧车门控制单元和前排乘员侧车门控制单元进行升级。于是，维修人员按照厂家给出的指导意见对相关控制单元进行升级，升级完成后主动式盲点辅助系统恢复正常，随后对车辆进行路试，也未见异常，于是将车交还给驾驶人使用。本以为故障就此解决了，谁知第2天驾驶人再次因主动式盲点辅助系统停止运作而进厂检修。

N69/1-Left front door(DCU-LF) -F-

MB object number for hardware	212 901 16 05	MB object number for software	212 902 50 05
Diagnosis identifier	000221	Hardware version	11/27 00
软件状态	12/40 00	Boot software version	12/41 00
Hardware supplier	Temic	Software supplier	Temic
Control unit variant	DM_V212_MOPF2013_0221		

Fault	Text			Status
A80811	The output for the warning lamp ' Blind Spot Assist' has a malfunction. There is a short circuit to ground.			S
	Name	First occurrence	Last occurrence	
	Frequency counter	---	1.00	
	Main odometer reading	3008.00km	3008.00km	
	Number of ignition cycles since the last occurrence of the fault	---	154.00	

S=STORED

N69/2-Right front door(DCU-RF) -F-

MB object number for hardware	212 901 17 05	MB object number for software	212 902 51 05
Diagnosis identifier	000221	Hardware version	11/27 00
软件状态	12/40 00	Boot software version	12/41 00
Hardware supplier	Temic	Software supplier	Temic
Control unit variant	DM_V212_MOPF2013_0221		

Fault	Text			Status
A80811	The output for the warning lamp ' Blind Spot Assist' has a malfunction. There is a short circuit to ground.			S
	Name	First occurrence	Last occurrence	
	Frequency counter	---	1.00	
	Main odometer reading	3008.00km	3008.00km	
	Number of ignition cycles since the last occurrence of the fault	---	155	

图7-9 故障检测仪读取到的故障码（一）

再次连接故障检测仪对车辆进行快速测试，驾驶人侧车门控制单元和前排乘员侧车门控制单元内均无故障码存储，但却在其他控制单元内读取到了故障码（图7-10）。

首先，对雷达传感器控制单元（N62/1）内存储的故障码进行引导检测，故障引导功能提示电动动力转向控制单元（N68）的故障存储器内存在与该系统相关的故障码。于是再对电动动力转向控制单元内存储的故障码进行引导检测，故障引导功能提示转向柱控制模块（N80）的控制器区域网络（CAN）信号缺失或不可信。

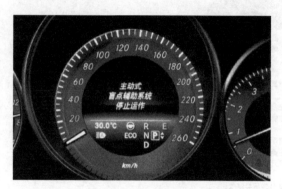

第七章 其他车身控制系统维修技能与技巧点拨

N62/1-雷达传感器控制单元（SGR） —F—

梅赛德斯-奔驰硬件号	099 901 21 00	梅赛德斯-奔驰软件号	000 902 48 25
诊断标识	023015	硬件版本	13/07 00
软件状态	14/15 00	引导程序软件版本	13/06 00
硬件供应商	ADC	软件供应商	ADC
控制单元型号	RDU 212FR_023015		

事件	文本	状态
U0420EF	控制单元'N68（电子动力转向（ES））'的控制器区域网络（CAN）信号'方向盘角度'不可信。	S

S=已存储

N68-电动动力转向（ES） —F—

梅赛德斯-奔驰硬件号	204 901 01 04	梅赛德斯-奔驰软件号	218 902 75 01
梅赛德斯-奔驰软件号	218 903 24 00	诊断标识	000105
硬件版本	11/28 03	软件状态	13/14 00
软件版本	13/14 00	引导程序软件版本	10/26 00
硬件供应商	ZF Lenksysteme	软件供应商	ZF Lenksysteme
软件供应商	ZF Lenksysteme	控制单元型号	EPS218_0105

故障	文本		状态
C128300	电子动力转向中转向角传感器的信号值相互之间不可信。		A+S
	姓名	首次出现	最后一次出现
	Liste der KFC-Kummern	---	5B 04 FF FF FF FF FF FF FF

A+S=当前并且已存储

图 7-10 故障检测仪读取到的故障码（二）

根据故障引导功能的提示，对转向柱控制模块中转向角传感器（N49）的进行检测。经检测，确认与转向角传感器的通信是正常的。此外，转向柱控制模块内也无故障码存储。在转向柱控制模块内查看转向角传感器的实际值（图 7-11），以及电动转向机内的转向角实际值（图 7-12），均正常。尝试对电动转向机进行升级，以及断电处理，但故障依旧。

相应的实际值状态

姓名	实际值	标准值
转向角	6.1°	[-720.0 .. 720.0]
转向角传感器存在内部故障。	否	否
转向角传感器的状态	已初始化	已初始化

图 7-11 转向柱控制模块内的实际值

实际值

编号		姓名	实际值	标准值
746		供电电压	13.20V	[11.00 .. 15.50]
669	ⓘ	转向角	1.20	[-550.00 .. 550.00]
334		方向盘中间位置偏移值	-1.50	
182	ⓘ	内燃机的状态	接通	
008		初始车辆识别号		
687		当前车辆识别号		
994	ⓘ	转向机序列号	212460980002142270 5649	
053		左侧转向极限位置状态	已学习	已学习
735		右侧转向极限位置状态	已学习	已学习

图 7-12 电动转向机内的转向角传感器实际值

193

故障排除 经过仔细思考,既然电动动力转向控制单元内一直存在当前故障码,而转向柱控制模块和电动转向机内的转向角传感器数据均正常,那应该是电动转向机本身存在故障,却误认为是转向角度存在错误。尝试更换电动转向机后试车,一切恢复正常,将车交还给驾驶人,并于两周后进行电话回访,确认故障彻底排除。

> **技巧点拨** 主动式盲点辅助系统可主动监测车辆左右的盲区范围,提升行车安全。在车辆时速超过30km/h时,主动式盲点辅助系统开始起动,启用了车辆盲点一侧的指示灯,并打算向该侧变换车道,如果那里有一辆车在盲点,伴随着变动线的注意,它将被给予视觉上的警告。当盲点辅助认出后者的危险在盲点,它产生行为去制动车辆改变汽车行程。

二、2015款奔驰E300 COMAND显示屏工作不正常

故障现象 一辆2015款奔驰E300,底盘号E212,配置272型发动机。驾驶人投诉车辆近期出现COMAND使用时出现闪屏现象,有时明明车已经起动,但COMAND屏幕上提示"起动车辆3min后关闭"。仪表指针有时乱跳,转向盘右侧按键均无反应。

故障诊断 接到这辆车后根据驾驶人描述测试此车,确有这些现象存在。按遥控钥匙偶尔无反应,空调在开启过程中出现自动停机又自动开机现象。

使用XENTRY诊断仪对该车进行诊断时有如下信息:
① 中央网关报车内CAN总线关闭故障。
② 仪表报与音频COMAND控制单元通信存在故障。
③ 转向柱模块报与前部信号控制采集模块通信存在故障。
④ 发动机控制单元报空调控制单元发送的一个或多个信息存在缺失。

另外根据经验判断在这份快速测试中只有20多个控制单元,正常情况下这款车应该有40个控制单元左右。

按图索骥,依据当前所掌握的信息分析推理可能故障原因有两个:
① 网络系统存在断路、短路。
② 某个模块存在电气故障干扰其他模块的正常工作。

对此必须掌握奔驰E级车的整车网络结构原理,了解了E级车的网络拓扑图(图7-13和图7-14)后再结合开始时进行的诊断仪快速测试,对比同款车型的控制单元模块数量后,发现诊断仪未能正常通信的模块都集中在CAN-A和CAN-B之中。因为这里涉及的控制单元数量较多,为了能更精确地找到故障点,再借助奔驰专用诊断示波器HMS990,对车辆进行诊断。

查找到CAN-A与CAN-B分配器位置,先将线路连接到CAN-B上读取波形,波形异常(图7-15),有非常多的杂波。于是逐个分开CAN-B上的插头,当断到A40/3时波形恢复正常。仔细查看网络拓扑图发现A40/3也正是属于CAN-A与CAN-B的网关。将其他CAN-B插头都接上,只拔掉A40/3的插头再次快速测试,这时候CAN-B的模块都能正常通信了。到了这里越来越接近问题点了,于是将A40/3主机拆下来检查。

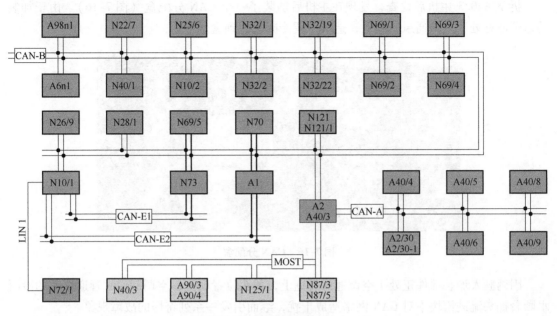

图 7-13　网络拓扑图（一）

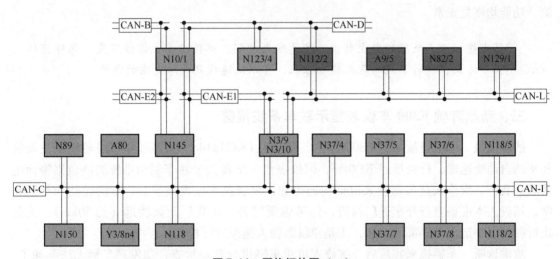

图 7-14　网络拓扑图（二）

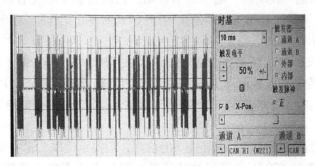

图 7-15　波形

拆下 A40/3 主机后检查，发现在主机后加装了一个 CAN 分配盒（图 7-16）。由于加装的盒子刚好处于空调通风管壁上，造成空调冷凝水流到盒子上。

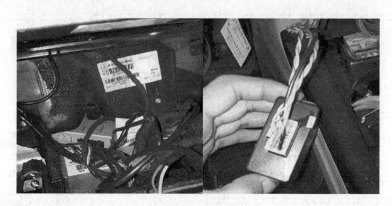

图 7-16　CAN 分配盒

因驾驶人加装部件正处于空调通风管壁上，插头位置朝上，空调制冷时管道壁上的冷凝水顺着插头流进模块中对 CAN 网络造成干扰，继而引发一系列奇怪的故障现象。

故障排除　将原因告知驾驶人后，将加装部件移除并恢复原车线路，再对车辆进行检测，功能均恢复正常。

> **技巧点拨**　汽车故障的发生部位，多是线束破损、部件进水、搭铁不良、部件损坏、性能不良等方面，进行常规的基础检查往往，可以快速找到故障发生的部位。

三、新款奔驰 E300 车仪表显示驻车系统报警

故障现象　一辆新款奔驰 E300 车，底盘号为 LE4213148，搭载 274 型涡轮增压发动机和 9 速自动变速器，行驶里程 7000km，因仪表盘上出现关于驻车制动系统的红色报警而电话联系我厂。维修人员与驾驶人电话沟通得知，仪表盘上出现报警后，车辆起动和行驶正常，驾驶人本准备自行开车进厂检查，但考虑到驾驶人离我厂距离较远（约 50km），为防止行驶过程中造成车辆部件损坏，于是建议驾驶人拖车进厂检查。

故障诊断　车辆拖来我厂后，维修人员对车辆进行常规检查，却发现车辆无法起动了。接通点火开关，尝试起动发动机，起动机不转动，仪表信息中心交替出现"主动制动辅助系统功能范围受限""低压续跑指示器停止运作""ESP 停止运作""驻车制动器参见驾驶人手册"等一系列提示信息。

连接故障检测仪，对车辆进行快速测试，却发现检测不到 ESP（车身稳定系统）控制单元，同时，在传动系统控制单元（N127）、前 SAM 控制单元（N10/6）、发动机控制单元（N3/10）、燃油泵控制单元（N118）等多个控制单元中存储有通信方面的故障码（图 7-17）。

首先，根据故障码的提示进行引导性功能检测，均提示读取 ESP 控制单元（N30/4）的故障存储器，并继续在 N30/4 中进行故障诊断。但是由于 N30/4 检测不到，只能先排查 N30/4 无法检测到的原因。

N127 — "传动系统"控制单元（PTCU）			-F-
梅赛德斯—奔驰硬件号	000 901 61 02	梅赛德斯—奔驰软件号	000 902 60 43
梅赛德斯—奔驰软件号	000 903 83 18	软件的梅赛德斯—奔驰软件号	000 904 20 00
诊断标识	023E0C	硬件版本	14/47 000
软件状态	17/36 000	软件状态	17/36 000
引导程序软件版本	15/17 000	引导程序软件版本	15/17 000
硬件供应商	Continental	软件供应商	Continental
软件供应商	Continental	引导程序软件供应商	Continental
控制单元型号	CPC_NG_R16A		
故障	文本		状态
U012287	与"牵引系统"控制单元的通信存在功能故障。 信息缺失。		A
U012200	与"牵引系统"控制单元的通信存在功能故障。		A

A=当前

N118 — "燃油泵"控制单元（燃油系统控制单元（FSCU）08）			-i-
梅赛德斯—奔驰硬件号	000 901 38 06	梅赛德斯—奔驰软件号	000 902 02 38
梅赛德斯—奔驰软件号	000 903 53 13	诊断标识	00330C
硬件版本	16/34 000	软件状态	16/48 000
软件状态	17/10 000	引导程序软件版本	11/20 000
硬件供应商	Continental	软件供应商	Continental
软件供应商	Continental	控制单元型号	FSCM_GEN4_Programmd_x30C
事件	文本		状态
U012287	与"牵引系统"控制单元的通信存在功能故障。 信息缺失。		A+S

A+S=当前并且已存储

图 7-17 读取到的故障码

N30/4 的端子 1 和端子 30 均为供电端子，端子 14 和端子 46 均为搭铁端子。测量供电和搭铁之间的电压，为 12.7V，判断供电正常。此外，N30/4 上连接的数据总线有动态行驶控制器区域网络和 Flex Ray 总线。测量 CAN H 的电压，为 3.3V，CANL 的电压为 1.7V，与正常车辆进行对比，电压一致；测量 N30/4 上的 Flex Ray 总线的电阻，为 95Ω；测量 N30/4 导线连接器上的 Flex Ray 总线电阻为 2.4kΩ，正常。既然已经排查了 N30/4 的相关线路，并未发现任何异常，推断 N30/4 损坏。

对车辆进行断电操作并装复后，发现 N30/4 可以检测到了，再次读取故障码，发现有电动驻车制动器存在功能故障的故障码（图7-18）。检查电动驻车制动器功能，发现操作电动驻车制动器开关时，左后轮有制动，而右后轮却没有制动，这证实了故障与故障码的一致性。而在车辆停放了大约 30min 后，再次尝试起动动发动机，又出现了无法起动的故障现象。再次用故障检测仪检测，发现 N30/4 又检测不到了。

C100B77	电动驻车制动器存在功能故障。 不能达到指定位置。	当前并且已存储	F
⊞ 控制单元专用的环境数据			
⊞ 依次出现的辅助信息			
C100BE1	电动驻车制动器存在功能故障。	已存储	i
C100BE2	电动驻车制动器存在功能故障。	已存储	i
B23AB29	右侧制动钳存在功能故障。 存在一个无效的信号。	当前并且已存储	F
C100BE9	电动驻车制动器存在功能故障。	已存储	i

图 7-18 N30/4 中存储的故障码

故障排除 向厂家申请更换 N30/4，得到许可后更换 N30/4，试车，故障排除。

技巧点拨 该车型的 N30/4 在 Flex Ray 网络中起着网关的作用，同时又是一个重要的冷起动控制单元，N30/4 损坏后造成了系统的紊乱，最终影响到了发动机的正常起动。

第三节 大众奥迪车系

一、奥迪 A4L 轿车导航定位错误

故障现象 一辆 2017 款奥迪 A4L 轿车，该车搭载 CWN 1.8L TFSI 发动机和自动变速器，行驶里程 6000km。驾驶人反映该车导航定位错误。

故障诊断 维修人员接车后首先试车验证故障现象。开启导航，导航实时位置显示如图 7-19 所示，导航定位与实际位置不符。

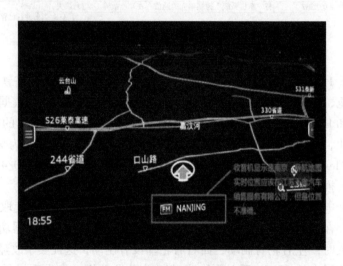

图 7-19 导航实时位置显示错误

维修人员连接故障检测仪（VAS6150B）读取故障码，无相关故障码存储。读取导航卫星系统数据流，显示没有 GPS 信号（图 7-20）。根据上述的检查，维修人员分析认为造成故障的可能原因如下。

1）导航天线（R50）故障。
2）信息娱乐主控制器（J794）或者其线路故障。

参考系统无故障记录，首先排除信息娱乐主控制器（J794）线路故障的可能。经检查，此车没有加装任何电器附件，检查天线 R50 正常，因此怀疑是 J794 内部处理器故障，导致导航接收定位错误。

故障排除 更换安装在杂物箱内侧的信息娱乐主控制器 J794（图 7-21），对导航数据再次进行检测，读取导航卫星数据流（图 7-22），GPS 接收状态显示为正在接收 GPS 数据，位置已完全确定，至此故障彻底排除。

第七章 其他车身控制系统维修技能与技巧点拨

图 7-20 导航数据流

图 7-21 信息娱乐主控制器 J794 安装位置

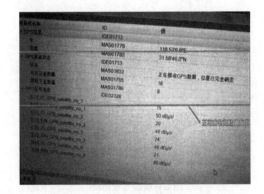

图 7-22 导航数据流恢复正常

技巧点拨 更换 J794 之前，需注意查看导航数据版本号，以备下次导航数据更新。该车导航数据版本号如图 7-23 所示。

图 7-23 导航数据版本号

二、奥迪 A3 多媒体操作按钮没反应，显示屏无法升起

故障现象　一辆奥迪 A3，配置 1.4T CSSA 发动机和 0AM 变速器，车辆识别码（VIN）：LFV2B28V4G5×××××，行驶里程 7814km。驾驶人描述多媒体操作按钮没反应，显示屏无法升起。

故障诊断　该车可以用多功能转向盘按键操作信息娱乐系统切换菜单，收音机和多媒体也可以播放并且可以调节音量。但多媒体操作单元 E380 按任何键均没有反应，且多媒体显示屏无法升起。诊断仪检查 5F 信息电子主控单元有如下故障码，如图 7-24 所示。

根据引导型测试计划提示可能原因包括：

① 信息娱乐总线断路或是短路。
② 多媒体操作单元 E380 有故障。
③ 信息娱乐主控单元 J794 有故障。

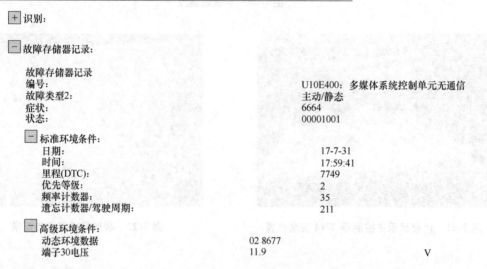

图 7-24　诊断仪读取的故障码

由于该车行驶里程较少，结合实际维修过程线路出现故障的概率很小，决定先替换 E380。J794 和 E380 的电路图如图 7-25 所示。对调 E380 后发现故障消失，确定故障就是由于 E380 内部损坏所致。由于该车涉及质量担保，根据以前经验 E380 只有进水才能损坏，决定分解 E380 检查。经分解果然发现是 E380 进水腐蚀导致损坏（图 7-26）。

故障排除　由于是新车，驾驶人决定更换 E380 解决故障。更换 E380 后，故障排除。

> **技巧点拨**　奥迪车系 E380 在售后维修过程中基本都是因为进水腐蚀导致损坏，在检查类似问题时一定要先排除 E380 是否进水。另外，还要提醒驾驶人在日常使用过程中避免将饮料或水杯放在 E380 上面，防止意外进水造成不必要的损失。

第七章 其他车身控制系统维修技能与技巧点拨

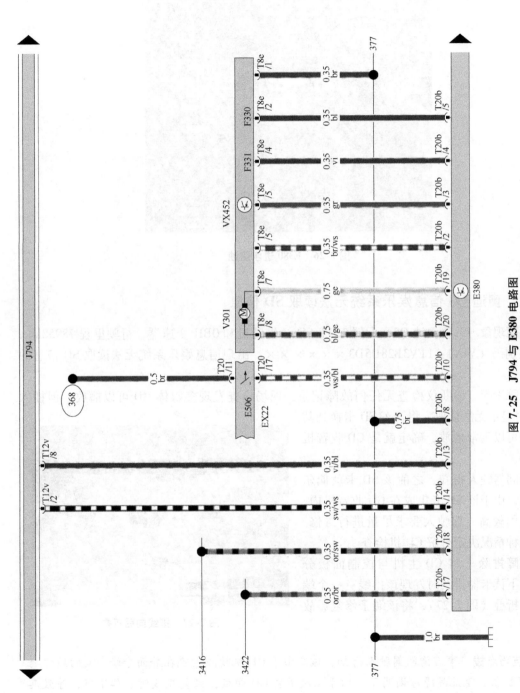

图 7-25 J794 与 E380 电路图

E380—多媒体系统操作单元 E506—显示单元按钮 EX22—操作单元 F330—显示器打开限位开关 F331—显示器 关闭限位开关 J794—电子通信信息设备 1 控制单元 V301—显示屏打开/关闭电动机 VX452—显示屏转动机构

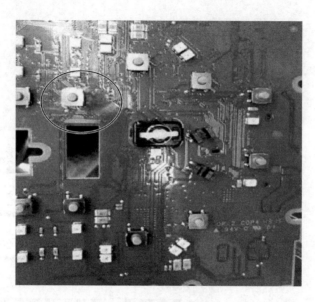

图 7-26　E380 进水腐蚀

三、奥迪 Q3 信息娱乐系统无法读取 SD 信息

故障现象　一辆奥迪 Q3，配置 1.4T CSS，发动机和 0BH 变速器，行驶里程 78958km，车辆识别码（VIN）：LFV3B28U5D3×××××。出现信息娱乐系统无法读取 SD 信息的故障。

故障诊断　诊断仪检查无任何故障记录，现场检查发现多媒体 CD 可以播放，但插入 SD 卡时显示无法读取。将该车 SD 卡换到其他车上可以正常播放，确定就是 CD 收音机损坏。

询问驾驶人得知，之前该 SD 卡就偶尔不能用，由于该 SD 卡集成在 CD 收音机内，更换费用较高，驾驶人要求尽量进行维修。鉴于这种情况决定分解 CD 机检查。

故障排除　将 CD 主机与控制面板分开，拆下读卡器排线时发现该排线有一个端子向后折叠（图 7-27），将该端子修复后故障排除。

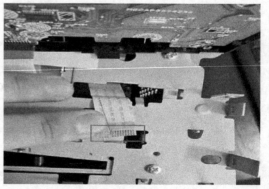

图 7-27　排线向后折叠

技巧点拨　事后询问驾驶人得知，该车由于 CD 机故障卡碟在外面专修音响的地方打开过 CD 机，至此故障原因明了。由于上次拆装 CD 面板，装复排线时操作不当，导致其中的一个端子向上折叠，当时可以部分接触上，所以并没有故障现象。随着车辆行驶里程增加和颠簸，使该端子彻底接触不上，从而导致无法读取 SD 卡信息。

四、2013 款奥迪 C7 右前照灯不亮，仪表有灯光报警提示

故障现象 一辆 2013 款奥迪 C7，搭载 CDN 型发动机，行驶里程 10 万 km。驾驶人反映右前照灯远、近光以及转向灯不亮，中央仪表有灯光报警提示。

故障诊断 该车进站后经检查发现右前照灯远、近光不亮，右前转向灯、右前 LED 日间行车灯也不亮。

该车一周前曾进站维修过右前照灯，当时是右前照灯远、近光不亮，但是右前日间行车灯以及右前转向灯均正常。当时给驾驶人更换了一个右前照灯氙气灯组后，故障被修复并交车。这次驾驶人进站后说灯突然不亮了，询问前照灯不亮前后是否有其他异常，驾驶人说没有注意到，只好按照常规流程进行检查。

连接专用诊断仪 OIDS，发现了 02897 和 00927（图 7-28）两个故障码。由于右侧前照灯均不亮，而所有灯泡同时出故障的可能性不大，于是按照先易后难的原则，首先检查熔丝是否正常，前照灯熔丝在熔丝盒 D 的位置，用万用表的通断档去测量熔丝，一切正常。确定熔丝正常后，就应该检查前照灯总成是否有问题。拆下前照灯，并把左右侧前照灯总成的接线进行了互换，结果发现右侧前照灯换到左侧后只有转向灯亮，而其余的灯都不亮。而左侧前照灯到右侧后，也是所有灯都不亮。

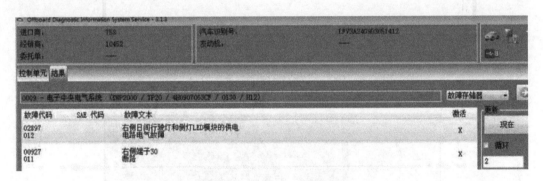

图 7-28 故障车上的故障码

由此初步判定右侧前照灯总成和线路可能均存在问题。前照灯总成出现故障的可能原因有：氙气前照灯的灯泡故障、氙气灯组故障和氙气前照灯内部线路故障。继续采用倒换件的方式进行逐个排查。

把右侧氙气灯灯泡换到左侧前照灯上，灯泡正常点亮；把右边氙气灯组换到左侧前照灯上，灯泡不亮，且氙气灯组迅速发热。拆检氙气灯组的时候发现氙气灯组里面有水，看来是氙气灯组进水导致被烧坏。为了进一步验证，又把左侧的前照灯灯泡和氙气灯组装到右侧前照灯上，前照灯正常点亮，由此可判断右侧前照灯内部线路正常。进一步检查发现，右侧前照灯总成上出现了裂纹，存在密封不严的现象。

为彻底排除故障，还需检查与前照灯相关的线路。查阅维修手册，查找与前照灯相关电路图（图 7-29），氙气前照灯控制模块与 J519 直接连接，前照灯插头上的针脚为 6 号，测量该处电压为 0，存在断路情况。而与 J519 相连接的插头为 F，针脚为 15 号（图 7-30），用万用表测量 T17e/15 至 T14d/6 之间的电阻为 0.2Ω，正常。这样的检测结果让笔者很是疑惑，难道 J519 也坏了吗？J519 虽然也有可能损坏，但这种概率太低了。

203

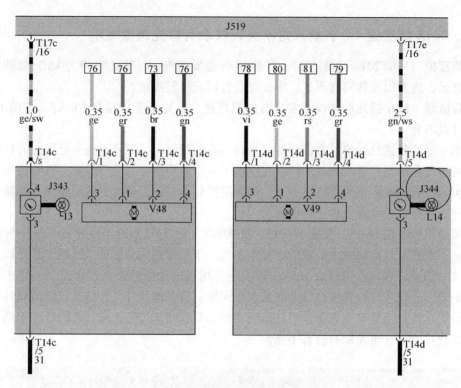

图 7-29 故障车前照灯电路图

J519—车载电网控制单元　V48—左侧前照灯照明距离调节电动机　V49—右侧前照灯照明
距离调节电动机　J344—右侧氙气灯泡控制单元　L14—右侧氙气灯泡

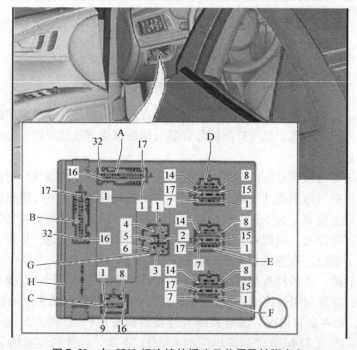

图 7-30 与 J519 相连接的插头 F 位置及针脚定义

这时，开始检视自己的检查过程是否存在纰漏。线路检查方面应该没什么毛病，都是按照维修手册上的电路图来测量相关的电压、电阻。想到这里，突然想起来起初检查熔丝的时候是万用表的通断档，而正常情况下应该是用欧姆档来测量。于是又用欧姆档重新测量熔丝，发现熔丝 SD9 出现了断路的情况，而熔丝 SD9 正是给 J519 供电的 30#端子。相关电路图如图 7-31 所示。

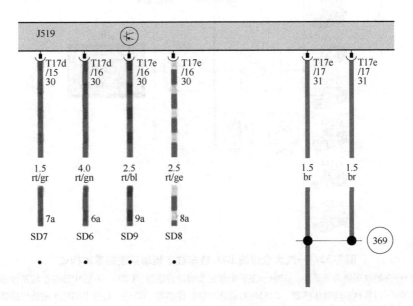

图 7-31　熔丝 SD9 周边电路图

故障排除　更换 SD9 号熔丝及右前照灯总成后，该车故障被彻底排除。

> **技巧点拨**　遇到故障要先细读故障码，因为每一个故障码都事出有因，笔者在诊断后期才发现检测仪上的故障码"00927 右侧端子 30 断路"的提示。另外，在排查过程中要正确使用相关检测工具，不能跟随经验来。如果一开始笔者就认真阅读故障码提示信息，并正确使用万用表，在诊断该车故障时就不会走那么多弯路。

五、迈腾 B7L 驻车辅助系统警报长鸣，且驻车辅助系统指示灯闪亮

故障现象　一辆迈腾 B7L 驻车辅助系统警报长鸣，且驻车辅助系统指示灯闪亮

故障诊断　一汽大众迈腾 B7L 轿车驻车辅助系统的基本构成如图 7-32 所示。该系统在接通点火开关时开始进入自检，几秒钟后自检结束；接通点火开关，按下驻车辅助系统开关（E266）或者挂入倒档，驻车辅助系统开启，再次按下 E266（按键指示灯熄灭）或车辆向前行驶速度超过 15km/h，驻车辅助系统关闭。如果驻车辅助系统已经就绪，则系统会发出短促的信号音，且驻车辅助系统指示灯亮起。如果识别到系统存在故障，则会响起 5s 的报警音，同时驻车辅助系统指示灯闪烁。在距离测量过程中，报警声音脉冲时间间隔按比例随距离的缩小而缩短，在距离小于 300mm 时，报警声音脉冲变为持续音。当车辆沿着墙壁行驶时无报警声音。

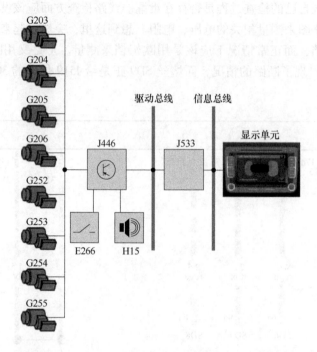

图 7-32　一汽大众迈腾 B7L 轿车驻车辅助系统的基本构成

G203—左后驻车辅助传感器　G204—左后中部驻车辅助传感器　G205—右后中部驻车辅助传感器
G206—右后驻车辅助传感器　G252—右前驻车辅助传感器　G253—右前中部驻车辅助传感器
G254—左前中部驻车辅助传感器　G255—左前驻车辅助传感器　E266—驻车辅助系统开关
H15—驻车辅助报警蜂鸣器　J446—驻车辅助系统控制单元　J533—数据总线诊断接口（网关）

故障排除　连接 VAS5052 读取故障码，得到故障码 B107814——右后中部驻车辅助传感器（C205）断路或对搭铁短路（图 7-33）。根据故障码提示检查右后中部驻车辅助传感器（G205）及其线路连接情况，根据图 7-34 所示的驻车辅助系统电路进行检查，发现 T8d/1 对搭铁短路（图 7-35），修复线路后试车，故障排除。

技巧点拨　当驻车辅助传感器连接线路断路或对搭铁短路、驻车辅助传感器内部断路或短路、驻车辅助系统控制单元（J446）内部电路出现故障时，均会引起驻车辅助系统警报长鸣，且驻车辅助系统指示灯闪亮。

图 7-33　故障码检测结果

第七章 其他车身控制系统维修技能与技巧点拨

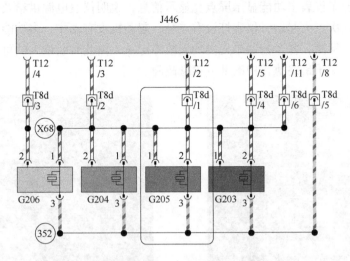

图 7-34 后部驻车辅助系统电路

G203—左后驻车辅助传感器　G204—左后中部驻车辅助传感器　G205—右后中部驻车辅助传感器　G206—右后驻车辅助传感器　J446—驻车辅助系统控制单元

图 7-35 T8d/1 对搭铁短路处

六、2016 款新速腾 GP 打不着车，仪表黑屏

故障现象　一辆 2016 款新速腾 GP。驾驶人反映打不着车，仪表黑屏。

故障诊断　此故障为偶发故障，来检查时故障并没有再现。为了能成功完成诊断，请驾驶人准确描述当时看到的现象：早上正常起动后出门办事，车已经热了，停车一段时间，遥控开锁后，打开车门时仪表中间的多功能显示屏点亮显示图 7-36 所示的信息，用点火钥匙打开点火开关后，仪表上的指示灯没有像图 7-37 一样点亮，反复几次开关后，仪表指示灯还是没有亮，起动机也没有动作的声音，不一会儿，仪表中间的多功能显示屏却熄灭了，驾驶人又打开 CD 机确认蓄电池有电，因之前出现过这种现象，将车继续停到车凉后就能正常着车了。

正常情况下，遥控开锁，打开车门后，车上的各个总线就被激活进入工作状态，仪表中间的多功能显示屏点亮（图 7-36），打开点火开关点火档接通后仪表指示灯点亮（图 7-37），点火开关打到起动档时起动机会工作，而当仪表未接到点火电的 30s 后，仪表中间的多功能显

207

示屏就会熄灭。此车仪表多功能显示屏点亮显示信息，说明仪表电源供给及仪表总线工作正常，驾驶人试了几次点火起动，仪表灯没有点亮，起动机没有动作，多功能显示屏熄灭，用诊断仪对车辆进行检测，各个控制单元内均无故障记录，由此判断最大的可能就是点火开关的端子信号传递、端子最终执行中的部分出现故障。

图 7-36　打开车门后的显示屏

图 7-37　点火档接通后的显示屏

根据电路图确定点火开关的工作方式。

1）点火电 15，蓄电池正电通过熔丝 SC43→点火开关 T6ap/2→点火开关 T6ap/5→端子转换盒 J935（图 7-38 中 523）T10i/8→端子转换盒 J935，再通过 T10i/10 控制端子 15 继电器 J940（图 7-38 中 645）吸合从而由继电器 J940 形成点火电 15。

2）起动电 50，蓄电池正电通过熔丝 SC43→点火开关 T6ap/2→点火开关 T6ap/1→端子转换盒 J935（图 7-38 中 523）T10i/8→端子转换盒 J935，再通过 T10i/6 控制端子 50 继电器 J906（图 7-38 中 645）吸合从而由继电器 J906 形成起动电 50。

图 7-38　内部元件图

由于这两条电路中的结点很多，而且是在没有故障现象时检查，所以我们要根据驾驶人描述的，既没有 15 电也没有 50 电的现象找部件共用的部分，来缩小检查的范围。熔丝、点火开关、端子转换盒，这些共用的部分还要先找少拆装、容易接触到、能通过测量检查的进行检查。熔丝 SC43 最易检查，检查结果正常。点火开关要检查就要先拆下转向开关的护罩，先不考虑。端子转换盒在驾驶人左侧支架上，用一字头螺钉旋具撬开上下两个小卡子即可拔下，因此车是偶发故障，所以应先重点检查各插脚是否接触不良，非常幸运地发现图 7-39 中画圈处的插脚有脱出，将插头整体从支架上拆下，确认是 T10i/7 红黄色线脱出（图 7-40）。此线是 SC43 熔丝过来的接入端子转换盒的供电线，将此线拔出些并插上端子转换盒（523）进行模拟，出现的故障现象与驾驶人遇到的故障一样。

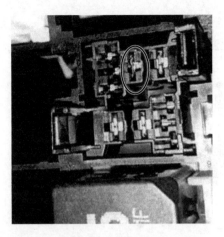
图7-39 插头脱出

图7-40 T10i/7 红黄色线脱出

故障排除 将脱出插脚的防脱倒刺扩张调整，重新安装，试了下，拔不出来，恢复所有安装检查功能，故障排除。

> **技巧点拨** 总结此例，先让驾驶人描述现象，根据现象推断可能故障范围，又按电路图确认了点火开关端子的工作原理，缩小检查范围。准确地描述现象是成功诊断的基础。

七、上汽大众途观车行李舱盖无法开启

故障现象 一辆2018款上汽大众途观车，搭载1.4T发动机和6速湿式双离合变速器，行驶里程1.5万km，因行李舱盖无法开启而进厂检修。

故障诊断 接车后首先试车验证故障现象。按压行李舱盖把手中的解锁按钮（E234），行李舱盖无法开启，确认驾驶人反映的故障现象属实。用故障检测仪进行检测，无任何故障码存储。查阅相关电路（图7-41），得知行李舱盖的解锁是由安装在行李舱盖锁闭锁单元（F256）里面的行李舱盖中央门锁电动机（V53）来完成的，而V53的工作是由车载电网控制单元（J519）直接控制的。当J519接收到行李舱盖开启信号时，就会接通V53的工作电路，从而使行李舱盖解锁。根据上述行李舱盖门锁控制原理，结合该车的故障现象分析，认为造成故障的可能原因有：E234故障、J519故障、F256故障、相关线路故障。

用故障检测仪进行检测，当按压E234时，读取J519相关数据流（图7-42），发现后部行李舱盖预锁闩和后部行李舱盖主锁闩的值均显示为"关闭"，后部行李舱盖外部按钮显示为"已按下"，说明J519接收到E234的操作信号，却未能执行行李舱盖开启操作。

维修人员采用应急方法打开行李舱盖，拆下行李舱盖装饰板，根据图7-41，断开F256导线连接器T4aq，用万用表测量导线连接器T4aq端子1与车身搭铁的电压，为0.32V，正常；测得端子2的电压为12.53V，正常；测得端子3的电压为0V，正常；测得端子4的电压为0.53V，正常。按压E234时，测得端子4的电压始终为0.53V，不正常。说明故障可能出在J519或J519与F256之间的线路上。断开J519导线连接器T52b，测量J519导线连接器T52b端子11与F256导线连接器T4aq端子4之间的电阻，为∞，不正常，说明J519与

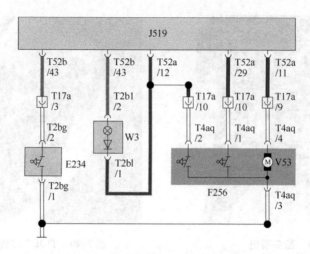

图 7-41　行李舱盖闭锁单元控制电路

E234—行李舱盖把手中的解锁按钮　F256—行李舱盖锁闭锁单元　J519—车载电网控制单元

V53—行李舱盖中央门锁电动机　W3—行李舱照明灯

F256 之间的线路存在断路故障。找到 J519 与 F256 之间线路上的转接连接器 T17a（位于车顶内衬上方最后侧），断开转接连接器 T17a，分别测量转接连接器 T17a 与 J519，以及转接连接器 T17a 与 F256 之间线路的电阻，均约为 1Ω，正常。重新连接 J519 导线连接器 T52b，按压 E234 时，测量 J519 侧转接连接器 T17a 端子 9 的电压，为 12.53V，说明 J519 接收到 E234 操作信号后，能够为 V53 供电，至此，排除了 J519 故障的可能。仔细检查转接连接器 T17a 端子 9，发现 J519 侧转接连接器 T17a 端子 9 有退缩现象。

读取测量值

地址	ID	测量值	值
0009	5.3	后部行李舱盖预锁闩	关闭
0009	5.4	后部行李舱盖主锁闩	关闭
0009	6.3	后行李舱盖解锁按钮	未按下
0009	7.1	启用后行李舱盖	是
0009	7.2	后部行李箱盖外部按钮	已按下

图 7-42　读取 J519 相关数据流

故障排除　处理退缩的转接连接器 T17a 端子 9，重新连接上述导线连接器，关闭行李舱盖，按压 E234，行李舱盖能够正常开启，至此，故障排除。

技巧点拨　对于本案例，经过重重检测与诊断，但最终的故障集中于插接器的端子有退缩，可见，常规检查对于检测诊断的重要性，这样可以少走很多弯路。

八、大众途昂盲区监控系统工作不正常

故障现象　一辆大众途昂车，配置 2.0T CUG 发动机，车辆识别码（VIN）：LSV2B7CA8HN××××××，行驶里程 10559km。驾驶人反映车辆在行驶过程中，仪表中央的警告灯点亮（图 7-43），仪表中央显示屏显示“故障：驶出车位辅助/盲区监控传感器”。

故障诊断　仪表提示盲区监控传感器故障，因此应该围绕盲区识别系统这一方面来入手

检查。接下来先了解下盲区识别系统的相关工作原理，盲区监控电路图如图7-44所示。

通过图7-44可以看出，盲区识别控制单元有两个，分别为J1086和J1087，J1086为主控单元，安装在车辆后保险杠的右侧，其3号、4号脚通过扩展CAN线连接至网关，网关负责盲区识别控制单元与其他相关系统的双向通信，同时驾驶人辅助系统前部摄像头也并联在扩展CAN线路上；J1087作为辅助控制单元，安装在后保险杠的左侧，仅仅负责左右后视镜盲区识别警告灯的开启或关闭，其与J1086的通信则是通过两条专

图7-43 仪表中央警告灯点亮

门的CAN来完成的，而主控和辅助控制单元的电源都来自于SC32熔丝。但是和一般控制单元不同的是，J1086和J1087两个控制单元内部，还集成了发射器天线和接收器天线，可以发射雷达信号，当信号遇到障碍物返回后，其接收器天线又可以接收信号，因此两个控制单元同时还是传感器，分别检测车辆后部两侧车道，距离为3~25m范围内是否有车辆（图7-45）。若某一端有车辆的话，则对应一侧后视镜上的盲区识别警告灯会点亮，以提示驾驶人注意后方来车，变道有风险。假设此时驾驶人仍旧打开变道转向灯强行变道，则变道辅助系统就会切换至警告级别，对应一侧盲区识别警告灯会闪烁。

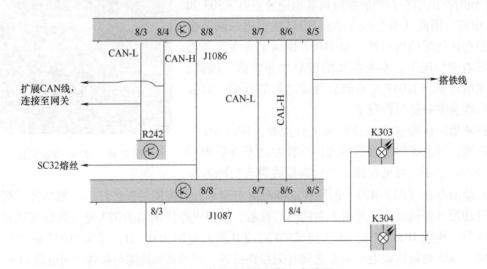

图7-44 盲区识别控制单元电路图

J1086—盲区识别控制单元 J1087—盲区识别控制单元2 R242—驾驶人辅助系统前摄像头
K303—左后视镜盲区识别警告灯 K304—右后视镜盲区识别警告灯

知道了系统的工作原理，接下来对故障进行分析。连接诊断仪VAS6150B至车上诊断接口，进入盲区识别系统地址3C，经读取系统故障码为B260A右侧车外后视镜中的盲区识别警告灯断路/对正极短路。根据故障码的提示和盲区识别系统的电路图，可以判断可能的故障点包括：

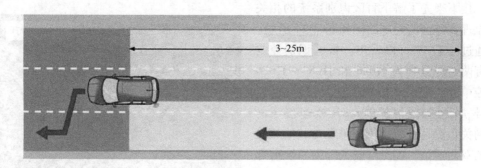

图 7-45　车辆识别

① 盲区识别单元 J1087 本身存在故障，无法正确输出高电平信号点亮右后视镜盲区识别警告灯 K304。

② 右后视镜盲区识别警告灯 K304 存在故障。

③ 盲区识别控制单元 J1087 至右后视镜线路存在故障。

首先，目测检查了 J1087 的表面（图 7-46），可见 J1087 表面无任何脏污或损坏。检查 J1087 的插头线束，无破损等异常情况，拔下 J1087 的插头针脚，可见相关针脚接触良好，无任何松旷现象。至此，基本可以排除 J1087 端子线束存在故障的可能性。根据图 7-44 可知，J1087 同时提供给左右侧后视镜盲区识别警告灯 K303 和 K304 电源，因此基本上不用考虑 J1087 的供电线路及搭铁线路存在故障的可能性。而 J1087 控制单元在无外力因素影响的情况下，本身损坏的概率也非常低。因此，接下来应该围绕 J1087 至右侧后视镜之间的线路，以及右侧后视镜本身进行检查了。

图 7-46　J1087 安装位置

技师借助诊断仪相关功能来进行检查，进入 3C 选择自诊断，再选择输出诊断模式，选择左侧车外后视镜内的警告灯诊断，可见左侧车外后视镜的警告灯随着程序的起动而点亮（图 7-47）。但同样选择激活右侧车外后视镜的警告灯，右侧车外后视镜的警告灯却没有任何反应。遂拆下右前门饰板，按照电路图测量 J1087 至右侧后视镜相关针脚的电阻，测量 J1087 中的 T8/3 到 K304 对应针脚的电阻为 0.2Ω，说明 J1087 输出线路没有断路，继续测量该线束与车身之间有无短路搭铁，经测试该线路与接地之间电阻为无穷大。继续测量 K304 搭铁端子与接地之前电阻，也为正常。至此，可以断定 J1087 至右侧后视镜之间线路正常，K304 本身线路也正常。剩下故障点要不就是倒车镜内部 K304 存在故障，要么是 J1087 没有正常输出信号电压。检查 J1087 是否输出电压也非常简单，还是利用输出诊断模式，选择右侧后视镜警告灯诊断，此时通过万用表电压档测量 J1087 的 T8/3 号脚的电压，经测量，该脚输出电压为 2.10V，那么该电压是否能正常点亮右侧后视镜内部的 K304 呢？

于是，通过同样的方法测量了左侧后视镜盲区识别警告灯点亮时候的电压，与右侧基本一致。同时又将左侧后视镜插头连接至 J1087 输出右侧后视镜线路上面，再次驱动右侧后视

第七章 其他车身控制系统维修技能与技巧点拨

图 7-47 左侧后视镜警告灯点亮

镜识别警告灯，发现此时左侧后视镜警告灯可以正常点亮，至此完全可以确定是右侧后视镜警告灯 K303 本身故障了。

故障排除 经订购右侧后视镜镜片（K304 集成在镜片上），更换好之后试车，盲区监控功能已经恢复正常，故障被排除。

> **技巧点拨** 其实该故障并非疑难故障，最关键的是该盲区监控是一个全新的行驶辅助功能，很多维修人员从没接触过该功能，因此维修起来更像是雾里看花。这里提醒各位维修人员，未来新功能、新技术不再是高端车辆的专利，在普通车型上也会越来越普及，对这些新技术的维修，只要透彻了解其工作原理，严格按照电路图来进行分析，那么维修起来并不是一件困难的事情。

九、高尔夫 A7 轿车 PDI 检查时发现 ACC 系统及预碰撞安全系统无法使用

故障现象 一辆 2014 年款全新高尔夫 A7 轿车，维修人员对其进行商品车 PDI 入库检查时，在关闭运输模式后，发现 ACC 系统及预碰撞安全系统无法使用。

故障诊断 维修人员首先确认故障现象，打开点火开关，仪表显示 ACC 不可用（图 7-48）。查询故障诊断记录，故障码如下：17156 U11280——数据总线接收到的故障值（00101111 主动/静态）；113 C1143F0——停用 多重触发紧急制动后（00001001 主动静态）；1117 B10E7F0——巡航控制前部距离范围传感器分离（00001001 主动/静态）。以上故障码均无法清除。

图 7-48 仪表显示 ACC 不可用

213

由于大家对预碰撞安全系统功能不了解，几天前对此车辆进行过模拟测试，在测试道路中间放置纸箱，模拟测试 ACC 制动停车功能，当车速由 40km/h 降到 30km/h 后向纸箱行驶，车辆在 ACC 功能作用下，在纸箱前可自行制动停止，测试 2 次后，ACC 自适应巡航系统报警且预碰撞安全系统功能停止。

根据现场了解情况及故障码提示内容，维修人员初步判断为自适应巡航系统自动关闭。

故障排除　连接故障诊断仪重新起动 ACC 功能。再次检查，之前的故障码均变为偶发并可以清除。进行路试，车辆可在 ACC 作用下，自行制动停止，ACC 功能恢复工作。

> **技巧点拨**　此故障案例为库管人员频繁测试，导致 ACC 自适应巡航系统自动停止工作。

十、2017 款大众 CC 更换 J794 后倒车影像不能显示

故障现象　一辆 2017 款大众 CC，配置 1.8T 发动机、MIB 第二代信息娱乐系统，行驶里程 36132km。因 MIB 显示屏被小孩子使用硬物损伤后更换 MIB 显示屏（即信息电子设备 J794），更换后出现倒车影像不能显示（图 7-49）。

故障诊断　首先试车确认故障现象，挂入 R 档后，倒车摄像头翻转打开，不能显示倒车影像；导航、收音机、蓝牙等功能可以正常使用。

询问维修人员在更换信息电子设备 J794 后，使用诊断仪都进行了哪些匹配操作？根据维修人员描述，更换后先进行了控制单元在线编码，接着启用了部件保护功能，之后执行了功能启用系统 FFS。也进行了断电实验，故障也没有排除。

由该车型倒车影像系统的工作原理可知：倒车影像控制单元 J772 通过倒车影像摄像头 R189 识别后方的景物，并矫正转变为视频信息，将 G85 传递的转角信息转变成黄色的动态引导线信息，通过视频数据线传递到导航屏幕中，在屏幕上显示图像信息（图 7-50）。

图 7-49　MIB 显示屏

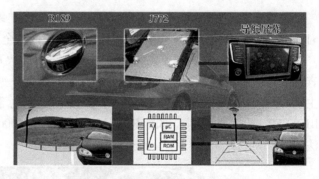

图 7-50　倒车影像系统工作原理简图

通过工作原理分析，此车在挂入 R 档后，倒车摄像头翻转打开，显示屏不能显示倒车影像。就需要考虑是否是视频信号传输问题，但此车在更换信息电子设备 J794 之前倒车影像功能正常，故障基本可以锁定为信息电子设备 J794 本身故障，或软件协议不匹配的情况。

分析至此使用专用诊断仪 VAS6150B 读取故障码，检查发现在 5F 信息电子设备 J794 中存储有故障："B200500——记录无效"（图 7-51）。

接着读取测量值，挂入倒档后观察，发现"视频输入状态"菜单下的"启用源"值为不可用，"状态"值为不可用，如图 7-52 所示。正常车辆"视频输入状态"菜单下的"启用源"值为后视摄像机，"状态"值为有效，如图 7-53 所示。

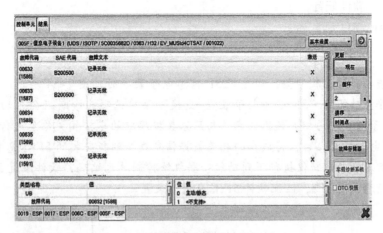

图 7-51　故障码

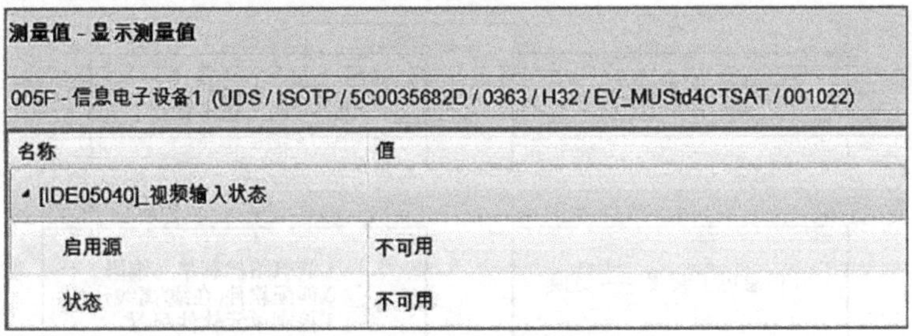

图 7-52　故障车测量值

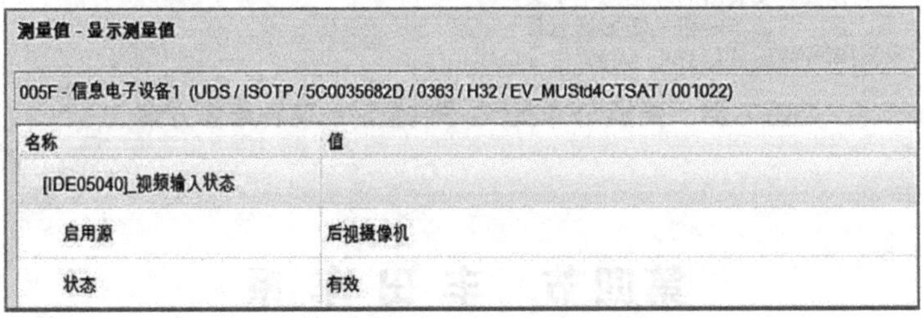

图 7-53　正常车测量值

根据以上数据检查分析，是视频输入功能没有开通，接着对比了编码，未见异常情况，再次进行了"功能开通系统 FFS"后，故障依旧。尝试观察匹配功能，也没有相关的项目可以执行。此时，故障陷入了僵局，思考还有哪些内容是针对此种车型更换控制单元需要进行的项目呢？通过观察发现软件版本管理菜单有以下几种功能：

① 功能开通系统（FFS）。

② 功能开通系统（FFS）状态。

③ 匹配软件（在线）。

④ 匹配软件（离线）。

⑤ 控制单元软件配置。

⑥ 联机给控制单元编码。

故障排除 尝试在线软件配置后，试车故障排除。

技巧点拨 针对此款车型，如更换 5F 信息电子装置时，图 7-54 所示两种维修方案可以使用引导型功能的"5F 信息电子装置-更换"菜单选项，诊断仪会自动检查识别原车 5F 信息电子装置中的相关数据信息，与厂家数据库中的车辆相关信息进行匹配，安装新的 5F 信息电子装置之后，将该车的相关数据信息载入到新安装的 5F 信息电子装置中。也可以使用专用车辆诊断仪执行下列功能：联机给控制单元编码，软件配置 5F 信息电子装置，功能开通系统 FFS，匹配软件 5F 信息电子装置。

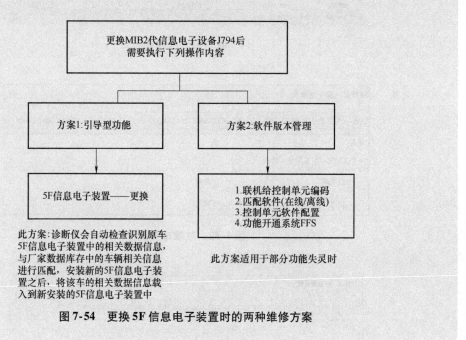

图 7-54 更换 5F 信息电子装置时的两种维修方案

第四节 丰 田 车 系

一、丰田凯美瑞间隙警告蜂鸣器异常鸣响

故障现象 一辆第 6 代丰田凯美瑞 240V 车，搭载 2AZ-FE 发动机，行驶里程 20 万 km。驾驶人反映，该车间隙警告蜂鸣器异常鸣响。

故障诊断 接车后试车，起动发动机，将变速杆置于 D 档，间隙警告蜂鸣器鸣响，同时组合仪表多信息显示屏上的左前、右前超声波传感器指示条闪烁（图 7-55）。检查车辆前部,并无障碍物,且左前、右前超声波传感器表面并无异物遮挡。将变速杆置于 R 档试车,后部超声波传感器工作正常。该车驻车辅助系统共有 6 个超声波传感器,前面 2 个,后面 4 个。诊断至此,怀疑该车左前、右前超声波传感器及其线路存在故障。

用故障检测仪检测,在驻车辅助系统(间隙声呐系统)中读得故障码"C1AEC——前传感器通信电路"(图 7-56),这与推断的故障方向一致。由图 7-57 可知,驻车辅助系统的主控单元为间隙警告 ECU,由于后部超声波传感器能正常工作,说明间隙警告 ECU 的供电及搭铁线路正常,应重点检查间隙警告 ECU、左前超声波传感器及右前超声波传感器间的线路。

图 7-55 左前、右前超声波传感器指示条闪烁

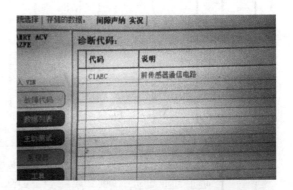

图 7-56 驻车辅助系统中储存的故障码

脱开左前超声波传感器导线连接器 A69,接通点火开关,测量导线连接器 A69 端子 1 上的电压,为 12V,正常;测量端子 3 上的电压,为 4.5V,正常;测量端子 5 与搭铁间的导通性,也正常。断开点火开关,装复导线连接器 A69,脱开右前超声波传感器导线连接器 A62,再接通点火开关,测量导线连接器 A62 端子 1 上的电压,为 12V,正常;测量端子 3 上的电压,为 4.5V,正常;测量端子 5 与搭铁间的导通性,也正常。断开点火开关,同时脱开导线连接器 A69、导线连接器 A62 及间隙警告 ECU 导线连接器 O30,依次测量间隙警告 ECU、左前超声波传感器及右前超声波传感器间各导线的导通性,未见异常。既然相关线路无故障,那么可能的故障原因有:左前超声波传感器损坏;右前超声波传感器损坏;间隙警告 ECU 损坏。

依次更换左前超声波传感器、右前超声波传感器及间隙警告 ECU 后试车,故障依旧。既然相关元件都更换了,觉得还是它们之间的线路存在故障。梳理之前测量导线间电阻的方法,觉得无法排除导线连接器端子松动的可能性(松动的端子在测量时接触正常,而在导线连接器装复后接触异常)。从废旧线束上挑出 1 个插头端子,依次插入导线连接器 A69 和导线连接器 A62 的端子进行压力测试,结果发现导线连接器 A69 端子 1 松动。

故障排除 更换左前超声波传感器导线连接器 A69 后试车,间隙警告蜂鸣器不再异常鸣响,车辆运行一切正常,故障排除。

技巧点拨 如图 7-57 所示,第 6 代丰田凯美瑞驻车辅助系统利用超声波传感器检测车辆前方和后方的障碍物,然后通过多信息显示屏显示信息或鸣响蜂鸣器的方式,将超声波传感器与障碍物之间的距离及障碍物的位置告知驾驶人。

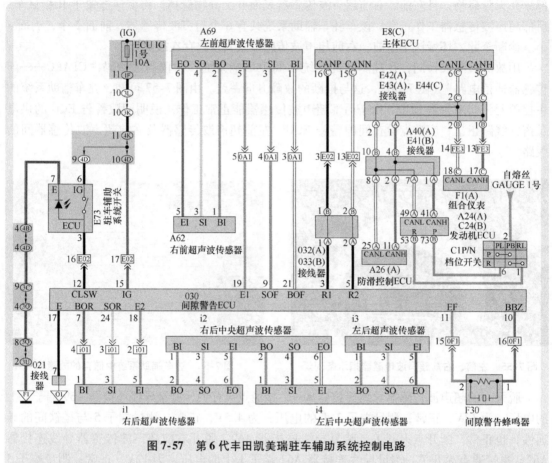

图 7-57　第 6 代丰田凯美瑞驻车辅助系统控制电路

二、雷克萨斯 CT200h 车导航系统无法正常工作

故障现象　一辆雷克萨斯 CT200h 车，驾驶人反映，该车导航信号差，实际行驶地点和导航显示的地点不一致。

故障诊断　接车后试车，发现故障现象与驾驶人所述一致。将电源模式切换至 IG ON 状态，按住遥控触摸装置上的"MENU"键，按"OFF→TAIL→OFF→TAIL→OFF→TAIL→OFF"顺序操作灯光控制开关，多功能显示屏进入导航系统自诊断界面；进入系统传感器检查（System Sensors Check）模式（图 7-58），发现 GPS 信号很差，正常情况下，接收的卫星数量应在 4 个以上，且状态为 P，而现在接收到的 9 颗卫星的状态均为 T。

检查导航扩展盒导线连接器，无松动；检查 GPS 接收器，也无异常。难道是前风窗玻璃的贴膜对 GPS 信号产生了干扰？将 GPS 接收器放在车外试车，故障依旧，说明该车故障并不是由前风窗玻璃的贴膜引起的。检查导航扩展盒的电源及搭铁，均正常。依次更换导航扩展盒和 GPS 接收器后试车，GPS 信号依旧很差。

与驾驶人沟通得知，该车最近加装了倒车影像，且故障正是在加装倒车影像之后才出现的，怀疑加装的倒车影像对 GPS 信号产生了干扰。仔细检查发现，加装倒车影像时，维修人员将倒车视频信号线与该车的视频显示信号线短接了（图 7-59）。

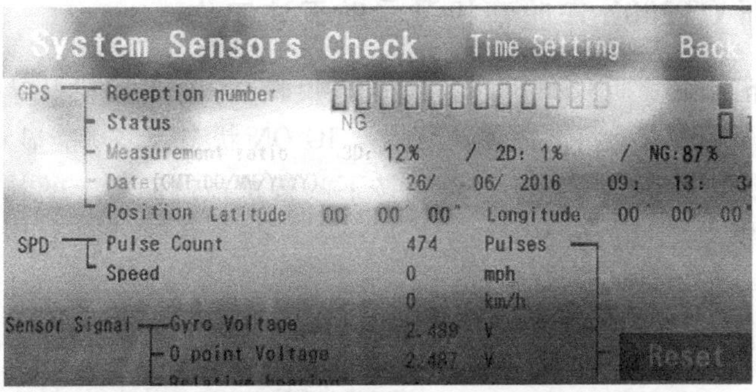

图 7-58 故障车的导航系统传感器检查模式

图 7-59 倒车视频信号线与视频显示信号线短接

故障排除 断开加装的倒车影像的视频信号线，恢复原车线路后试车，发现 GPS 信号恢复正常（图 7-60），可以接收到 8 颗卫星，且 7 颗卫星的状态为 P。

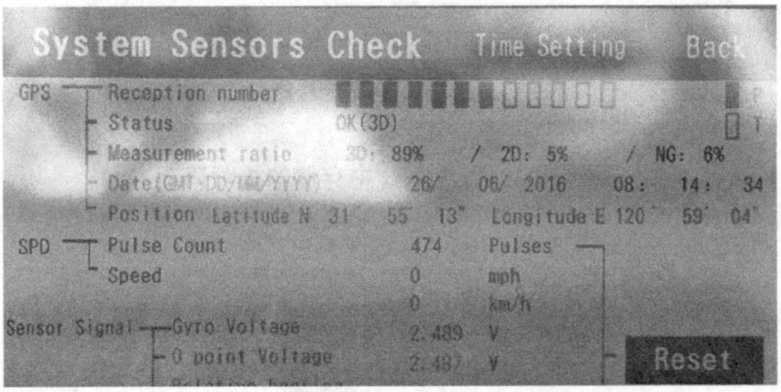

图 7-60 正常车的导航系统传感器检查模式

技巧点拨 汽车后期加装一些配置导致干扰或原设备工作不正常情况时有发生，检查此类故障原因时要注意，是否是加装后导致某些系统的工作不正常了，要对加装设备进行拆除后，验证设备的工作情况。

三、雷克萨斯 CT200h 车收音机及导航无法工作

故障现象 一辆雷克萨斯 CT200h 车，驾驶人反映，该车收音机及导航均无法工作。

故障诊断 接车后试车，将电源模式切换至 IG ON 状态，多功能显示屏可以正常点亮；按下收音机打开按钮，收音机无反应，尝试按下收音机控制面板上的其他按钮，也没有反应；操作遥控触摸装置（图 7-61），发现无法移动多功能显示屏上的光标，且无法选择菜单按钮，多功能显示屏一直卡在导航界面。

将电源模式切换至 IG ON 状态，按住遥控触摸装置上的"MENU"键，按"OFF→TAIL→OFF→TAIL→OFF→TAIL→OFF"顺序操作灯光控制开关，发现多功能显示屏无法进入导航系统自诊断界面。用故障检测仪检测，发现导航系统中存储了 3 个故障码

图 7-61 遥控触摸装置

（图 7-62），且此时多功能显示屏自动进入了导航系统自诊断界面（图 7-63），且多功能显示屏和导航模块（EMV-M）左侧显示"MOST"（正常应显示"OK"），这说明 MOST 通信有故障；按下转向盘装饰盖总成上的 MOOD 键，进入 MOST Line Check 界面（如果 MOST 通信正常，是无法进入该界面的），发现 EMV-M 的状态为"NCON"，收音机总成（AUDIO）、立体声部件放大器总成（AMP）及遥控触摸装置（R-TOUCH）的状态均为"OK"，由此推断 EMV-M 损坏或其线路故障。

诊断代码：

代码	说明	当前	待定	历史记录
B156E	USB-BOX 无响应			X
B15CB	Telematics 收发器天线已断开	X		X
B15D0	MOST 通信故障	X		

图 7-62 导航系统中存储的故障码

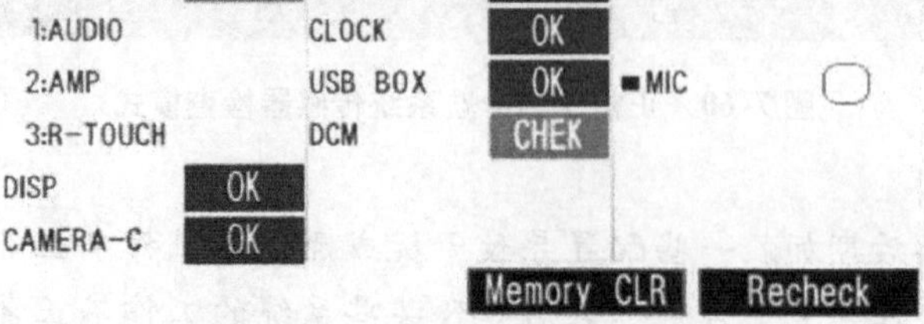

图 7-63 导航系统自诊断界面

仔细检查 EMV-M 的供电、搭铁及唤醒线路，均正常，推断 EMV-M 损坏。

故障排除 更换 EMV-M 后试车，收音机及导航工作正常，故障排除。

技巧点拨 图 7-64 所示，该车多功能显示屏和导航模块（EMV-M）、收音机总成（AUDIO）、立体声部件放大器总成（AMP）及遥控触摸装置（R-TOUCH）以环形方式连接，采用 MOST 总线通信。

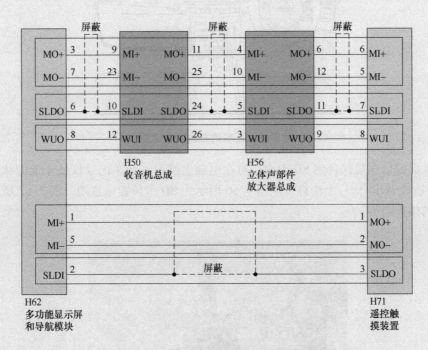

图 7-64 雷克萨斯 CT200h 车 MOST 总线电路

MOST 总线通过光纤进行数据传递，其传输速度快，且抗电磁波干扰能力强。图 7-64 中红色框区域为 MOST 光纤，蓝色框区域为屏蔽线，绿色框区域为唤醒线。EMV-M 为主控设备，它通过唤醒（Wake Up）线向各子设备发送"唤醒"或"休眠"控制信号，通过 MOST 光纤传输控制信号和音频信号。

四、雷克萨斯 ES 行车记录仪历史视频无法在手机上显示，且 WIFI 信号无法打开

故障现象 一辆雷克萨斯 ES，安装有精品行车记录仪，该车点火状态为 ACC ON 后，行车记录仪自动恢复到历史预设时间，且历史视频无法在手机显示，WIFI 信号无法打开。

故障诊断 接车后发现故障确如描述，对该故障进行原因分析。

在加装过程中，取电位置不对导致 +B 断电（线径不同会出现取电不良的情况），造成系统恢复到初始预设状态，之前的视频无法在手机上显示。这种情况通常为安装人员没有按照精品行车记录仪安装手册的要求进行作业，造成取电位置与实际要求不符的情况出现。图 7-65 所示为正确的布线取电位置示意图。

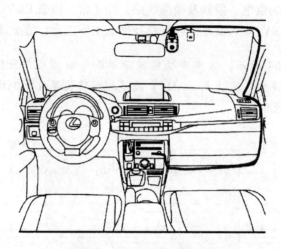

图7-65　正确的布线取电位置

已经录取的信息被保存到SD卡内，可在电脑上读取。行车记录仪处于工作状态时热插拔SD卡会造成WIFI信号无法打开。图7-66所示为SD卡位置示意图，图7-67所示为使用说明书中的相关内容。

图7-66　SD卡位置示意图

录音录像	白色长亮
静音录像	灭灯

建议
当行车记录仪开启时，切勿拔出micro SD卡，以免产生micro SD卡损坏。

图7-67　使用说明书中的相关内容

故障排除　按照正确的布线取电方式重新安装行车记录仪，并将SD卡重新格式化处理后（格式化前保存历史数据），该车故障排除。

第七章 其他车身控制系统维修技能与技巧点拨

技巧点拨 针对此问题,行车记录仪安装人员应注意一定要按照安装说明书的安装方式进行操作。一旦发生此案例中描述的情况应将SD卡重新格式化(格式化前请保存历史数据),并向顾客进行说明,不要在行车记录仪使用过程中将SD卡取出。

第五节 通用车系

一、2012款凯迪拉克SRX驻车辅助故障

故障现象 一辆2012款凯迪拉克SRX,行驶里程87536km,发动机型号是LF1(3.0),变速器型号为6T70。驾驶人反映车辆泊车辅助功能不工作,仪表提示"请检修泊车辅助"(图7-68)。

故障诊断 试车,起动车辆后挂入D档,仪表提示"请检修泊车辅助",故障确认存在。使用故障诊断仪读取车辆故障码:B0956——右前中间驻车辅助传感器回路(图7-69)。

图7-68 仪表提示"请检修泊车辅助"

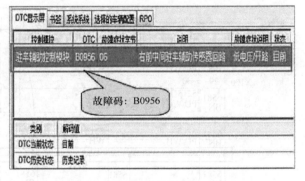

图7-69 故障码

根据维修手册进行检查,考虑到驻车辅助传感器(图7-70)损坏可能性较大,决定与本车其他位置传感器进行互换,互换后试车故障依旧,故障点没有转移,说明驻车辅助系统控制线路存在故障。

根据泊车辅助电路图(图7-71)测量传感器线路插头1号针脚与搭铁之间的电压为8.0V,测试2号针脚与搭铁之间的电阻正常。

图7-70 驻车辅助传感器

根据电路图测量结果分析,问题可能出在信号线3号针脚(相关电路图见图7-72)与K41驻车模块之间的信号线路之间。测试5218线路首端至末端之间的电阻为∞(无穷大),5218线路断路。逐步排查线路,外观检查时发现左前照灯后部旁边线束插头处有压痕,仔细观察线束内部铜线断开。

故障排除 查找该车维修信息发现此车之前由于事故更换过左前照灯,该线束连接器正

223

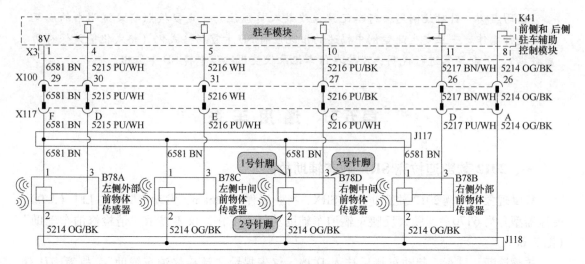

图 7-71 泊车辅助电路图

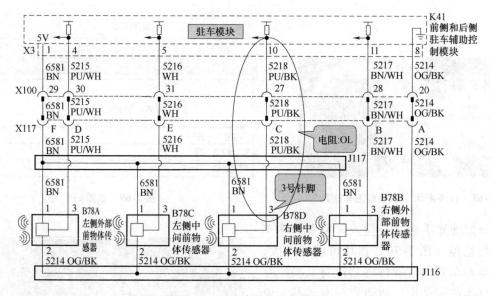

图 7-72 3 号针脚相关电路图

好位于左前照灯后部,分析为当时事故造成,由于之前撞击时没完全断开,在后续使用过程中线路完全断开引发故障出现。维修 5218 线束连接器处线束,试车故障排除。

技巧点拨 根据故障现象仔细分析故障原因,维修此类故障本着先从简单、快速有效的方法入手。首先互换驻车辅助传感器,逐步分离故障点,然后测试电压、搭铁是否正常,再逐步深入排查线路故障。

二、雪佛兰科鲁兹驻车辅助雷达无反应

故障现象 一辆雪佛兰科鲁兹挂入倒档后,驻车辅助雷达无反应,并且驻车辅助故障指

示灯亮起。

故障诊断 按照驾驶人的描述，试车验证了故障的存在，倒车时无论离障碍物多近雷达都无反应，故障指示灯亮起后系统停用驻车辅助功能。询问驾驶人了解到，该车几天前出过交通事故，前保险杠和后保险杠都是换的新件。

为了方便找到故障原因，使用通用雪佛兰专用诊断仪（GDS）连接诊断座连接器（DLC）对车辆进行检测。发现驻车辅助系统（UPA）共有4个故障码分别为：B0958——左后角驻车传感器回路；B0959——左侧中间驻车传感器回路；B0960——右侧中间驻车传感器回路；B0961——右后角驻车传感器回路，4个故障码显示的故障状态均为当前。

从故障码分析应该是线路故障，查阅科鲁兹维修手册和相关电路图（图7-73）。从行李舱内拆开左侧饰板，拆下驻车辅助模块UPA（图7-74）。UPA上分别有X1和X2两个连接器，X1连接器端子1是UPA电源线、端子6是低速GMLAN通信线、端子7是UPA接地线。X2连接器端子4是8V参考电压电路；端子8是低参考电压电路；端子1、2、3、5分别是连接物体检测传感器的信号电压电路。

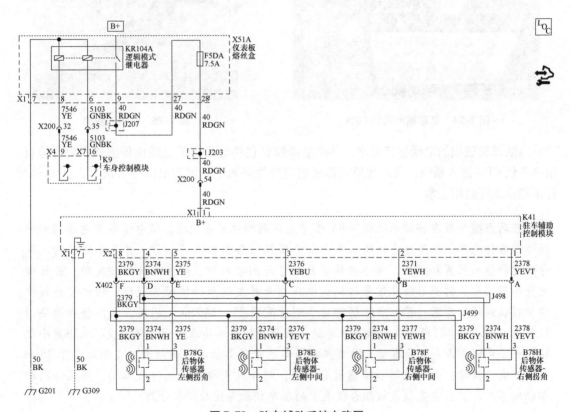

图7-73 驻车辅助系统电路图

查看模块和插头未见异常。于是将点火开关置于OFF，断开相应传感器的线束连接器。将点火开关置于ON位置，挂R档起动驻车辅助系统，用万用表测试物体检测传感器连接器8V参考电压电路，端子1和搭铁之间的电压是7.9V，说明模块有8V参考电压已经输出至传感器，数值在正常范围。接着将点火开关置于OFF，测试相应的物体检测传感器连接器低参考电压电路，端子2和接地之间电阻是无穷大，正常值应该小于5Ω，说明电路开路。

故障排除 检测出故障原因后,需要找出开路的故障点,于是拆下后保险杠,断开 X402 连接器,拆下连接物体检测传感器线束,发现了故障点(图 7-75)。线束绝缘层已经破损,黑/灰色低参考电压电路线已经断开(端子 3 黄色、传感器信号线端子 2 黑/灰色、低参考电路端子 1 棕/白色)。由于此线是四个传感器共用的低参考电压线路,所以此线断开后产生了四个相关故障码,导致驻车辅助功能停用。

图 7-74 驻车辅助模块 UPA

图 7-75 破损的线束

将断开和破损的电线连接起来,并用绝缘胶布包裹好后,装复线束传感器及后保险杠。用诊断仪 GDS 进入系统,发现故障码都变成历史故障码了。清除故障码后试车,挂 R 档后驻车辅助系统启用正常。

技巧点拨 驻车辅助系统提供 8V 参考电压到物体警告模块,低电平参考电压到四个物体警告传感器。物体警告模块从 4 个传感器接收各自独立的信号,并基于这些输入信号确定物体的位置和距离。物体在传感器测量范围之内时,超声波脉冲被反射,并被邻近传感器接收。传感器将此信号转换成电压信号并发送至物体警告模块。物体警告模块评估接收到的传感器信号。当障碍物处于测量范围 25~140cm 之间时,物体警告模块通过低速 GMLAN 串行数据线向收音机发送一条数据信息以请求发出音频警报。从距离小于140cm 处开始,声音信号起动,蜂鸣声的频率随着距离的减小而增大。当距离小于 25cm时,声音会持续。如果线路和传感器有故障,则会设置相应症状的故障码,并且停用驻车辅助系统,然后点亮仪表板组合仪表上的驻车辅助系统故障指示灯。

三、雪佛兰新赛欧位置灯不亮

故障现象 一辆雪佛兰新赛欧,行驶里程:1233km,VIN:LSGHD52HXFY××××××。位置灯不亮,踩制动踏板时制动灯与位置灯却同时亮起。

故障诊断 用 RDS 诊断车辆相关的系统,发现有故障码储存,如图 7-76 所示。测试车身控制模块的灯光旋转开关数据正常。在 RDS 诊断无相关故障码的情况下,查看电路图发

第七章 其他车身控制系统维修技能与技巧点拨

现位置灯由车身控制模块直接控制并提供电源。

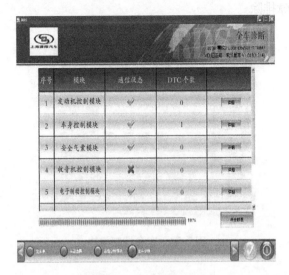

图 7-76 读取的故障码

工作原理：将灯光开关旋转到位置，车身控制模块接收到信号后，车身模块给 X5 的 5 号脚提供 12V 电源，位置灯亮起，电路图如图 7-77 所示。针对故障车辆位置灯无法亮起，根据电路图，从 X5 的 5 号脚处直接将一根带有 10A 熔丝的导线跨接蓄电池正极，位置灯恢复正常。证明了车身控制模块以下的线路正常。

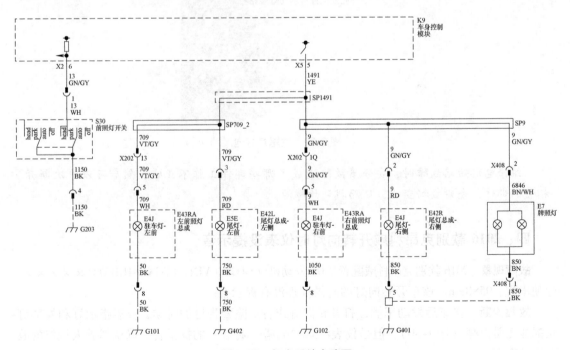

图 7-77 灯光系统电路图

故障排除 根据 RDS 车身控制模块参数测量，控制位置灯旋转开关，在 RDS 系统中车身控制模块显示开关信号正常,所以判断车身控制模块内部故障。更换了同类型车身控制模块(图7-78)后,故障排除。

图7-78　车身控制模块

技巧点拨　在查找车身控制模块为什么损坏的原因时,维修人员拆解了左尾灯总成,经观察发现小灯灯丝与制动灯灯丝短路(图7-79),从而造成车身控制模块长时间在短路条件下工作,最终导致车身控制模块损坏。

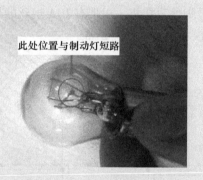

图7-79　左尾灯灯泡

维修电路短路故障时,要分清故障造成了哪些部件工作不正常,然后可以依次断开相关的部件,查看数据变化,从而找到故障源。

四、2016款别克昂科威开转向灯时仪表没提示音

故障现象　2016款别克昂科威配置2.0T发动机(LTG),VIN：LSGXE84L3FD××××××,行驶里程：9580km。该车开转向灯的时候仪表没有提示音。

故障诊断　接车后发动车辆,打开转向灯或者危险警告灯的时候,仪表指示灯和外部灯光都能正常点亮(图7-80),但是仪表没有"嘀嗒、嘀嗒"的提示音,确认驾驶人报修的故障现象存在。

以前类似的故障都是仪表内部原因造成,于是就直接更换了组合仪表。不料更换组合仪表后故障依旧。打开维修手册查阅相关工作原理的信息知道:音频警告是提醒驾驶人注意。

如装备串行数据通信音频放大器，则音频放大器通过扬声器产生音频警告；如未装备音频放大器，是收音机通过扬声器产生音频警告；收音机或音频放大器都是通过串行数据来接收音频警告请求。转向信号指示灯、收音机或音频放大器根据车身控制模块的请求起动音频警告。

图 7-80　仪表显示

由上述原理推断，故障原因可能是收音机控制模块发生故障。因车身控制模块（BCM）是根据接收的外部灯光请求信号，通过网络让收音机发出警告音的，BCM 电路如图 7-81 所示。既然外部转向灯、仪表转向指示灯都能正常点亮，说明 BCM 已经接收到转向信号了，而且已经发出指令让灯光全部正常点亮。

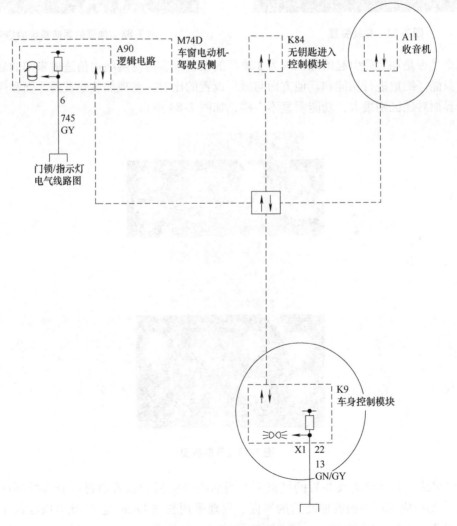

图 7-81　车身控制模块电路

根据电路图分析，故障点最有可能在收音机部位。于是就动手拆下收音机检查，取下收音机察看后面线束的时候发现了一个问题，这辆车上驾驶人加装过某些功能，多出了额外的装置，如图 7-82 所示。带着疑问进一步检查，发现驾驶人自己加装了导航系统，如图 7-83 所示。

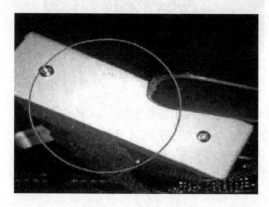

图 7-82 加装装置

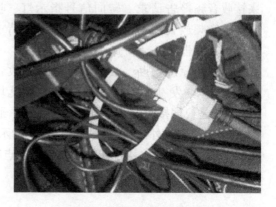

图 7-83 加装的导航系统的线束

那么是否是加装后引起的呢？因为非原厂的设备很容易对网络通信造成未知的后果。在确诊前只能仔细地进行功能和其他方面与原厂设置的比对。发现加装隐藏的界面和原车标准的主页界面对比区别很大，功能明显不一样，如图 7-84 所示。

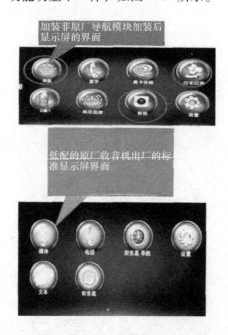

图 7-84 导航界面

故障排除 怎么解决改装后的疑点呢？当前的办法只能试着通过收音机控制面板上的 home 键来切换成原厂界面或加装后的界面。发现采用长按 home 键 3s 就可以在两个界面之间来回切换，如图 7-85 所示。

第七章 其他车身控制系统维修技能与技巧点拨

图 7-85 按 home 键切换

征得驾驶人同意,在拆除加装的相关部件后,恢复到原始出厂界面,当再次开启转向灯的时候马上能听到"嘀嗒、嘀嗒"转向提示音。

技巧点拨 这又是一起因加装而出现的故障,这种情况对驾驶人故障现象出现的时机的询问很重要,如果是加装后出现的这种现象,那么一般都与加装有关。

第六节 其他车系

一、路虎揽胜驻车辅助系统出现故障

故障现象 一辆路虎揽胜,配置 5.0L SC 发动机,行驶里程:70000km。车辆洗车后,或者下雨天时驻车辅助系统出现故障,干燥天气车辆正常。

故障诊断 车辆进厂时故障存在,熄火重新起动后,驻车辅助工作正常。驾驶人抱怨车辆多次出现驻车辅助不可用,并且车辆进厂后故障消失。这次车辆进厂时故障确实存在,并且是在洗车后出现的,熄火重新起动后,驻车辅助工作正常。

连接 SDD、充电器,读取驻车辅助故障码为 B1B50-01,如图 7-86 所示。根据故障码解释分析可能的故障原因为:

① 左后内部倒车雷达传感器线路短路或断路。
② 左后内部倒车雷达传感器本身故障。

图 7-86 读取的故障码

拆下后保险杠检查传感器,外观未损坏,插头接触良好。结合驾驶人抱怨车辆只有在潮湿

的情况下故障才会出现,没有对调传感器,检查线路,线路固定良好。分别测量 C1457-3、C1457-8、C1457-11 在 C0964-2、C0964-3、C0946-1 的电阻为 0.02Ω,相关电路图如图 7-87 所示。经过测量验证,线路正常。拨开左后传感器线路。检查线路时发现线路有磨破现象,如图 7-88 所示。

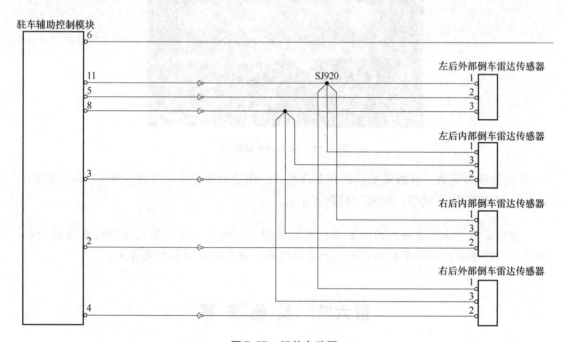

图 7-87 相关电路图

图 7-88 线路磨破

图 7-89 线束和后保险杠梁发生摩擦

故障排除 线束固定虽然良好,但是走向不合理,导致和后保险杠梁发生摩擦,如图 7-89 所示,导致线路间歇性搭铁。修理搭铁线束,重新焊接,并且做防水处理,故障排除。

技巧点拨 在维修中此类故障已经遇到了很多次。里程较多的车辆出现此故障,一般为倒车雷达传感器的线路问题。

二、2015 款斯巴鲁傲虎导航触摸屏失效

故障现象　一辆 2015 款斯巴鲁傲虎车，配置 2.5L 发动机、CVT 变速器，VIN：JF1BS24A1FG××××××。行驶里程：34518km。驾驶人来店反映，最近在使用导航时发现屏幕的触摸屏功能失效了。

故障诊断　维修人员首先要确认故障现象，做一些初步的判断。使用导航屏幕按键，按下无反应；检查方向按钮可以使用，也无其他故障，功能都能正常使用。

根据现象初步怀疑是导航触摸屏损坏，考虑到维修手册规定屏幕不可单独拆卸或者更换，只有更换总成的方案。为了不造成误诊，决定找辆同样车型的导航系统进行对换测试，故障还是同样存在。

觉得机体本身的问题应该需要先确认，如还存在其他问题则另外考虑。于是又把有故障的导航系统装在另一辆车上，却发现使用正常，那就说明导航机体不存在问题。为什么在该车辆上就使用不了呢？

开始检查车辆有无加装或改装的项目，以及与故障的因果关系。检查过程中发现驾驶人加装了一个胎压检测和一个车内空气净化器，难道它会影响触摸屏功能？于是逐一对加装件进行拆除测试，当把车内空气净化器（图 7-90）的线路拔掉后，居然发现屏幕能操作了！至此，故障的原因算是找到了，科学的分析结论不能没根据的断定，我们只能猜测一下，或许是加装的空气净化器产生的电磁波干扰所影响的。

图 7-90　车内空气净化器

故障排除　拆掉后加装的车内空气净化器的线路，再次测试触摸屏效果，正常，故障排除。

> **技巧点拨**　故障原因其实挺简单，但很意外，比较容易被忽视。通过互换配件不一定能解决问题，却可以帮助我们判断配件的好坏。至于后来为什么会想到加装件干扰的，也因为之前其他品牌遇到过这样的问题。

三、2016 款斯巴鲁森林人转向盘加热故障

故障现象　一辆 2016 款斯巴鲁森林人 2.5NA，配置 CVT 发动机，VIN：JF1SJ93DXGG××××××，行驶里程：4000km。驾驶人反映在使用转向盘加热功能时发现左边热，右边不热。

故障诊断　维修人员接车后首先考虑到这种现象比较少见，但也不复杂，故障原因不外乎：熔丝熔断、转向盘内部加热线路有问题、右边的加热芯断路，几种可能性。

试车确认，驾驶人反映的现象存在，右边转向盘确实不加热。随后检查转向盘加热熔丝

MB34 主电源，有正常供电；加热继电器 FB32 的 4 号熔丝线圈供电正常；查阅如图 7-91 所示的相关电路图，知道转向盘左右加热是共用一个熔丝，因此也排除了右边加热熔丝熔断的可能性。既然元件的供电没问题，剩下的就需要查看转向盘内部的情况了，如图 7-92 所示。

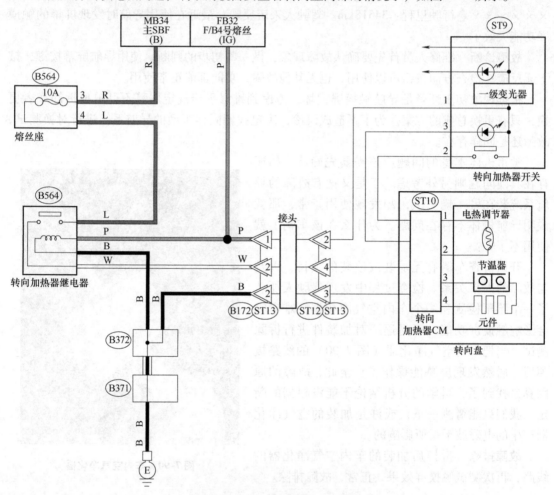

图 7-91 转向盘相关控制电路图

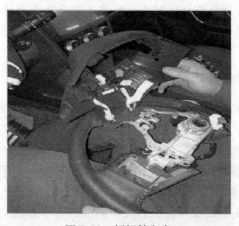

图 7-92 拆解转向盘

维修人员开始拆解转向盘,用万用表测得左边的加热芯插头和线路导通,而右边的测量结果为断路,真是不出所料啊,如图 7-93 所示。继续往下分解寻找断路的原因,发现通往加热芯的两根铜线已经熔断,如图 7-94 所示。

图 7-93　用万用表检测加热芯

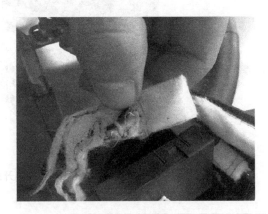

图 7-94　铜线熔断

故障排除　进一步用万用表检测加热芯两根铜线的导通状态为良好,由此可知,加热芯内部没有断路,只是因为右边加热芯的铜线断路才导致转向盘无法加热。因为铜线不能单换,只能更换总成,随后故障排除。

技巧点拨　维修中遇到的故障并非都是疑难杂症,只要思路清晰,符合维修逻辑,有些问题尽管并不是很直观,多点耐心,慢慢拆解,不怕找不到原因。

四、东风标致 508 轿车抬头显示系统 VTH 结构与原理

神龙汽车有限公司生产的东风标致 508 轿车(高配版车型)装备的抬头显示器能将与驾驶有关的信息(如:车速、巡航状态、限速状态等)投射到驾驶人视野内的一个显示屏上,避免驾驶人的视线离开道路。该显示器位于仪表板前风窗玻璃延伸处,内部安装了一个可伸缩折叠的显示屏,结构及安装位置如图 7-95 所示。

1. 抬头显示系统主要组成部件结构

(1) 控制开关　控制开关位于仪表板左下方,如图 7-96 所示。它的作用是打开或关闭显示器,并调整显示屏

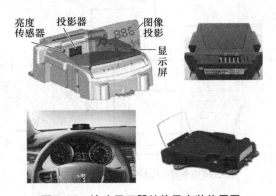

图 7-95　抬头显示器结构及安装位置图

的亮度和高度。当发动机起动后,控制开关的按钮才能起作用。点火开关断开时,显示屏的高度和显示亮度会被存储。发动机再次起动后,显示屏恢复到之前的高度。控制开关与外部电路连接关系参见图 7-97。

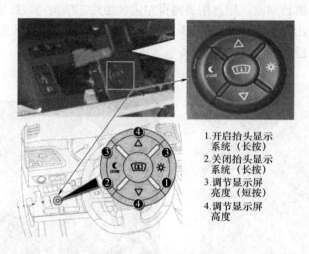

图 7-96 控制开关位置图

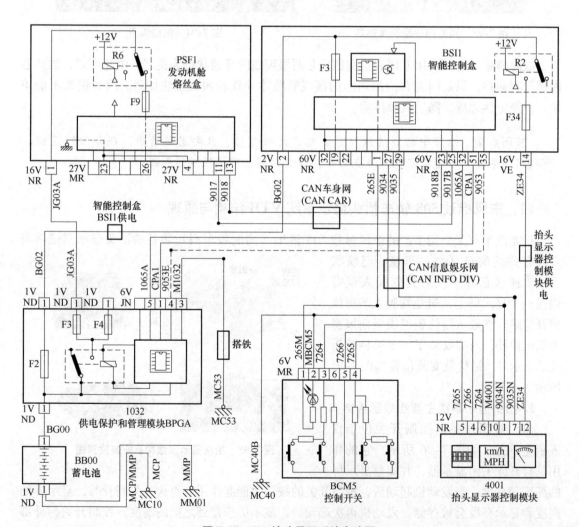

图 7-97 508 抬头显示系统电路图

(2) 控制模块 控制模块内部分为机械部分和电子部分，如图 7-98 所示。机械部分包括显示屏、滚轮、导杆、螺杆、轨道，电子部分包括投影器、电控模块、步进电动机、光线传感器、行程开关等。发动机运转时，控制模块控制步进电动机，步进电动机控制螺杆。螺杆转动时会推动显示屏水平移动。同时，滚轮和轨道相互作用，使显示屏绕枢轴旋转。当显示屏接触到行程末端开关时，步进电动机控制停止，显示屏完全打开，显示开始。显示屏的展开与折叠有防夹功能，碰到障碍物 2s 后会向相反方向移动。控制模块与外部电路连接是一个 12 线黑色插接器 (12V NR)，如图 7-99 所示。插接器各端子功能参见表 7-1。控制模块与外部电路连接关系如图 7-97 所示。

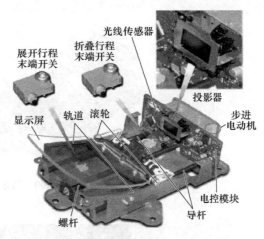

图 7-98 控制模块内部机械和电子部分结构图

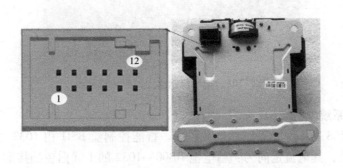

图 7-99 控制模块 12 线黑色插接器 (12V NR)

表 7-1 控制模块 12 线黑色插接器 (12V NR) 各端子功能

插接器端子	端 子 功 能	插接器端子	端 子 功 能
1	CAN INF DIV "高"	6	显示屏高度调节按钮的信息
2, 3, 8, 9, 11	未连接	7	CAN INF DIV "低"
4	操作开关搭铁	10	搭铁
5	显示屏亮度调节按钮的信息	12	CAN +

(3) 显示屏 车辆驾驶信息通过投影器，最终投影到显示屏上，如图 7-100 所示。根据抬头显示器级别和设定，可改变显示屏显示的信息内容。如：车速信息可以显示成 "km/h" 或 "每小时行驶里程"，也可以显示巡航状态、限速器状态等相关信息。

(4) 显示亮度自动调节 安装在抬头显示器上的光线传感器如图 7-101 所示，可以根据外部光线自动调节显示图像的亮度。抬头显示器控制模块也会过滤此传感器的信号，以免显示亮度频繁变化。

图 7-100　显示屏投影的信息

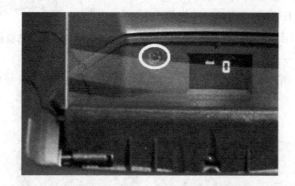

图 7-101　抬头显示器上的光线传感器

2. 抬头显示系统电气结构

图 7-102 为 508 抬头显示系统结构关系图。智能控制盒 BSI1 由 1032（供电保护和管理模块 BPGA）供电，其电流走向为：蓄电池 BB00→1032 的 1 线白色插接器（1V ND），1032 内部熔丝 F2→智能控制盒 BSI1 的 2 线黑色插接器（2V NR）的 2 号接线→智能控制盒 BSI1 内部熔丝 F3→向智能控制盒 BSI1 智能芯片供电。

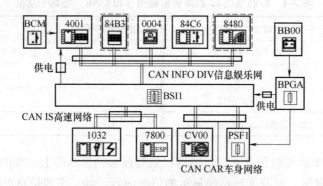

图 7-102　508 抬头显示系统结构关系图

BB00—蓄电池　BCM—控制开关　BPGA—供电保护和管理模块　BSI1—智能控制盒
CV00—转向盘组合开关模块　PSF1—发动机舱熔丝盒　0004—组合仪表板
1032—发动机控制计算机　4001—抬头显示器控制模块　7800—动态稳定性控制计算机
84B3—组合仪表矩阵屏　84C6—多功能面板　8480—无线电导航

当智能控制盒 BSI1 被唤醒（如遥控解锁或点火开关接通）后，通过高速 CAN 网络（CAN IS）获取发动机控制计算机 1320 提供的发动机运转信息，以及动态稳定性控制计算机 7800 提供的车辆行驶状态信息。与此同时，智能控制盒 BSI1 通过控制内部集成安装的继电器 R2 向抬头显示器控制模块 4001 供电，以唤醒 4001。再通过 CAN 信息娱乐网络（CAN INFO DIV）将显示信息发送到 4001。

3. 诊断工具操作

使用诊断工具可对抬头显示器进行以下操作。

1）读取参数：

① 抬头显示器：是否存在限速器/定速巡航功能，是否存在导航功能，导航设备类型，显示屏高度位置。

② 操作开关：各按钮是否被按下。

2）配置：

① 抬头显示器：限速器/定速巡航功能屏蔽或激活，导航功能屏蔽或激活，导航设备类型。

② 智能控制盒（BSI1）：是否存在抬头显示器。

3）执行器测试：显示屏高度调节，显示屏显示亮度变化，显示像素，显示屏折叠/展开。

4）抬头显示器使用与维护注意事项：

① 车辆静止时只能操作调节开关。

② 任何物品都不能放在仪表板上部（风窗玻璃和折叠式显示屏中间），不能影响显示屏的打开。

③ 在某些极端的气候条件下（雨，雪，光线非常强等情况），抬头显示器可能短时无法显示或受到影响。

④ 某些眼镜（太阳镜或视力镜）可能造成看不清楚抬头显示器显示的内容。

⑤ 对于显示仪的清洁，建议使用清洁柔软的抹布（眼镜布或细纤维布）。

⑥ 在丢失车辆速度信息时，系统在车速位置会显示 3 个短横线。

技巧点拨 抬头显示技术利用光学折射的原理，将重要的信息投影到前风窗玻璃上，高度与驾驶人的眼睛成水平，投影的文字和影响的焦距设定在无限远处，这样驾驶人在保持驾驶视野的同时就可以轻松的观察驾驶信息了，降低了低头与抬头瞬间忽略外界的快速转变，以及眼睛焦距需要不断调整产生的延迟和不适，极大地提高了驾驶安全性。

五、2018 款瑞风 S7 旗舰版车车道偏离报警灯常亮

故障现象 一辆 2018 款江淮瑞风 S7 旗舰版车，车辆型号为 HFC6480ECTV，搭载 2.0T 涡轮增压发动机和 DTF631 双离合变速器，行驶里程 3100km。驾驶人反映，组合仪表提示"车道偏离报警系统状态"，且车道偏离报警灯常亮。

故障诊断 接车后首先试车验证故障现象。接通点火开关，组合仪表上的车道偏离报警

灯呈黄色指示灯一直点亮（图7-103）。正常情况下，车道偏离报警灯应呈白色指示灯点亮，约3s后熄灭。当尝试按下驾驶人侧仪表板上的车道偏离系统控制开关时，车道偏离报警灯依旧点亮。进行路试，当车速达到60km/h时，驾驶车辆偏离车道标识线，此时，组合仪表及抬头显示模块未发出图文提示和声音提示，说明车道偏离报警系统的确存在故障。回厂后，连接故障检测仪（X-431）读取故障码，无相关故障码存储；读取车道偏离报警系统内的配置码，与整车配置码一致。

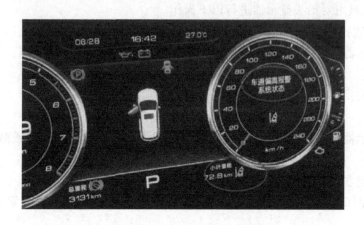

图7-103　故障车的组合仪表提示

查阅车道偏离报警系统工作原理示意图（图7-104），车道偏离报警系统由前视摄像头系统总成、车道偏离系统控制开关（带开关指示灯）等组成，前视摄像头系统总成通过CAN总线采集其他系统的信息，比如车速信号、转向灯信号、刮水器信号、横摆角速度信号、转向角信号，同时将系统自检信号、状态信号及报警信号等传递给组合仪表。车道偏离报警系统使用安装在前风窗玻璃上的摄像头，采集道路中的车道标识线图像信息，经过前视摄像头系统总成合适的转换确定出车辆自身在车道中的位置和方向信息。然后，根据当前的车速和偏离车道标识线的距离，通过计算与软件内假定的预警模型来确定在当前状态下是否有必要进行报警。报警方式主要是通过组合仪表及抬头显示模块进行图文提示和声音提示，为驾驶人提供更多的反应时间，减少因车道偏离引发的故障。

车道偏离报警系统相关维修作业要求是，在更换前风窗玻璃或前视摄像头系统总成等部件后需要对前视摄像头进行校准。校准的目的是确定前视摄像头与车身的相对安装误差，并通过软件来补偿此安装误差。售后标定有车辆静态校准和车辆动态校准2种方案，车辆静态校准是借用校准装置（校准板）来计算方向角，校准过程就是要确定前视摄像头的3个方向角（图7-105，相对于车的行驶方向）和前视摄像头的安装高度（相对于车辆的轮胎接触面）。这个校准过程纯粹是一种电子调节，前视摄像头不能进行机械调节。另一种车辆动态校准是在两侧车道标识线清晰的前提下，车辆以约35km/h速度直线行驶，同时用手机蓝牙设备进入"软件刷新"，依次选择"瑞风S7"→"2.0T_ACC"→"多功能摄像头（MPC）"→"摄像头动态标定"，并根据提示点击"确认"，当显示标定成功时，即前视摄像头校准完成。

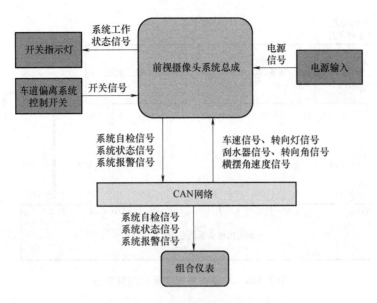

图 7-104　车道偏离报警系统示意图

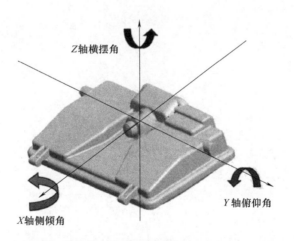

图 7-105　前视摄像头的三轴

查阅相关电路（图 7-106），接通点火开关，用万用表测量前视摄像头系统总成导线连接器端子 6 与端子 5 之间的电压，为 12.4V，由此说明前视摄像头系统总成供电和搭铁正常。测量端子 1 的电压，为 12.4V；按下车道偏离系统控制开关，开关指示照明灯点亮，测量端子 2 的电压，为 12.4V，说明车道偏离系统控制开关及其连接线正常。尝试更换一辆正常车的前视摄像头系统总成，用手机蓝牙设备读取整车配置码，并将其写入车辆偏离系统内。接通点火开关，组合仪表上的白色车道偏离报警灯点亮，约 3s 指示灯熄灭。按下车道偏离系统控制开关，组合仪表提示"车道偏离辅助系统已关闭"；再次按下车道偏离系统控制开关，系统又被设置为开启模式。

故障排除　更换前视摄像头系统总成，并对前视摄像头系统总成进行校准。校准完毕后，车道偏离报警系统功能恢复正常。至此，故障排除。

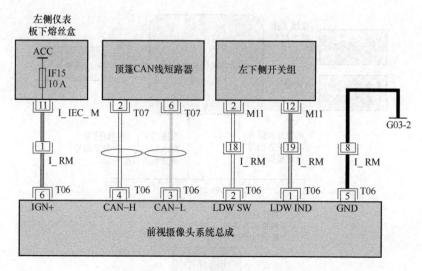

图 7-106　车道偏离报警系统控制电路

参 考 文 献

[1] 张文. 汽车车身控制系统维修必知技能200问［M］. 北京：机械工业出版社，2014.
[2] 赵晓宇. 上汽大众迈腾倒车影像系统和可视停车辅助系统工作时图像无显示［J］. 汽车维护与修理，2018（8）：73.
[3] 王卫清. 路虎揽胜车倒车影像功能失效［J］. 汽车维修，2017（12）：55.
[4] 孙伟. 2015款奔驰E180车安全气囊报警灯点亮［J］. 汽车维护与修理，2016（10）：32-33.
[5] 黄迁安，任贺新. 2015年奥迪A6L安全气囊灯报警［J］. 汽车维修技师，2017（11）：104-107.
[6] 陈杰. 雷克萨斯ES300h车安全气囊故障灯异常点亮［J］. 汽车维护与修理，2018（4A）：55.
[7] 孙三超. 宝马E60转向盘和座椅不能调节［J］. 汽车维修技师，2012（10）：83-84.
[8] 孙伟. 奔驰C200车前排乘员侧电动座椅无法调节［J］. 汽车维护与修理，2015（2）：64-65.
[9] 谢华兵. 2017款凯迪拉克XT5车无法设置座椅记忆功能［J］. 汽车维护与修理，2017（7A）：52-54.
[10] 甄宗凯. 2015年宝马320Li主驾驶玻璃不能一键升降［J］. 汽车维修技师，2017（3）：84-85.
[11] 陈中泽. 2016年大众途观全景天窗遮阳卷帘为何不能关闭［J］. 汽车维修技师，2018（11）：58-59.
[12] 郭林峰. 2016款凯迪拉克XTS后遮阳帘不工作［J］. 汽车维修与保养，2017（6）：50-51.
[13] 刘勤中. 2018年奔驰GLC260左外后视镜防眩光功能失灵［J］. 汽车维修技师，2018（7）：91-92.
[14] 陈远. 奔驰S280外后视镜上的转向信号灯常亮［J］. 汽车维修与保养，2011（10）：74-75.
[15] 张彦青. 2017年大众CC更换J794后倒车影像不能显示［J］. 汽车电器，2018（7）：68-69.